COURS & ENTRAÎNEMENT

prépabac

W0327299

BAC

Enseignement scientifique

- **Isabelle Bednarek-Maitrepierre**
  Professeure agrégée de SVT au lycée Aristide-Briand (Saint-Nazaire)
- **Jean-Paul Berthelot**
  Professeur certifié de physique-chimie au lycée Aristide-Briand (Saint-Nazaire)
- **Arnaud Blin**
  Professeur agrégé de SVT au lycée Montesquieu (Bordeaux)
- **Marc Cantaloube**
  Professeur agrégé de SVT au lycée Aristide-Briand (Saint-Nazaire)
- **Ludovic Dion**
  Professeur certifié de SVT au lycée Max-Linder (Libourne)
- **Laurent Le Floch**
  Professeur certifié de sciences physiques au lycée Richelieu (Rueil-Malmaison)
- **Alain Le Grand**
  Professeur de mathématiques et de sciences dans l'unité scolaire du CHU de Nantes
- **Arnaud Mamique**
  Professeur agrégé de SVT au lycée Richelieu (Rueil-Malmaison)
- **Grégory d'Orlando**
  Ingénieur et professeur de mathématiques au lycée Aristide-Briand (Saint-Nazaire)
- **Martine Salmon**
  Professeure agrégée de mathématiques au lycée Évariste-Galois (Sartrouville)
- **Bruno Semelin**
  Professeur agrégé de SVT au lycée du Pays de Retz (Pornic)
- **Christophe Thepaut**
  Professeur agrégé de sciences physiques au lycée Aristide-Briand (Saint-Nazaire)

Hatier

Le site de vos révisions

L'achat de ce Prépabac vous permet de bénéficier d'un **ACCÈS GRATUIT*** à toutes les **ressources** d'annabac.com (fiches, quiz, sujets corrigés…) et à ses **parcours de révision** personnalisés.

Pour profiter de cette offre, rendez-vous sur **www.annabac.com** dans la rubrique « Je profite de mon avantage client ».

* Selon les conditions précisées sur le site.

IMPRIM'VERT
Votre imprimeur agit pour l'environnement

PAPIER À BASE DE FIBRES CERTIFIÉES

Hatier s'engage pour l'environnement en réduisant l'empreinte carbone de ses livres. Celle de cet exemplaire est de : 900 g éq. CO_2
Rendez-vous sur www.hatier-durable.fr

Achevé d'imprimer en Italie par L.E.G.O. S.p.A.
Dépôt légal n° 06465-2/01 - Juillet 2020

Maquette de principe : Frédéric Jély
Mise en pages : STDI
Schémas : STDI
Iconographie : Pierre Philippon
Édition : Laurianne Geffroy
Relecture : Grégoire Leroy

ISBN 978-2-401-06465-2

AVANT-PROPOS

VOUS ÊTES EN TERMINALE générale et vous savez que la réussite en enseignement scientifique demande un travail régulier tout au long de l'année ? Alors ce Prépabac est pour vous !

L'ouvrage va vous permettre en effet de mémoriser les connaissances essentielles sur chacun des thèmes du programme, et d'acquérir progressivement des méthodes clés dans la discipline : exploiter des documents ; organiser, effectuer et contrôler des calculs ; rédiger une argumentation scientifique.

Cet objectif est rendu possible grâce à un ensemble de ressources très complet : des fiches de cours – synthétiques et visuelles –, des cartes mentales récapitulatives, des exercices progressifs, enfin des sujets guidés, conformes à la définition des épreuves de contrôle continu en T^le^.

Nous vous recommandons de les utiliser régulièrement, en fonction de vos besoins. Ainsi vous pourrez aborder vos contrôles et épreuves d'enseignement scientifique en toute sérénité. Bonnes révisions !

Les auteurs

Isabelle Bednarek-Maitrepierre

Jean-Paul Berthelot

Arnaud Blin

Marc Cantaloube

Ludovic Dion

Laurent Le Floch

Alain Le Grand

Arnaud Mamique

Grégory d'Orlando

Martine Salmon

Bruno Semelin

Christophe Thepaut

SOMMAIRE

Science, climat et société

1 L'atmosphère terrestre et la vie

2 La complexité du système climatique

3 Le climat du futur

4 Énergie, choix de développement et futur climatique

Le futur des énergies

5 Deux siècles d'énergie électrique

SOMMAIRE

6 Les atouts de l'électricité

FICHES DE COURS

7 L'optimisation du transport de l'électricité

FICHES DE COURS

8 Les choix énergétiques et leur impacts sur les sociétés

FICHES DE COURS

Une histoire du vivant

9 La biodiversité et son évolution

10 L'évolution comme grille de lecture du monde

11 L'évolution humaine

SOMMAIRE

12 Les modèles démographiques

FICHES DE COURS

13 L'intelligence artificielle

FICHES DE COURS

Annexe

1 L'atmosphère terrestre et la vie

Actuellement, atmosphère et hydrosphère sont propices au développement de nombreuses formes de vie sur la planète Terre. Mais il n'en a pas toujours été ainsi.

1 De l'atmosphère primitive à l'hydrosphère

En bref *Lors de la formation de la Terre, il y a 4,6 milliards d'années, l'atmosphère contenait beaucoup d'eau et de dioxyde de carbone. Depuis, elle s'est enrichie en dioxygène, permettant l'apparition de la vie.*

I Les premières modifications de l'atmosphère

1 De l'atmosphère primitive à l'atmosphère actuelle

L'**atmosphère** primitive, impropre à la vie, est essentiellement composée d'eau (80 %), avec une quantité importante de dioxyde de carbone (15 %)(doc 1).

Ces deux éléments sont peu présents dans l'atmosphère actuelle qui contient en revanche 21 % de dioxygène → FICHE 2.

L'augmentation en pourcentage de la part du diazote est surtout liée à la baisse des taux de H_2O et de CO_2 → FICHE 4.

MOT CLÉ

L'**atmosphère** (du grec *atmos*, « vapeur humide », et *sphaira*, « sphère ») est la couche gazeuse qui enveloppe le globe terrestre.

Doc 1 Composition de l'atmosphère primitive et actuelle

	Atmosphère primitive	Atmosphère actuelle
H_2O	~ 80 %	Traces
CO_2	~ 15 %	0,03 %
N_2	~ 5 %	78 %
O_2	0 %	21 %

2 De l'eau atmosphérique à l'eau liquide

À la suite de la formation de la Terre, son atmosphère riche en eau s'est refroidie en même temps que sa surface.

Lorsque la température de l'atmosphère est descendue en dessous de 100 °C, l'eau est passée de l'état gazeux à l'état liquide (liquéfaction), entraînant l'apparition des océans.

Doc 2 Diagramme des états de l'eau

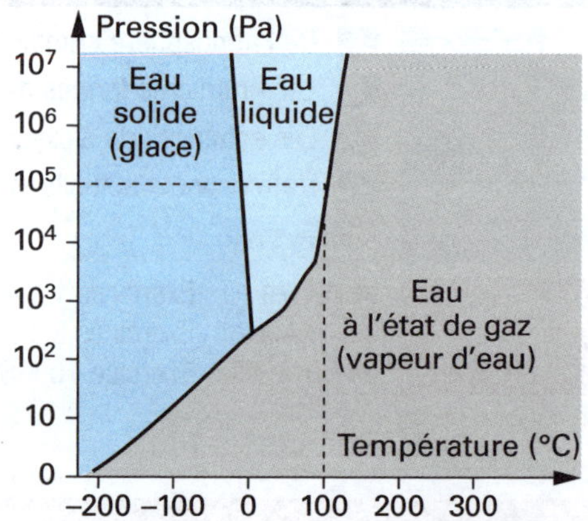

II L'hydrosphère, couche indispensable à la vie

■ L'ensemble de l'eau disponible sur Terre, estimé à 1,5 milliards de kilomètres cubes et dont 97,5 % se trouve dans les océans, est appelé **l'hydrosphère**.

MOT CLÉ
L'**hydrosphère** (du grec *hudôr-*, « eau », et *sphaira*, « sphère ») est la partie de la Terre occupée par les eaux liquides et solides.

Doc 3 Les différents compartiments de l'hydrosphère

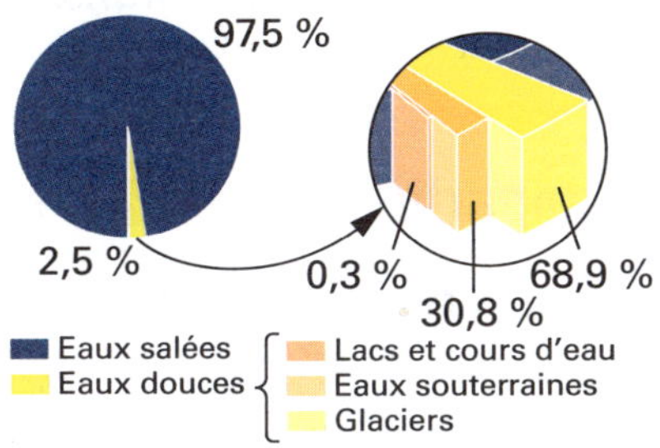

■ C'est dans l'hydrosphère, et plus précisément dans les océans, que la vie est apparue. Les êtres vivants ont ensuite conquis le milieu aérien, entrant alors en contact avec l'atmosphère. **La biosphère** est donc en interaction permanente avec l'atmosphère et l'hydrosphère.

MOT CLÉ
La **biosphère** (du grec *bios*, « vie », et sphaira, « sphère ») est l'ensemble des êtres vivants qui peuplent notre planète.

Doc 4 Les différentes « sphères » de la Terre

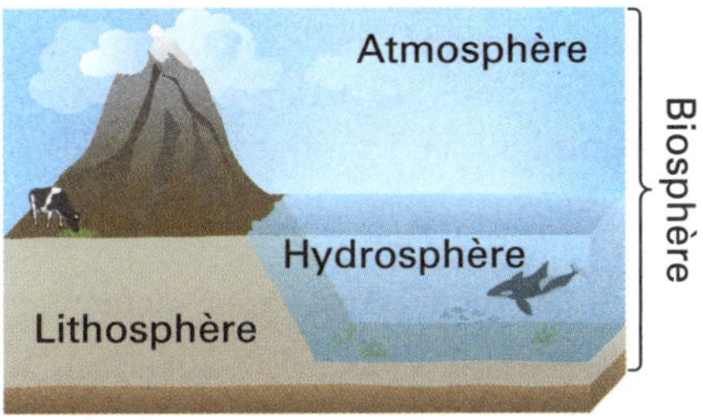

zoOm

Les pluies acides et leurs conséquences

Toutes les parties de la sphère terrestre sont interdépendantes.

Par exemple, certaines industries humaines (biosphère) rejettent des polluants dans l'air (atmosphère) qui se combinent avec l'eau des nuages pour former des acides sulfurique ou nitrique. Ces acides retombent avec les pluies sur les lacs (hydrosphère) et les sols, impactant la faune et la flore (biosphère).

Végétation détruite par les pluies acides, Sibérie

2 Les premières formes de vie productrices de dioxygène

En bref *Des indices géologiques (fers rubanés, stromatolithes) permettent de dater l'augmentation de la part du dioxygène dans l'atmosphère, dont la concentration est stable depuis 500 millions d'années.*

I L'apparition du dioxygène dans les océans

1 Les fers rubanés, témoins de l'oxydation

■ Les fers rubanés ou BIF (*Banded Iron Formation*) sont des roches sédimentaires marines formées de lits bruns ou rouges, constitués essentiellement d'hématite (Fe_2O_3) dans laquelle le fer est à l'état ferrique Fe^{3+}.

Le passage du fer de l'état Fe^{2+} à l'état Fe^{3+} est une **oxydation** et témoigne de l'apparition de dioxygène (O_2) dans les océans entre 3,5 et 3 milliards d'années.

Doc 1 Fers rubanés (Groenland)

À NOTER

Équation de l'oxydation du fer :

$$2Fe(OH)_2 + \frac{1}{2} O_2 + H_2O \rightarrow 2Fe(OH)_3$$

Une question se pose alors : quelle est l'origine du dioxygène des océans ?

2 Les stromatolithes à l'origine du dioxygène

■ Les stromatolithes les plus âgés (fossiles constitués de couches sédimentaires liées à l'activité de cyanobactéries) sont datés d'environ 3,5 milliards d'années, période qui correspond à l'apparition du dioxygène dans les océans. Les **cyanobactéries** pourraient donc être à l'origine du changement de composition des océans.

Doc 2 Stromatolithe fossile (Wyoming)

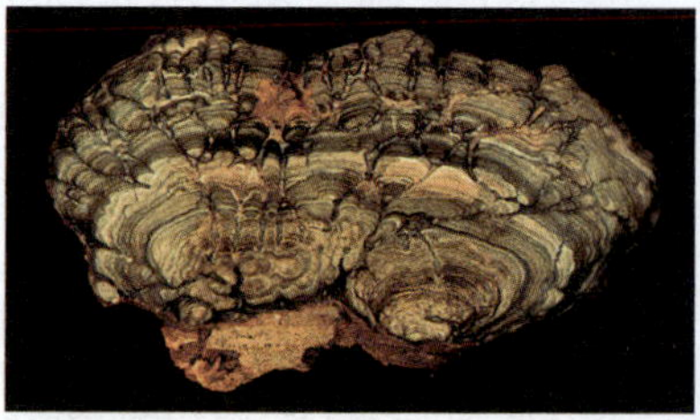

À NOTER

Les **cyanobactéries** ou « algues bleues » font partie des plus anciennes formes de vie connues sur Terre.

■ On observe actuellement des stromatolithes en formation et leur étude montre que les cyanobactéries qu'ils contiennent réalisent la **photosynthèse**, processus énergétique qui **consomme du dioxyde de carbone** et **produit du dioxygène**. Cette observation tend à confirmer que les cyanobactéries primitives réalisaient également la photosynthèse, et donc produisaient du dioxygène.

II Mise en place d'une atmosphère oxydante

■ Avant 2,2 milliards d'années, la présence de dépôts continentaux d'uranium sous sa forme réduite (uraninite) témoigne de l'absence de dioxygène dans l'atmosphère. **Après 2,2 milliards d'années**, on trouve de l'**uranium oxydé** qui indique la présence d'O_2 atmosphérique.

■ À partir de 2,2 milliards d'années, il est également possible d'observer des **paléosols** continentaux rouges, donc riches en **fer oxydé**, qui témoignent du passage à une atmosphère oxydante. L'oxygène dissous dans les océans s'est donc diffusé dans l'atmosphère.

MOT CLÉ
Les **paléosols** sont des sols anciens formés dans des conditions atmosphériques différentes de celles que nous connaissons.

zoOm

Des stromatolithes pleins de vie

Stromatolithes actuels de la baie de Shark (Australie)

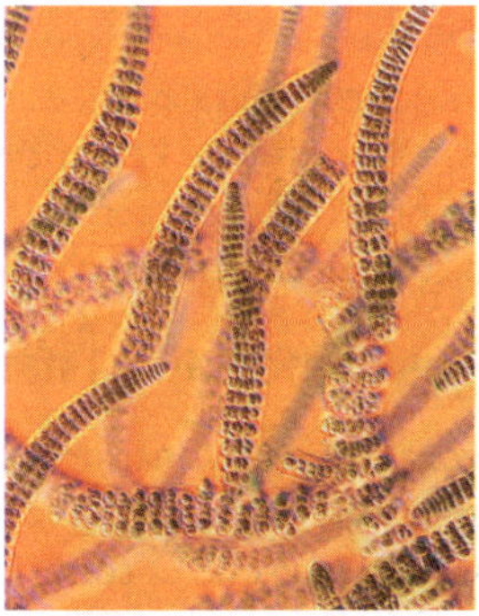

Cyanobactéries observées au microscope, × 40

Les cyanobactéries se trouvent à la surface du stromatolithe (comme un feutrage qui le recouvre). Le reste du stromatolithe est constitué de parties minérales agrégées par les bactéries anciennes.

3 Les échanges de dioxygène dans l'atmosphère

En bref *Le dioxygène est essentiel pour la respiration des êtres vivants et pour le maintien de la couche d'ozone qui les protège. Pour conserver un équilibre, les sources de dioxygène doivent compenser les puits de dioxygène.*

I Les sources et les puits de dioxygène

1 La respiration puise quand la photosynthèse restitue

- Tous les êtres vivants consomment du dioxygène en respirant : la **respiration** est donc un **puits de dioxygène**.

- En plus de la respiration, les végétaux chlorophylliens réalisent la photosynthèse qui libère du dioxygène : la **photosynthèse** est donc une **source de dioxygène**. En produisant plus de la moitié du dioxygène de la planète, le phytoplancton des océans est le premier recycleur d'oxygène dans l'air que nous respirons.

Équation globale de la respiration	$C_6H_{12}O_6 + 6O_2 \Rightarrow 6CO_2 + 6H_2O$ consommation de dioxygène
Équation globale de la photosynthèse	**lumière** $6CO_2 + 6H_2O \Rightarrow C_6H_{12}O_6 + 6O_2$ production de dioxygène

- À l'échelle de la planète, la **biosphère** est, avec la respiration et la photosynthèse, à l'origine de l'essentiel des **variations du dioxygène atmosphérique**. Mais la quantité de dioxygène dans l'atmosphère étant très importante (21 %), ces variations peuvent être considérées comme minimes.

2 Les combustions naturelles ou anthropiques

Les **combustions** fonctionnent avec des réactions chimiques qui consomment du dioxygène et sont donc des **puits de dioxygène**. Elles peuvent être naturelles comme certains feux de forêt ou **anthropiques** par l'utilisation des énergies fossiles (gaz, pétrole, charbon) ou du bois.

Doc 1 Usine pétrochimique avec torchères (Écosse)

MOT CLÉ
Est qualifié d'**anthropique** ce qui résulte essentiellement de l'intervention humaine.

II La couche d'ozone protectrice

■ Dans les hautes couches de l'atmosphère, à environ 30 km d'altitude, le dioxygène (O_2) est transformé en ozone (O_3) sous l'effet du rayonnement solaire.

■ La couche d'ozone absorbe une partie des rayons ultraviolets solaires avec un maximum vers 260 nm de longueur d'onde, comme le montre le spectre d'absorption de l'ozone (doc 2).

L'absorption des ultraviolets par la molécule d'ADN est également maximale à 260 nm (doc 3), ce qui peut entraîner des mutations.

Ainsi, la présence de la couche d'ozone limite les mutations et protège donc les êtres vivants.

MOTS CLÉS

- Le **spectre d'absorption** est la quantité de rayonnement absorbée par un composé en fonction de la longueur d'onde.
- Une **mutation** est une modification accidentelle de la séquence d'une molécule d'ADN.

Doc 2 Spectre d'absorption de l'ozone

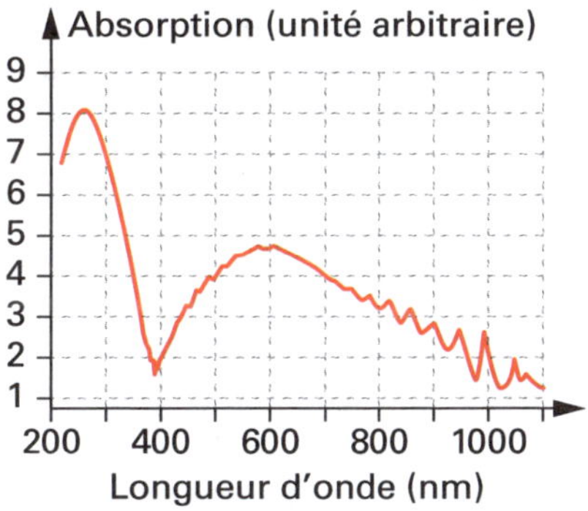

Doc 3 Spectre d'absorption de l'ADN

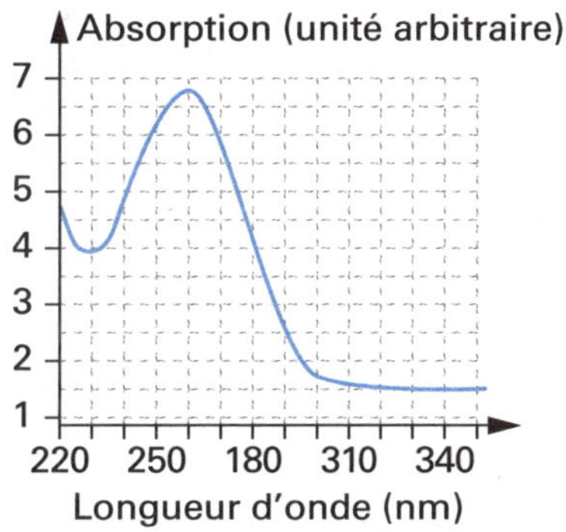

zoom

Le trou dans la couche d'ozone

Le protocole de Montréal, signé en 1987, a interdit l'utilisation des substances destructrices de la couche d'ozone (produits réfrigérants, aérosols, etc.). Cette action a permis la stabilisation de la superficie du trou.

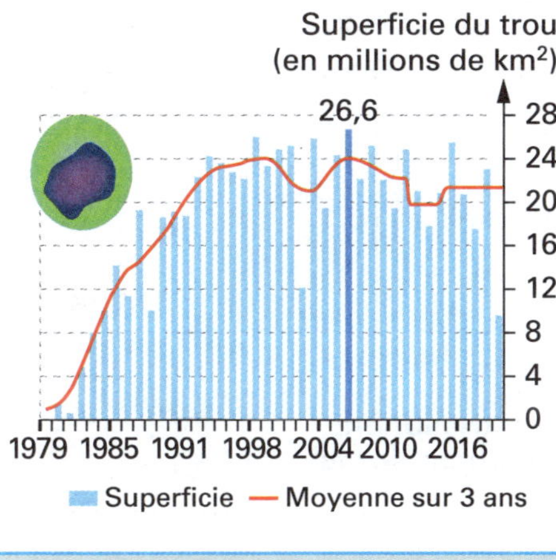

Superficie du trou dans la couche d'ozone de l'Antarctique (1979-2019)
Source : NASA. Graphique d'après Olivier Berruyer, www.les-crises.fr

4 L'atmosphère actuelle et le cycle du carbone

En bref *Le carbone, très présent dans l'atmosphère primitive sous forme de CO_2, s'est en grande partie dissous dans les océans mais persiste dans l'atmosphère actuelle, ainsi que dans les sols, les roches et la biosphère.*

I Les réservoirs de carbone sur la planète

1 Les stocks biogéochimiques de carbone

À l'échelle de la planète, le carbone est stocké dans différents réservoirs : l'atmosphère sous forme de CO_2, la biosphère sous forme de **biomasse**, l'hydrosphère (océans) sous forme de carbonates dissous et surtout la lithosphère sous forme de **roches carbonatées** ou de biomasse fossilisée comme le pétrole, le gaz ou le charbon.

MOTS CLÉS
- La **biomasse** regroupe la matière organique d'origine végétale, animale, bactérienne ou fongique (champignons), utilisable comme source d'énergie.
- Les **roches carbonatées** sont des roches sédimentaires essentiellement composées de calcaire ($CaCO_3$), donc riches en carbone.

2 Le cycle du carbone

Les flux de carbone entre les réservoirs suivent un cycle globalement équilibré. Sur le schéma ci-dessous, les flux de carbone (en noir) sont indiqués en gigatonnes par an (Gt/an) et les stocks de carbone (en rouge) en gigatonnes (Gt). Pour l'atmosphère, par exemple, il existe des sources de carbone (respiration) et des puits de carbone (photosynthèse, dissolution du CO_2 dans les océans).

Doc 1 Le cycle du carbone

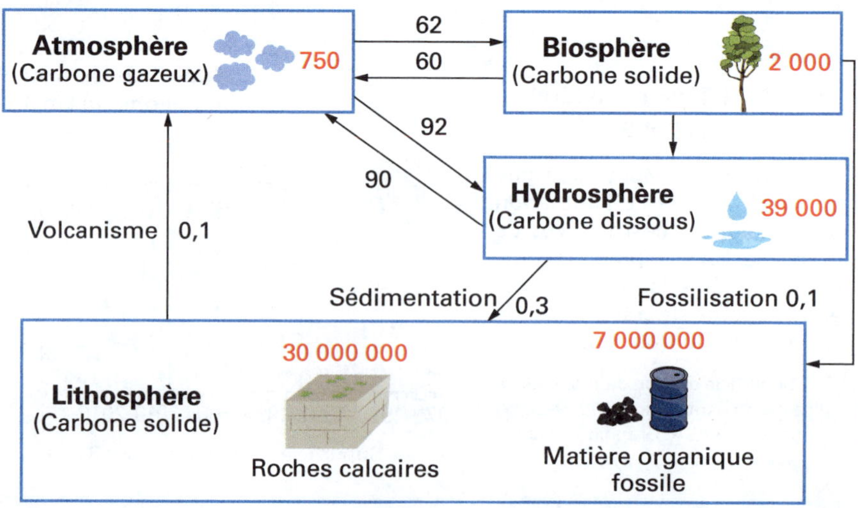

II Le CO_2 atmosphérique d'origine anthropique

■ Depuis le début de l'ère industrielle, la corrélation entre les activités humaines et l'augmentation du taux de CO_2 atmosphérique est établie scientifiquement (doc 2). Pour l'essentiel, la **pollution anthropique** de l'atmosphère par le CO_2 est liée à la **combustion de la biomasse fossile** (pétrole, gaz et charbon) qui permet de produire de l'énergie.

Doc 2 Émissions de CO_2 par les activités humaines (en rouge) et leurs conséquences (en bleu)

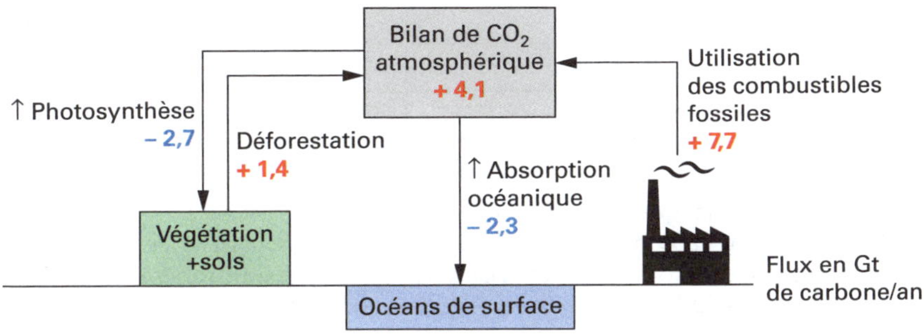

■ Les **combustibles fossiles** se sont formés il y a plusieurs dizaines ou centaines de millions d'années. Leur vitesse de renouvellement dans le cycle du carbone est plus lente que celle de leur utilisation par l'Homme : ce sont des **ressources énergétiques non renouvelables**.

zoOm

La déforestation et ses conséquences

Afin d'augmenter les surfaces des terres agricoles, des parcelles de forêts sont volontairement brûlées. Cette pratique diminue l'absorption de CO_2 par les végétaux (photosynthèse) tout en libérant du CO_2 dans l'atmosphère par combustion, ce qui contribue à déséquilibrer le cycle du carbone.

Un pompier dans une zone de l'Amazonie dévastée par des incendies, 2019

MÉMO VISUEL

De l'atmosphère primitive à l'atmosphère actuelle

La formation de l'hydrosphère

	Atmosphère primitive (il y a 4,6 milliards d'années)	Atmosphère actuelle (depuis 500 millions d'années)
H_2O	80 %	Traces
CO_2	15 %	0,03 %
N_2	5 %	78 %
O_2	0 %	21 %

- L'eau atmosphérique a formé l'**hydrosphère.**
- Le dioxyde de carbone (CO_2) atmosphérique s'est dissout dans les océans et a précipité sous forme de roches carbonatées dans la **lithosphère.**
- Le dioxygène (O_2) est apparu dans les océans puis s'est diffusé dans l'**atmosphère.**

L'ATMOSPHÈRE TERRESTRE

L'apparition de la vie dans l'hydrosphère

Le rôle des cyanobactéries

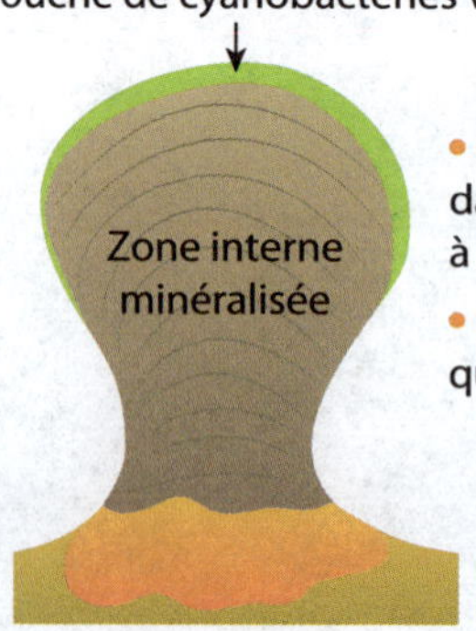

- Il y a environ 3,5 milliards d'années, dans les océans, sont apparues des **cyanobactéries** à l'origine d'édifices appelés **stromatolithes.**
- Les cyanobactéries réalisent la **photosynthèse** qui est une **source de O_2** dans les océans.

Structure d'un stromatolithe

L'apparition d'une atmosphère oxydante

L'oxygène et la vie

- Vers 2,2 milliards d'années, le O_2 océanique se diffuse dans l'**atmosphère** et forme, vers 600 millions d'années, la **couche d'ozone** (O_3), protectrice pour les êtres vivants.

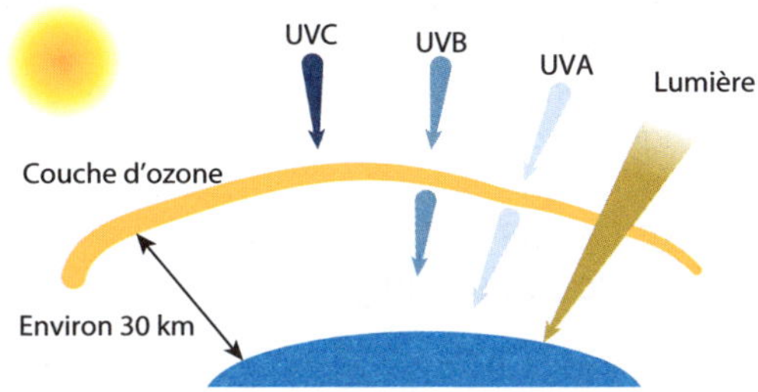

- Le O_2 permet la mise en place de la **respiration** qui est un **puits de O_2**.
- Les **combustions** sont également des **puits de O_2**.

ET LA VIE

Les êtres vivants dans le cycle du carbone

Le cycle du carbone

- Le carbone évolue selon un **cycle** avec des **flux** entre les différents compartiments de la planète.
- Par la **photosynthèse** et la **respiration**, la **biosphère** participe à ce cycle.
- La matière vivante fossilisée (charbon, hydrocarbures) est une source d'**énergie non renouvelable** qui, par combustion, produit du CO_2.

SE TESTER QUIZ

Vérifiez que vous avez bien compris les points clés des **fiches 1 à 4**.

1 De l'atmosphère primitive à l'hydrosphère

→ FICHE 1

1. Parmi ces phénomènes, lesquels ont permis l'apparition de l'hydrosphère :

- ☐ **a.** une augmentation du taux de CO_2 dans l'atmosphère et une baisse du taux de vapeur d'eau
- ☑ **b.** une diminution du taux de CO_2 dans l'atmosphère et une condensation de l'eau atmosphérique
- ☐ **c.** un réchauffement de la planète à l'origine de la liquéfaction de l'eau atmosphérique, propice à l'apparition de la vie ✓

2 Les premières formes de vie productrices de dioxygène

→ FICHE 2

1. Parmi ces affirmations sur l'origine du dioxygène, lesquelles sont vraies ?

- ☑ **a.** Les cyanobactéries produisent du dioxygène.
- ☐ **b.** Le dioxygène est d'abord apparu dans l'atmosphère.
- ☑ **c.** La photosynthèse est à l'origine de l'émission de dioxygène dans les océans.
- ☑ **d.** Les stromatolithes fossiles ont dû produire du dioxygène. ✓

3 Les échanges de dioxygène dans l'atmosphère

→ FICHE 3

1. Parmi ces affirmations sur les flux de dioxygène, lesquelles sont vraies ?

- ☐ **a.** La respiration est une source de dioxygène atmosphérique. ✓
- ☑ **b.** La photosynthèse est une source de dioxygène atmosphérique.
- ☐ **c.** Dans la basse atmosphère, le dioxygène se transforme partiellement en ozone.
- ☑ **d.** Les combustions sont des puits de dioxygène atmosphérique.

4 L'atmosphère actuelle et le cycle du carbone

→ FICHE 4

1. Parmi ces affirmations sur le cycle du carbone, lesquelles sont vraies ?

- ☐ **a.** Le CO_2 atmosphérique constitue le principal stock de carbone sur la planète Terre. ✓
- ☑ **b.** Respiration et photosynthèse représentent deux flux de CO_2 qui s'équilibrent dans le cycle du carbone.
- ☑ **c.** Les sources d'énergie non renouvelables sont celles qui sont utilisées plus rapidement qu'elles ne sont produites.

S'ENTRAÎNER

5 Réviser le cours en 8 questions flash

→ FICHES 1 à 4

1. Quelles sont les trois principales différences entre la composition de l'atmosphère actuelle et celle de l'atmosphère primitive ?

2. Comment est apparue l'hydrosphère ?

3. Que sont les stromatolithes ?

4. Pourquoi la photosynthèse a-t-elle joué un rôle déterminant dans la modification de l'atmosphère ?

5. Quels sont les puits et les sources de dioxygène ?

6. Pourquoi la couche d'ozone est-elle protectrice pour les êtres vivants ?

7. Quels sont les réservoirs de carbone au niveau de la planète ?

8. Quelles sont les principales énergies non renouvelables ?

6 Le cycle du carbone

→ FICHE 4

Associer chaque élément du cycle du carbone à sa signification dans le cycle.

carbonates dissous •	• stockage hydrosphérique
calcaire •	• source de carbone
charbon •	• puit de carbone
respiration •	• stockage lithosphérique
photosynthèse •	• énergie non renouvelable

7 L'apparition d'une atmosphère oxydante

→ FICHES 2 et 3

Compléter le texte avec les mots ou groupes de mots suivants.

continentaux • cyanobactéries • êtres vivants • l'atmosphère • mutations • oxydé • photosynthèse • stromatolithes • ultraviolets

Les .... sont des édifices marins qui abritent à leur surface des ...., organismes capables de réaliser la .... et donc de libérer du dioxygène.

La présence de paléosols .... rouges, contenant du fer ...., prouve que le dioxygène des océans est passé dans ....

Le dioxygène atmosphérique a ensuite permis la mise en place de la couche d'ozone qui, en filtrant les ...., a protégé les .... en limitant les ....

8 La mise en place de l'hydrosphère

→ FICHE 1

Le diagramme ci-dessous indique les différents états physiques de l'eau en fonction de la pression et de la température.

Doc Diagramme des états de l'eau

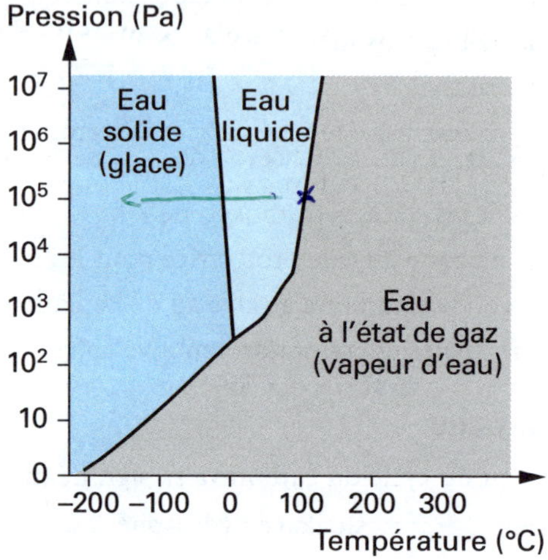

1. À pression atmosphérique normale (10^5 Pa), l'eau passe de l'état gazeux à l'état liquide à 100 °C.
Indiquer ce changement d'état sur le diagramme en le représentant par un point.

2. L'atmosphère primitive, très chaude (plus de 100 °C) et riche en vapeur d'eau, s'est progressivement refroidie et a permis la formation des océans.
En admettant que la pression de l'atmosphère primitive était également de 10^5 Pa, indiquer par une flèche sur le diagramme le « trajet » suivi par l'eau depuis l'atmosphère primitive jusqu'à l'eau des océans.

9 Le cycle du carbone

→ FICHE 4

Après avoir lu le texte du doc. 1, compléter le schéma proposé (doc. 2) afin de le rendre fonctionnel. Les mots, groupes de mots, ou chiffres à utiliser figurent tous dans le texte.

Doc 1 Les flux de CO_2 au niveau de la planète

« Aujourd'hui, on estime que les activités humaines sont responsables d'un rejet d'environ 7 Gt (Gigatonne) de carbone par an dans l'atmosphère sous forme de CO_2. Une partie de ce carbone injecté est absorbée dans le cycle du carbone par les « puits naturels » : l'océan recycle 2 Gt par dissolution tandis que la biosphère photosynthétique utilise 2 Gt. Les 3 Gt restants contribuent chaque année à l'augmentation des taux de CO_2 atmosphérique, soit une évolution de 0,4 % par an. »

Source : CNRS

Doc 2 Sources et puits de carbone (en gigatonnes par an)

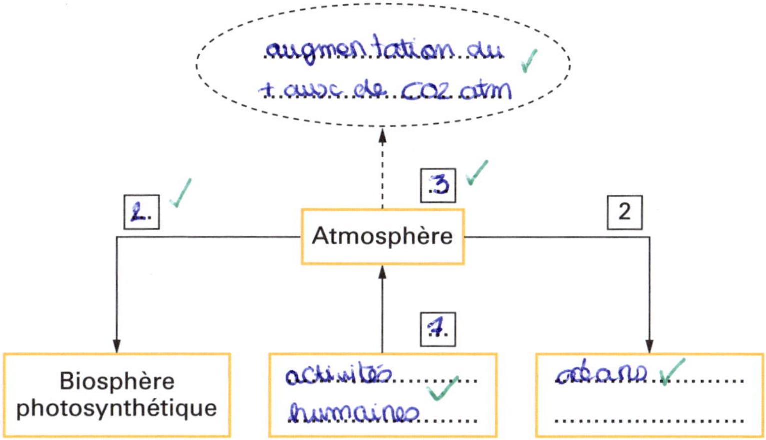

OBJECTIF BAC

10 L'apparition d'une atmosphère oxydante
60 min

Cet exercice doit vous permettre de définir la chronologie des événements qui ont abouti à la composition actuelle de l'atmosphère. Pour cela, vous devrez extraire des informations des documents proposés et les mettre en relation avec vos connaissances. → FICHES 2 et 3

LE SUJET

Actuellement, la plupart des êtres vivants sur Terre respirent, donc utilisent du dioxygène.

Or l'atmosphère primitive ne contenait pas de dioxygène.

De même, l'atmosphère primitive était dépourvue de couche d'ozone, couche formée à partir du dioxygène.

On cherche à savoir où, quand et comment est apparu le dioxygène, ce composant essentiel à la vie, et quelles ont été les conséquences de son apparition.

Doc 1 Corrélations temporelles entre l'évolution de différentes structures géologiques ou biologiques

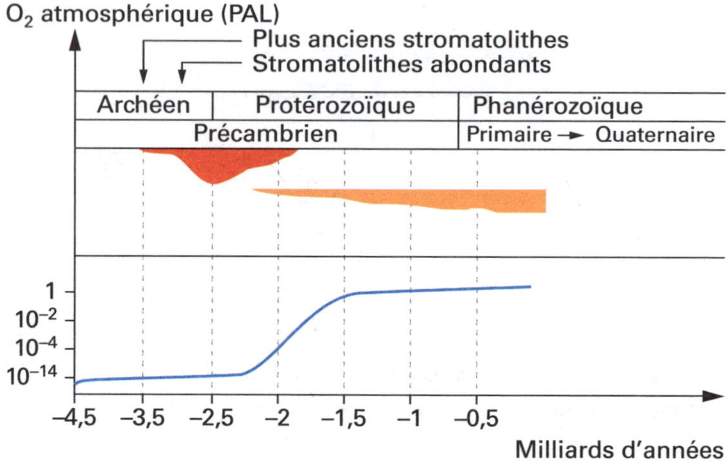

PAL = proportion par rapport à l'actuel
Gisements de fers rubanés (sédiments marins contenant de l'hydroxyde ferrique)
Sols oxydés de couleur rouille (origine continentale)

L'épaisseur des figurés est directement proportionnelle à la quantité formée

Doc 2 Stromatolithes observés à Hamelin Pool, Australie

Les stromatolithes sont des structures rocheuses avec, à leur surface, une couche vivante formée de cyanobactéries photosynthétiques.

Doc 3 Surface polie d'un échantillon issu d'un gisement de fers rubanés

Le fer, sous sa forme Fe^{2+}, n'est soluble que dans les eaux pauvres en O_2. En présence de O_2, il est oxydé en Fe^{3+} et précipite sous forme d'hématite (Fe_2O_3) qui est de couleur rouge. Les gisements de fers rubanés sont des formations rocheuses qui contiennent de l'hématite.

Doc 4a Les effets des différents UV sur l'ADN

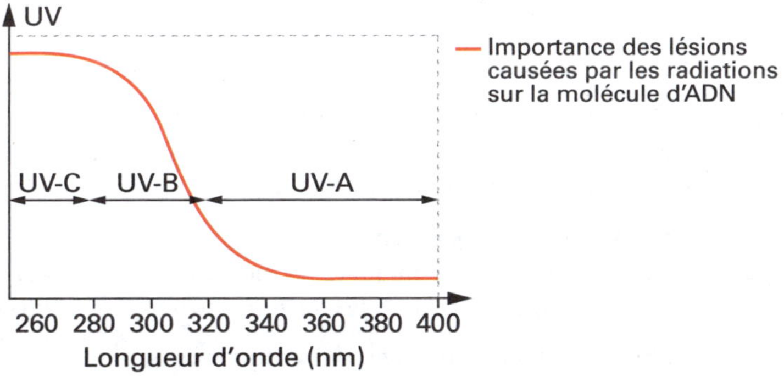

Doc 4b Les conséquences des UV sur la structure de l'ADN

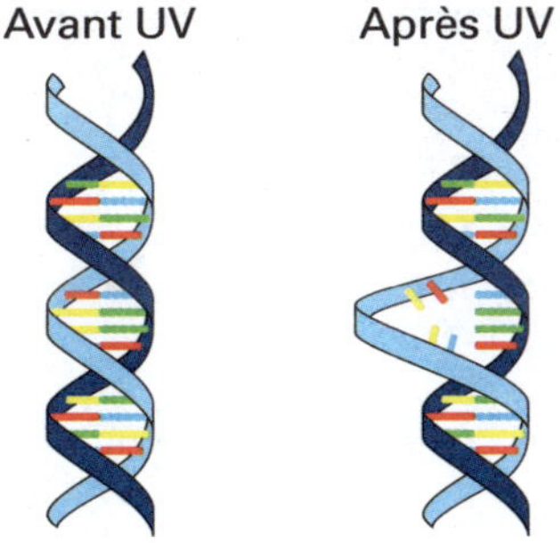

En exploitant les documents et en mobilisant vos connaissances, répondre aux questions suivantes.

1. Déterminer, en expliquant votre raisonnement, quelles sont les structures bio-géologiques à l'origine du dioxygène sur Terre.

2. Donner un argument permettant d'affirmer que les océans contenaient du dioxygène il y a 2,5 milliards d'années.

3. À partir d'un des documents, déduire la période à partir de laquelle l'atmosphère est devenue oxydante.

4. Expliquer pourquoi la couche d'ozone est protectrice pour les êtres vivants.

LIRE LE SUJET

Le sujet concerne le passage d'une atmosphère primitive dépourvue d'oxygène à une atmosphère oxydante qui contient du dioxygène.

L'objectif est donc d'expliquer quand et comment cette modification atmosphérique a pu se produire.

LA FEUILLE DE ROUTE

1. Mettre en relation des documents avec des connaissances

- Montrez la concordance temporelle entre l'apparition des stromatolithes et l'émergence d'une atmosphère oxydante.
- Montrez le lien entre photosynthèse et O_2, puis déduisez-en la réponse.

2. Mettre en relation des documents entre eux

Reliez la présence, à une époque donnée, d'un certain type de roches (les roches rouges), avec la réaction chimique d'oxydation du fer.

3. Tirer des informations d'un document

Déterminez d'abord quel est le document qui va permettre de répondre à la question puis rédigez la réponse en argumentant : « Je constate que », « J'en déduis que ».

4. Mettre en relation des documents avec des connaissances

- Constatez sur le document quelles sont les longueurs d'ondes dangereuses pour l'ADN et comparez-les avec le spectre d'absorption de l'ozone (connaissances).
- Déduisez-en le rôle protecteur de la couche d'ozone.

CORRIGÉS

SE TESTER QUIZ

1 De l'atmosphère primitive à l'hydrosphère

Réponse b.

L'affirmation a. est fausse car il n'y a pas eu une augmentation mais une baisse du CO_2 atmosphérique.

L'affirmation c. est fausse car il n'y a pas eu un réchauffement mais un refroidissement de la planète.

2 Les premières formes de vie productrices de dioxygène

Réponses a, c et d.

L'affirmation b. est fausse car le dioxygène est d'abord apparu dans les océans avec les cyanobactéries.

3 Les échanges de dioxygène dans l'atmosphère

Réponse b et d.

L'affirmation a. est fausse car la respiration consomme du dioxygène et ne peut donc en être une source.

L'affirmation c. est fausse car le dioxygène se transforme en ozone dans la haute atmosphère et non dans la basse atmosphère.

4 L'atmosphère actuelle et le cycle du carbone

Réponse b et c.

L'affirmation a. est fausse car le principal stock de CO_2 sur la planète est situé dans la lithosphère, sous forme de roches carbonatées de type calcaire.

À NOTER

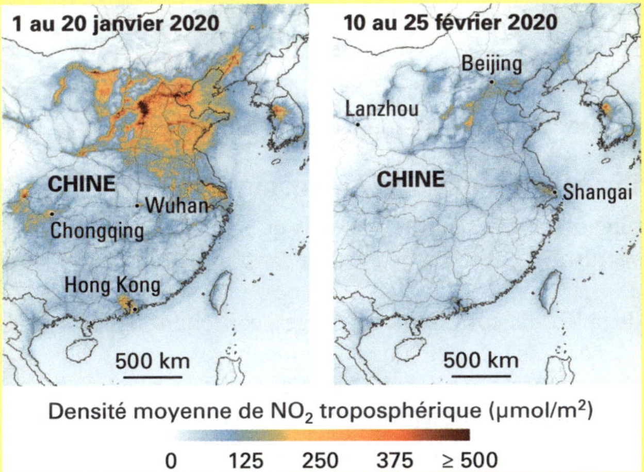

L'épidémie de Covid-19, qui débute en janvier 2020, confirme le lien étroit entre activité économique et qualité de l'air

S'ENTRAÎNER

5 Réviser le cours en 8 questions flash

1. L'atmosphère actuelle est riche en O_2 (21 %), pauvre en CO_2 (0,03 %) et en eau (traces). L'atmosphère primitive était dépourvue de O_2, très riche en eau (80 %) et contenait 15 % de CO_2.

2. L'hydrosphère est apparue avec le refroidissement de la planète qui a entraîné un changement d'état de l'eau atmosphérique : elle est passée de l'état gazeux à l'état liquide.

3. Les stromatolithes sont des structures bio-géologiques édifiées par des algues (cyanobactéries).

4. La photosynthèse a libéré du dioxygène dans les océans, *via* les stromatolithes, puis dans l'atmosphère, *via* les plantes, ce qui a permis la mise en place de la respiration chez les êtres vivants.

5. Les puits de dioxygène sont la respiration et les combustions, la principale source de dioxygène est la photosynthèse.

6. La couche d'ozone absorbe certains rayons UV provenant du soleil et limite donc les mutations que ces derniers peuvent entraîner sur l'ADN des êtres vivants.

7. Les réservoirs de carbone sont la lithosphère avec les roches carbonatées et la matière organique fossilisée, les océans avec les carbonates et, dans une moindre mesure, la biosphère avec la biomasse des êtres vivants et l'atmosphère.

8. Les principales énergies non renouvelables sont le charbon, le pétrole et le gaz.

6 Le cycle du carbone

carbonates dissous	stockage hydrosphérique
calcaire	stockage lithosphérique
charbon	énergie non renouvelable
respiration	source de carbone
photosynthèse	puit de carbone

7 L'apparition d'une atmosphère oxydante

Les stromatolithes sont des édifices marins qui abritent à leur surface des cyanobactéries, organismes capables de réaliser la photosynthèse et donc de libérer du dioxygène.

La présence de paléosols continentaux rouges, contenant du fer oxydé, prouve que le dioxygène des océans est passé dans l'atmosphère.

Le dioxygène atmosphérique a ensuite permis la mise en place de la couche d'ozone qui, en filtrant les ultraviolets, a protégé les êtres vivants en limitant les mutations.

8 La mise en place de l'hydrosphère

1.

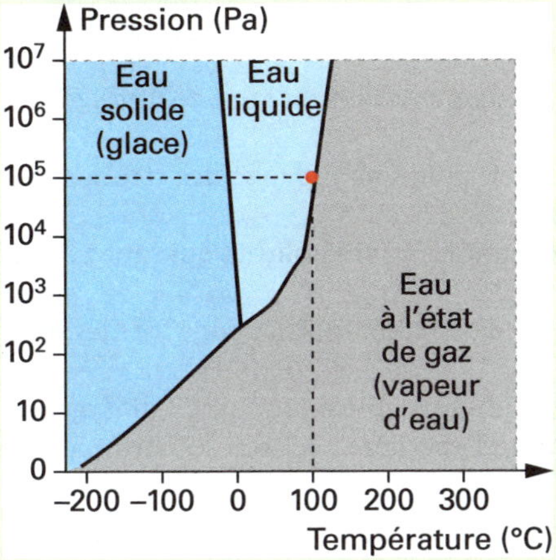

2.

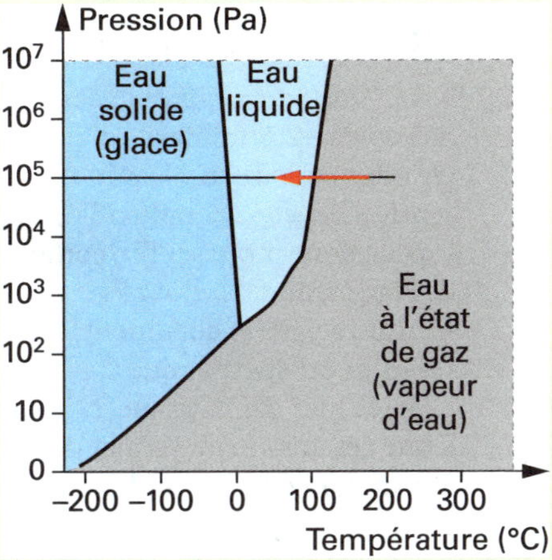

9 Le cycle du carbone

Sources et puits de carbone (en Gt/an)

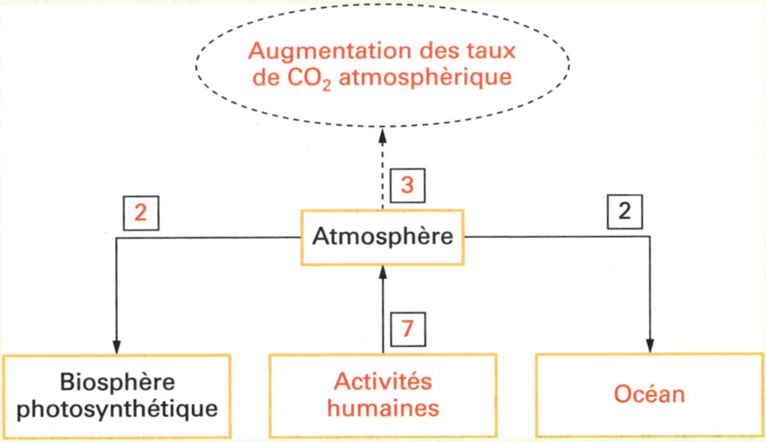

OBJECTIF BAC

10 L'apparition d'une atmosphère oxydante

1. • D'une part, d'après le document 1, l'**augmentation du taux de dioxygène** a eu lieu après **−2,5 milliards d'années.**
Or cette période suit la période d'apparition puis d'**abondance des stromatolithes** (entre −2,5 et −3,5 milliards d'années).
Je peux donc proposer l'hypothèse que ce sont les stromatolithes qui sont à l'origine de l'apparition du dioxygène.
• D'autre part, le document 2 indique que **les stromatolithes sont formés de bactéries photosynthétiques.**
D'après mes connaissances, je sais que la photosynthèse produit du dioxygène.
Donc cet argument permet de valider mon hypothèse : **ce sont les stromatolithes qui sont à l'origine du dioxygène sur Terre.**

2. Le document 1 montre que la période qui correspond à la quantité maximale de **fers rubanés** formés se situe à **−2,5 milliards d'années.**
Or les documents 1 et 3 indiquent que les fers rubanés sont des roches sédimentaires d'origine marine qui contiennent de l'hématite (responsable de la couleur rouge).
Dans l'hématite, le fer est du **fer ferrique Fe^{3+}**, donc à l'**état oxydé.**
La présence de fers rubanés à −2,5 milliards d'années témoigne ainsi de la présence de dioxygène dans les océans à cette date.

3. Je constate, dans le document 1, l'apparition puis l'augmentation de la quantité de sols rouges continentaux à partir de **−2,2 milliards d'années.** La couleur rouge de ces sols étant due à la **présence de fer oxydé**, j'en déduis qu'il y a eu du **dioxygène dans l'atmosphère** à partir de cette période .
Avant cette période, le **dioxygène** produit par les stromatolithes restait **stocké dans les océans** puis à partir d'une certaine concentration, atteinte à **−2,2 milliards d'années**, il s'est **diffusé dans l'atmosphère** et a entraîné l'**oxydation de certaines roches sédimentaires.**

4. Je sais que la molécule d'**ADN absorbe les ultraviolets** avec un maximum d'absorption à 260 nanomètres. Je sais également que la **molécule d'ozone absorbe fortement les ultraviolets** à cette même longueur d'onde.
En repérant, sur le document 4a, la longueur d'onde correspondant à **260 nm** (UVC), je constate qu'elle est à l'origine d'un maximum de **lésions sur la molécule d'ADN** (la double hélice de l'ADN est alors déstructurée comme le montre le document 4b).
J'en déduis qu'en absorbant une grande quantité des UVC à 260 nm, la **couche d'ozone** permet de **limiter leurs effets mutagènes** sur la molécule d'ADN et donc **protège les êtres vivants** des rayonnements solaires.

2 La complexité du système climatique

La **fonte des glaciers**, ici au Groenland (îles Kulusuk), est l'une des conséquences du changement climatique qui a débuté il y a 150 ans.

5 Les climats et la température moyenne du globe

En bref *C'est à partir des mesures météorologiques, à l'échelle régionale et sur une période de 30 ans, qu'il est possible d'estimer la température moyenne de la Terre.*

I La climatologie, science du climat

■ Le climat d'une région se définit par l'ensemble des conditions météorologiques que l'on y rencontre à chaque saison. Les conditions observées pour définir un climat sont principalement : la température, la **pression atmosphérique**, le degré d'**hygrométrie**, la pluviométrie, la **nébulosité**, la vitesse et la direction des vents.

MOTS CLÉS
- L'**hygrométrie** mesure le taux d'humidité de l'air.
- La **nébulosité** dépend de la couverture nuageuse : de 0/8 pour un ciel clair à 8/8 pour un ciel très nuageux.

■ L'étude des paramètres météorologiques peut se faire à deux échelles de temps.
- La météorologie étudie la prévision des phénomènes atmosphériques sur des périodes courtes (de quelques jours à quelques semaines) et pour des régions géographiques limitées.
- La climatologie étudie les variations du climat à moyen ou long terme (sur plusieurs années, siècles, millénaires, etc.), à l'échelle locale mais aussi globale.

À NOTER
Les événements extrêmes (vagues de froid, canicules, inondations) complètent la définition d'un climat.

■ Du fait de sa grande variabilité dans le temps → FICHE 6, un climat est habituellement déterminé scientifiquement à partir de la moyenne des températures et de la moyenne des hauteurs de précipitations, dites « normales climatiques ». Elles sont calculées sur une durée de 30 ans et représentées sous forme de climatogramme (doc. 1).

Doc 1 Climatogramme de Paris (normales climatiques moyennées sur la période 1981-2010)

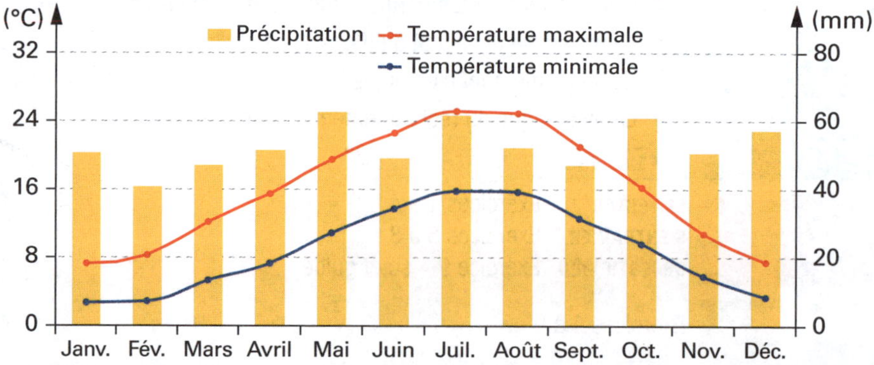

Source : Météo France

II La température moyenne globale de la Terre

■ Du fait de la sphéricité de la Terre, l'énergie solaire reçue à sa surface est inégalement répartie selon la latitude. Les températures moyennes varient donc énormément à la surface du globe : de −20 °C au Groenland à +25 °C dans le Sahara (doc. 2).

■ C'est à partir de la moyenne de toutes les valeurs locales de la température, en tout point du globe, que l'on obtient une valeur globale de la température terrestre. Elle est estimée à 14 °C ± 0,5 °C sur la période 1961-1990.
Cette valeur est un indice du climat global de la Terre.

Doc 2 Température annuelle à la surface de la Terre, moyennée sur la période 1961-1990

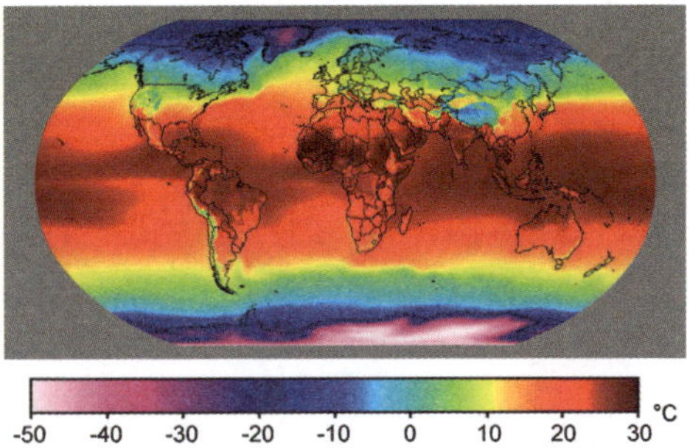

■ Tous les relevés de température participent à établir la température globale :
- au niveau des continents grâce aux stations météorologiques ;
- au niveau des océans à partir d'instruments de mesure embarqués sur des bouées ou sur des navires.

■ Les satellites peuvent mesurer d'autres indices du climat global comme l'étendue des glaces polaires et des glaciers continentaux ou le volume des océans. En effet, le volume et le niveau moyen des océans augmentent par dilatation thermique lorsqu'ils se réchauffent. De plus, l'eau issue de la fusion des glaces continentales (Groenland, Antarctique et glaciers continentaux) participe à cette augmentation.

zoOm

Le niveau marin mesuré de l'espace avec SWOT

Le lancement du satellite Swot (Surface Water Ocean Topography) est prévu pour septembre 2021. Un des objectifs de ce satellite, issu d'un partenariat entre des agences spatiales européennes et américaines : mesurer le niveau marin avec une résolution de quelques dizaines de m^2, contre quelques km^2 pour les satellites actuels !

Vue d'artiste du satellite Swot

6 La variabilité du climat à différentes échelles

En bref *Connaître les variations du climat global de la Terre sur différentes échelles de temps permet de mettre en perspective les variations récentes du climat, dues aux activités humaines, par rapport à ses variations naturelles.*

I La variabilité du climat à l'échelle des temps géologiques

■ La période du **Quaternaire** (–2,6 Ma à l'actuel) se caractérise par une **forte oscillation climatique**, surtout au cours du dernier million d'années.

■ Ce sont les teneurs en CO_2 atmosphérique – notamment estimées à partir de la composition des bulles d'air emprisonnées dans les glaces polaires – qui ont permis de reconstituer l'évolution des climats au cours de cette période (doc. 1).

Doc 1 Évolution de la température globale de la Terre et de la teneur en CO_2 de l'atmosphère depuis 400 000 ans

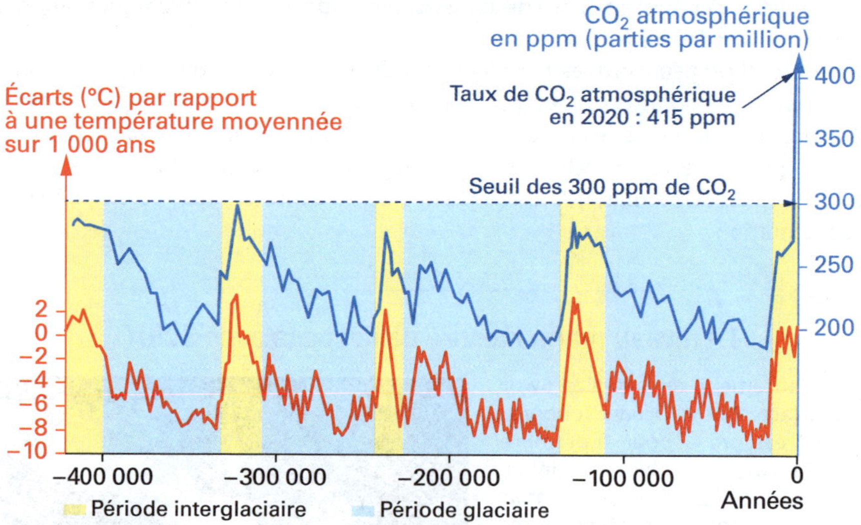

■ Lors du **dernier million d'années**, le climat oscille entre des **périodes glaciaires** plus froides et longues (environ 90 000 ans) et des **périodes interglaciaires** plus chaudes et beaucoup plus courtes (entre 10 et 40 000 ans), avec une amplitude maximale de la température globale terrestre de 10 °C.

■ De même, au cours de cette période, le taux du **CO_2 atmosphérique** oscille mais **ne dépasse jamais les 300 ppm** (parties par million), exception faite lors du XXe siècle où il n'a cessé d'augmenter pour atteindre 415 ppm en 2020 ! (doc. 1).

II La variabilité du climat lors du dernier millénaire

- Au cours du **dernier millénaire**, la **température globale** de la Terre est assez **stable**. Elle montre de faibles variations (moins de 1 °C), avec une tendance au refroidissement pendant la période dite du « Petit âge glaciaire » (1350-1900).
- **Depuis 150 ans**, on observe au contraire un **réchauffement climatique** global rapide d'environ **1 °C**. → FICHE 7

Doc 2 Évolution de la température globale dans l'hémisphère nord au cours du dernier millénaire

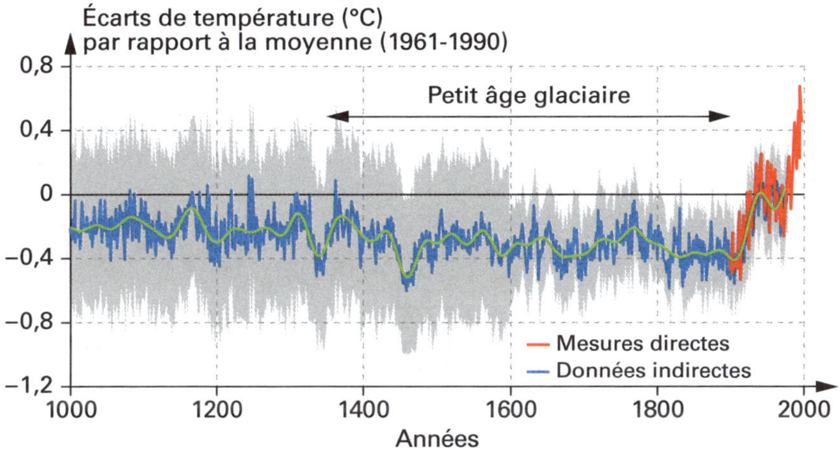

- Si l'on remonte sur plusieurs centaines de milliers d'années, on constate que l'**augmentation de la température** globale de la Terre et de la **concentration atmosphérique en CO_2** n'a jamais été aussi rapide que ces **150 dernières années**.

zoom

Des indices du climat passé sur les parois d'une grotte

La représentation de ce grand pingouin découverte dans la grotte Cosquer (près de Marseille) et datée d'environ –19 000 ans atteste que le climat était beaucoup froid dans le sud de la France lors de la dernière période glaciaire qu'aujourd'hui.

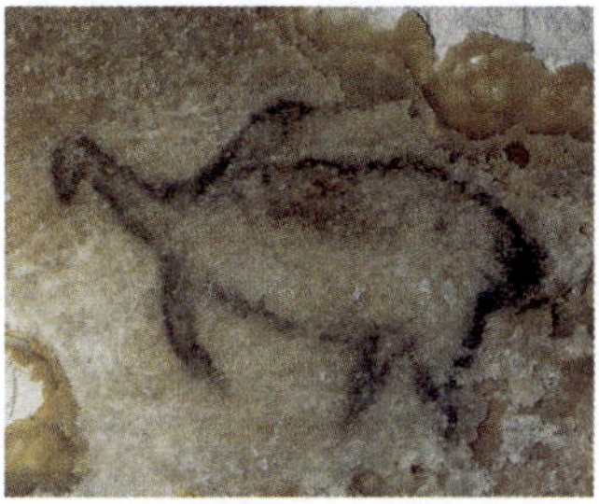

7 Le réchauffement climatique

En bref *Le réchauffement climatique est lié au déséquilibre du bilan radiatif terrestre induit par l'homme lors de la période industrielle.*

I Les indicateurs du réchauffement climatique

- L'**augmentation de la température** moyenne mondiale a débuté avec l'**ère industrielle** et s'est surtout accentuée après 1900.

L'année 2016, la plus chaude de cette période, a été caractérisée par une température d'environ 1 °C supérieure par rapport à la période préindustrielle (doc. 1).

- Le **niveau marin**, qui est un des **indicateurs du réchauffement climatique**, a augmenté d'environ 20 cm depuis 1900.

Doc 1 Évolution de la température moyenne mondiale depuis 1850

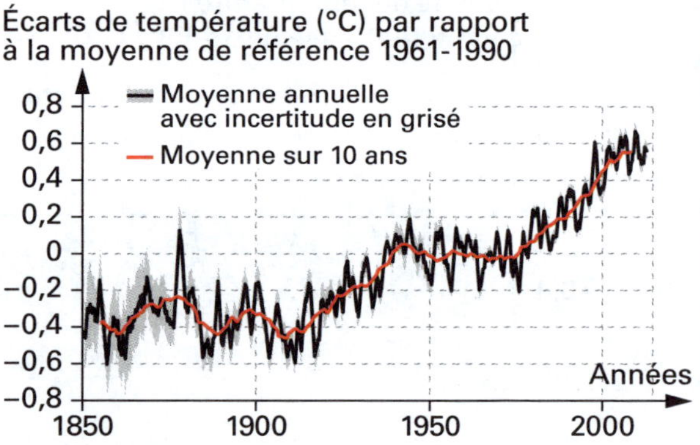

- Ces augmentations de la température et du niveau des océans peuvent être mises en parallèle avec celles des teneurs de l'atmosphère en **gaz à effets de serre (GES)** : dioxyde de carbone (CO_2), méthane (CH_4) et oxyde nitreux (N_2O). Les teneurs en GES ont fortement augmenté en raison des émissions engendrées par les activités humaines depuis l'époque industrielle. → FICHE 4

Doc 2 Concentrations atmosphériques des gaz à effet de serre depuis 1850

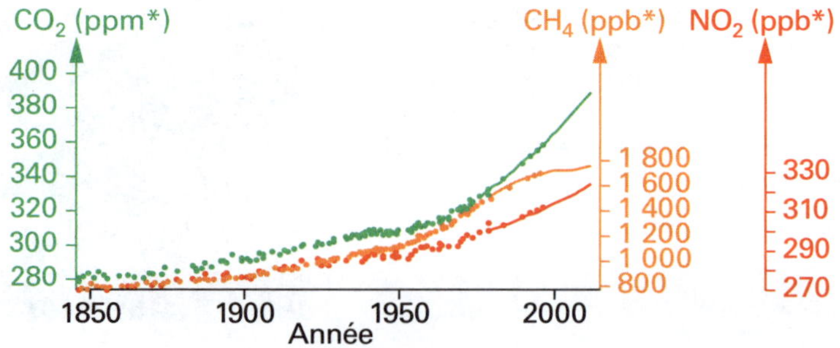

*ppm : partie par million (10^{-6})
**ppb : partie par billion ou milliard (10^{-9})

II Les gaz à effets de serre (GES) et le forçage radiatif

- La **période préindustrielle** (antérieure à 1850) est caractérisée par un **bilan radiatif de la Terre en équilibre** : la puissance solaire absorbée par la Terre (+240 $W \cdot m^{-2}$) est identique à celle émise par la Terre sous forme d'infrarouge vers l'espace (–240 $W \cdot m^{-2}$).

- Depuis l'**ère industrielle**, le **bilan radiatif est déséquilibré**. La teneur en GES étant plus élevée dans l'atmosphère, celui-ci absorbe davantage le rayonnement infrarouge émis par la surface terrestre. En retour, les GES émettent vers la surface davantage de rayonnement infrarouge, et il en résulte un renforcement de l'effet de serre ou **effet de serre additionnel**.

Doc 3 Bilan radiatif terrestre

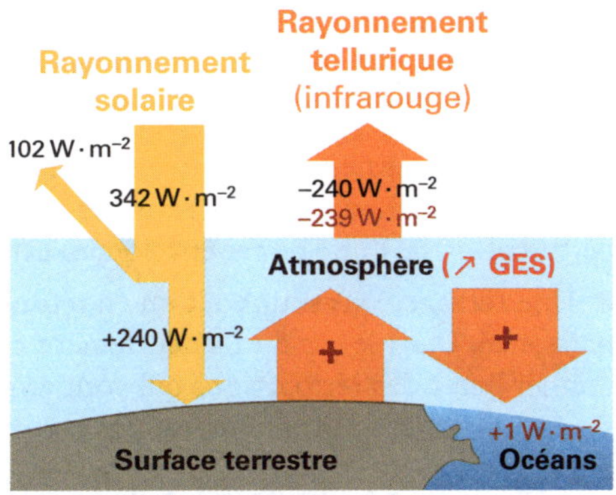

En rouge, les perturbations liées au forçage radiatif

- Cet effet de serre additionnel entraîne une perturbation de l'équilibre radiatif : le système Terre/atmosphère absorbe toujours 240 $W \cdot m^{-2}$ mais n'en émet que 239 $W \cdot m^{-2}$ vers l'espace (1 % étant absorbé par les océans), on parle de **forçage radiatif positif**.

- L'énergie supplémentaire est essentiellement absorbée par les océans → FICHE 8 mais également par l'atmosphère et les continents. Cela se traduit par une augmentation de la température moyenne à la surface de la Terre et par la montée du niveau des océans dont le volume augmente par dilatation thermique. → FICHE 5

zoOm

Quand les vendanges renseignent sur le climat

L'avancée des dates de vendanges en France peut être corrélée avec l'évolution de la température à la surface du globe. Il s'agit d'un marqueur du réchauffement climatique utilisé parmi d'autres par l'Observatoire national sur les effets du réchauffement climatique (ONERC).

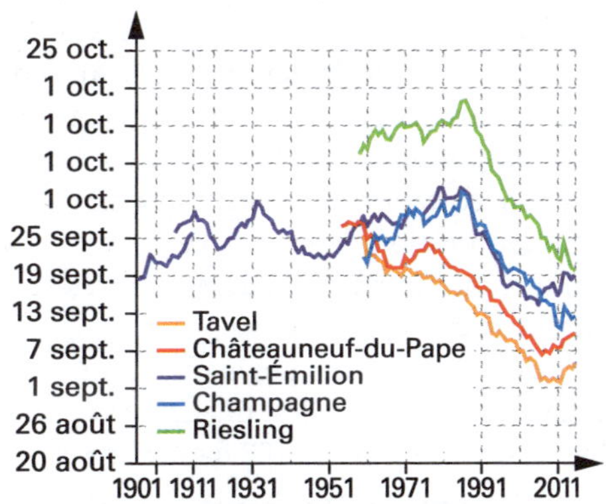

8 La dynamique du réchauffement climatique

En bref *La dynamique du réchauffement climatique résulte des interactions entre les différentes enveloppes externes du globe.*

I Notion de rétroaction climatique

- Le système climatique est un système complexe au sein duquel l'atmosphère, l'océan, les continents, la cryosphère (ensemble des glaces) et la biosphère interagissent en échangeant notamment de l'eau, du CO_2 et de l'énergie... Toute perturbation de l'une de ces enveloppes externes va agir sur les autres enveloppes.
- Une rétroaction est une action en retour par rapport à un effet qui lui a donné naissance. Dans le cas du réchauffement climatique, le forçage radiatif positif va donner lieu à des rétroactions qui vont amplifier le réchauffement (rétroactions positives) ou au contraire l'atténuer (rétroactions négatives).

Doc 1 Principe des boucles de rétroactions positive et négative

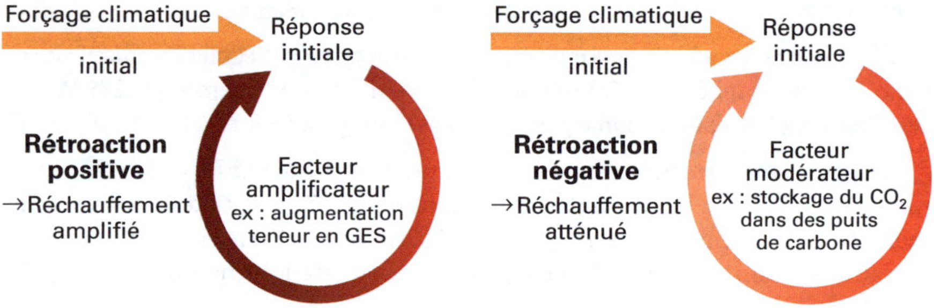

II Les phénomènes amplificateurs du réchauffement

- Du fait des interactions entre les différentes enveloppes externes du globe, l'augmentation de la température moyenne terrestre entraîne de nombreuses rétroactions positives. Le réchauffement climatique provoque, par exemple :
  - une évaporation plus importante à la surface du globe d'où une augmentation de la concentration atmosphérique en vapeur d'eau, principal gaz à effet de serre ;
  - une diminution de la surface couverte par les glaces de mer ou continentales d'où une diminution de l'albédo terrestre et une augmentation du rayonnement infrarouge émis par la Terre ;
  - un dégel partiel du **permafrost**, qui renferme notamment de grandes quantités de méthane d'où une libération de GES dans l'atmosphère.

> **À NOTER**
> Le **permafrost** est un sol des hautes latitudes, gelé en permanence.

- Ceci montre que l'augmentation de la température moyenne terrestre va renforcer davantage l'effet de serre et donc entraîner l'emballement du système climatique.

III Les phénomènes modérateurs du réchauffement

- L'océan exerce une double rétroaction négative :

– il constitue le principal puits de CO_2 de la planète, le CO_2 étant très soluble dans l'eau, en particulier dans les eaux froides des hautes latitudes ;
– il absorbe à sa surface une fraction importante de l'apport additionnel d'énergie liée au réchauffement.

Doc 2 Flux de carbone depuis 1960

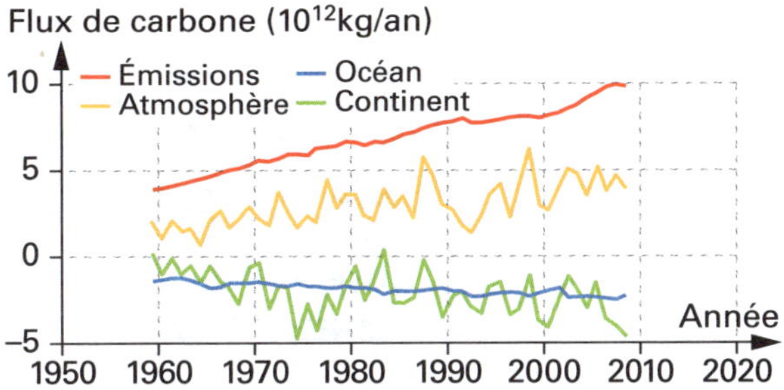

Évolution des émissions totales de CO_2 liées aux activités humaines (combustibles fossiles et déforestation), de la teneur en CO_2 atmosphérique et des puits de CO_2 océaniques et continentaux

- Avec les augmentations de la température globale terrestre et de la teneur en CO_2 atmosphérique, la photosynthèse est plus efficace. Cet accroissement de la productivité végétale exerce aussi une rétroaction négative, car elle constitue un puits de carbone ou « puits de CO_2 », c'est-à-dire un réservoir permettant de stocker du carbone dans des molécules organiques. Cependant, l'effet modérateur sur le réchauffement se fait à court terme.

- Si la végétation et les océans sont des puits de CO_2, ils ne sont pas suffisamment importants pour compenser les émissions anthropiques (doc. 2).

De plus, l'accumulation d'énergie dans les océans rend le changement climatique irréversible à des échelles de temps de plusieurs siècles, du fait de la grande inertie thermique de l'eau.

zoOm

Le dégel du permafrost, amplificateur du réchauffement

Au nord de l'Alaska, le dégel du permafrost, photographié ici en juillet 2018, entraîne une libération des gaz à effet de serre qu'il renferme, en particulier de méthane, puissant gaz à effet de serre (potentiel de réchauffement 28 fois supérieur à celui du CO_2).

MÉMO VISUEL

Les climats et la température moyenne du globe

La climatologie, science du climat

Un climat est déterminé à partir des moyennes des températures et des hauteurs de précipitations, dites « **normales climatiques** », calculées sur une durée de **30 ans**.

La température moyenne du globe

La température moyenne du globe, moyenne de toutes les températures mesurées localement, est de 14 °C ± 0,5 °C.

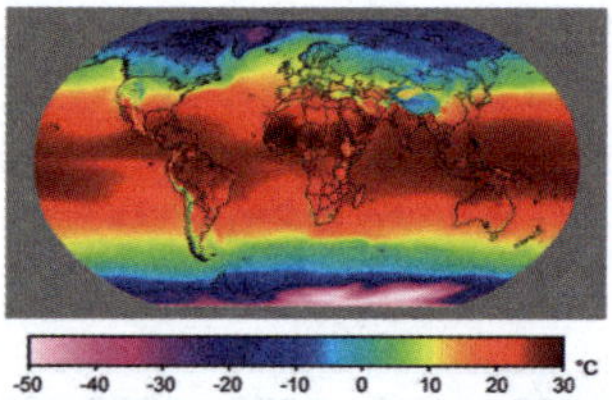

LA COMPLEXITÉ

La variabilité du climat aux différentes échelles de temps

Depuis un million d'années

Le climat oscille entre des **périodes glaciaires** et des **périodes interglaciaires** beaucoup plus courtes.

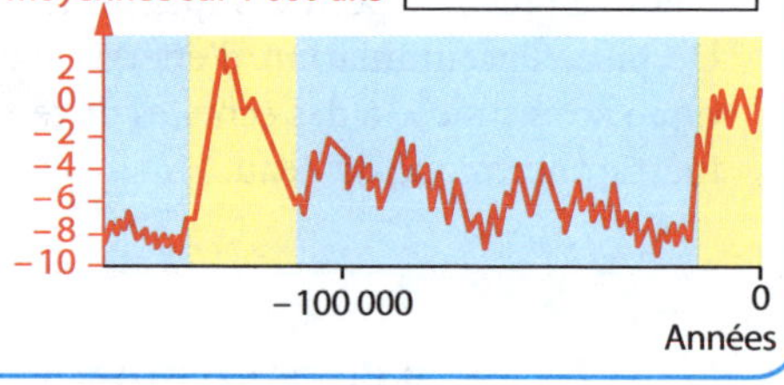

Depuis la période industrielle

Depuis un siècle et demi, on mesure un réchauffement climatique global d'environ 1 °C par rapport à la période préindustrielle.

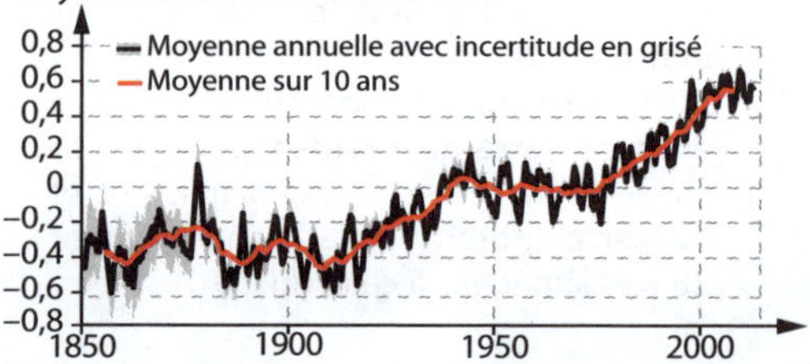

Le réchauffement climatique de l'époque industrielle

Une réponse à l'augmentation du forçage radiatif

Depuis l'ère industrielle, la concentration des GES augmente, l'atmosphère absorbe davantage le rayonnement thermique infrarouge émis par la surface de la Terre, d'où un renforcement de l'effet de serre.

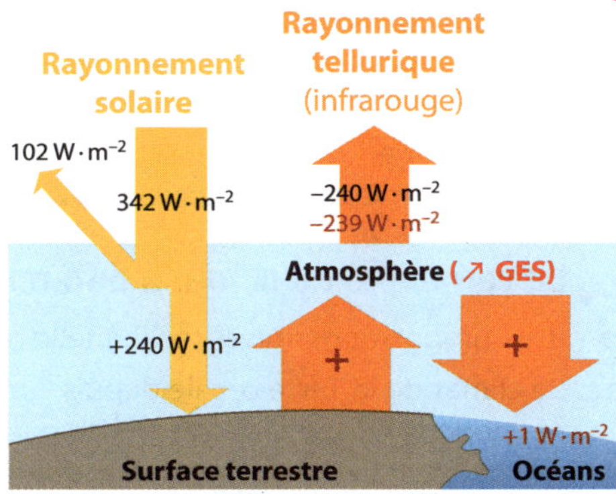

En rouge, les perturbations liées au forçage radiatif

DU SYTÈME CLIMATIQUE

La dynamique du réchauffement climatique

Une réponse à l'augmentation du forçage radiatif

Le forçage radiatif causé par l'augmentation des GES va donner lieu à des rétroactions qui vont amplifier l'amplitude du réchauffement (rétroaction positive) ou l'atténuer (rétroaction négative).

Une rétroaction positive

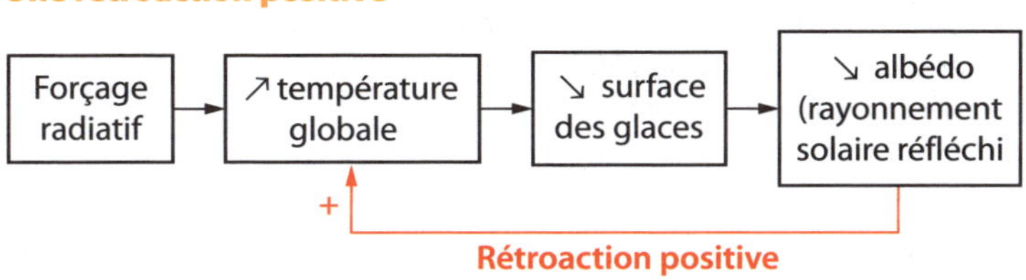

SE TESTER QUIZ

Vérifiez que vous avez bien compris les points clés des **fiches 5 à 8**.

1 Les climats et la température moyenne du globe

→ FICHE 5

Comment obtient-on la température moyenne globale de la Terre ?

- ☒ **a.** à partir de températures relevées sur les continents et dans les océans
- ☒ **b.** à partir de la moyenne de toutes les valeurs locales de la température à chaque latitude
- ☐ **c.** uniquement à partir de températures relevées sur les continents

2 La variabilité du climat à différentes échelles

→ FICHE 6

Parmi les propositions suivantes laquelle ou lesquelles sont correctes ?

- ☐ **a.** Le climat de la Terre oscille depuis 1 million d'années, entre de longues périodes interglaciaires et des périodes glaciaires plus courtes.
- ☐ **b.** La teneur actuelle du CO_2 atmosphérique a déjà été atteinte lors des variations climatiques du dernier million d'années.
- ☒ **c.** L'augmentation de la température globale de la Terre et de la concentration atmosphérique en CO_2 n'a jamais été aussi rapide que ces 150 dernières années.

3 Le réchauffement climatique

→ FICHE 7

À quoi le forçage radiatif de l'ère industrielle est-il dû ?

- ☐ **a.** Il est dû à la diminution de la teneur atmosphérique des gaz à effets de serre.
- ☒ **b.** Il est lié au fait que l'atmosphère absorbe davantage le rayonnement thermique infrarouge émis par la surface de la Terre.
- ☒ **c.** Il a augmenté par rapport à l'ère préindustrielle, c'est-à-dire que la surface terrestre reçoit plus d'énergie de la part de l'atmosphère.

4 La dynamique du réchauffement climatique

→ FICHE 8

Parmi les phénomènes suivants, lesquels entraînent des rétroactions négatives ?

- ☐ **a.** la diminution de la surface couverte par les glaces
- ☒ **b.** l'accroissement de la végétation
- ☐ **c.** le dégel du permafrost

S'ENTRAÎNER

5 Réviser le cours en 8 questions flash

→ FICHES 5 à 8

1. Comment détermine-t-on les caractéristiques du climat d'une région ?
2. Quels sont les trois indicateurs du climat global de la Terre ?
3. Quelles sont les variations climatiques périodiques du climat terrestre depuis un million d'années ?
4. Quels sont les gaz à effets de serre (GES) impliqués dans le réchauffement climatique de l'époque industrielle ?
5. Pourquoi l'équilibre radiatif de l'ère préindustrielle a-t-il été perturbé ?
6. Quels sont les phénomènes amplificateurs du réchauffement climatique ?
7. Quels sont les phénomènes modérateurs du réchauffement climatique ?
8. Quelles sont les deux causes de l'élévation du niveau de la mer ?

6 Réchauffement climatique et niveau de la mer

→ FICHE 5

L'élévation du niveau des océans est un des indicateurs du réchauffement climatique car en se réchauffant, l'océan se dilate, et son volume comme son niveau moyen augmentent.

Durant la période industrielle, la température de l'océan a augmenté de 0,6 °C, uniquement pour les 1 000 premiers mètres de profondeur car la température des eaux profondes reste stable au cours du temps.

On se propose, par le calcul, de retrouver la variation du niveau marin liée à cette augmentation de la température.

Doc Évolution du niveau de la mer depuis 150 ans

Écarts par rapport à la moyenne de la période de référence préindustrielle

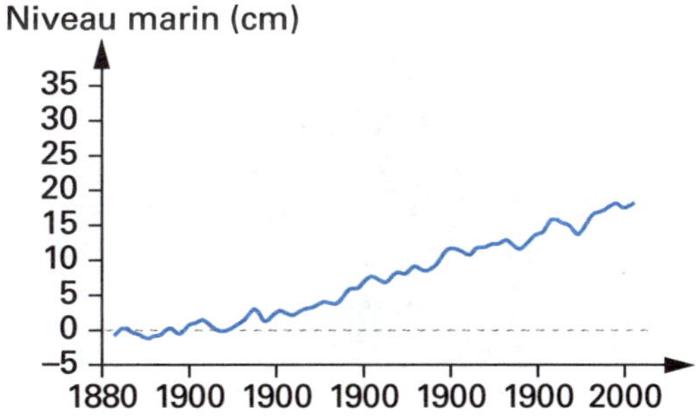

1. Sachant que les océans recouvrent une surface S d'environ $3{,}6 \times 10^{14}$ m², calculer le volume d'eau impliquée par le réchauffement climatique. Pour simplifier le calcul, on considérera que la tranche d'eau qui a subi le réchauffement est assimilable à un parallélépipède rectangle de hauteur h =1 000 m.

2. Sachant que le coefficient de dilatation thermique volumique de l'eau est $\alpha = 2{,}6 \times 10^{-4}$/°C, calculer l'augmentation ΔV du volume des océans suite à la variation de température ΔT de 0,6 °C à l'aide de la formule suivante :

$$\Delta V = V\,(1 + \alpha \times \Delta T)$$

3. Calculer la variation du niveau marin suite à cette augmentation de volume à l'aide de la formule suivante $\delta = (\Delta V - V)/S$

4. Cette variation est-elle conforme à celle mesurée depuis 150 ans (document) ? Sinon, proposer une autre source possible de l'élévation du niveau de la mer.

7 Les pollens, mémoire des variations climatiques passées → FICHE 6

Une tourbière est une zone humide (marais ou lac peu profond) dans laquelle se dépose, au fil du temps, la matière végétale issue des végétaux qu'on y trouve : mousses et sphaignes. Les pollens des végétaux, situés dans les environs proches de la tourbière, sont transportés par le vent et sont facilement retenus par les mousses et les sphaignes, véritables pièges naturels à pollens.

Au cours du temps, les mousses et les sphaignes se transforment en tourbe dont l'épaisseur peut atteindre plusieurs mètres en s'accumulant. Les pollens ainsi piégés peuvent donc dater de plusieurs milliers d'années (doc. 1).

Doc 1 Extrait du diagramme pollinique de la tourbière de Chirens (Nord de Grenoble)

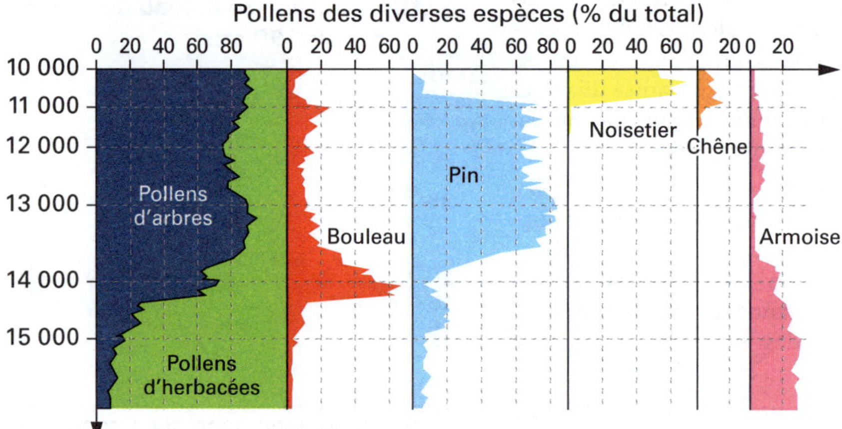

L'échelle de temps correspond à l'épaisseur des dépôts étudiés : elle n'est donc pas linéaire, seuls les âges certains ont été indiqués.

Doc 2 Préférences climatiques de quelques végétaux

L'armoise est une plante herbacée, poussant plutôt dans les steppes froides.
Le bouleau se trouve sous climat tempéré ou froid mais est très exigeant en eau.
Le chêne résiste au froid mais se trouve surtout en régions tempérées ou chaudes.
Le noisetier vit dans les milieux tempérés.
Le pin se développe sous un climat tempéré ou froid.

Montrer, à l'aide de ces deux documents, que les pollens permettent de reconstituer les variations climatiques entre 15 500 et 10 000 ans avant le présent.

8 Des indicateurs du réchauffement climatique → FICHE 7

Montrer que les évolutions des phénomènes naturels observées dans ces deux documents peuvent être utilisées comme arguments du réchauffement climatique.

Doc 1 Expansion de la chenille processionnaire du pin en France

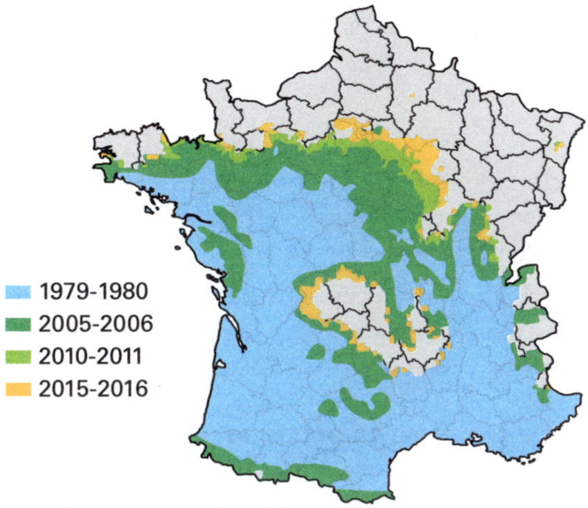

La processionnaire du pin est une chenille qui s'attaque aux pins et aux cèdres.
Elle est sensible à différents aléas climatiques comme les gelées intenses.
Elle est donc sensible aux températures hivernales.

Doc 2 Évolution des dates des vendanges et de la floraison de la vigne en Champagne

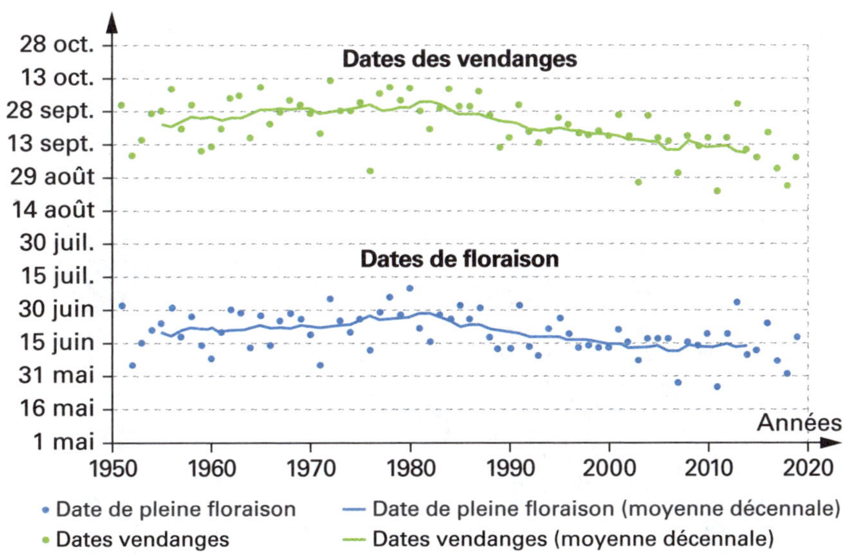

OBJECTIF BAC

9 Réchauffement climatique et fonte des glaces
60 min

Cet exercice va vous permettre de caractériser certaines interactions entre les différentes enveloppes externes de la Terre, et ainsi de mieux comprendre la complexité du système climatique.

LE SUJET

La dynamique du réchauffement climatique résulte d'interactions entre les différentes enveloppes externes du globe, dont la cryosphère représentée par l'ensemble des surfaces recouvertes par de la glace.

On cherche à caractériser la modification de la cryosphère suite au réchauffement climatique, à montrer comment celle-ci va agir sur le niveau marin, mais aussi avoir une action en retour (rétroaction) sur le climat.

Doc 1 Évolution de la superficie glaciaire en arctique entre 1982 et 2007

Deux types de glaces se rencontrent au pôle nord : des glaces continentales recouvrant par exemple le Groenland, et des glaces formées à partir de l'eau de mer dites « glaces de mer » formant la banquise.

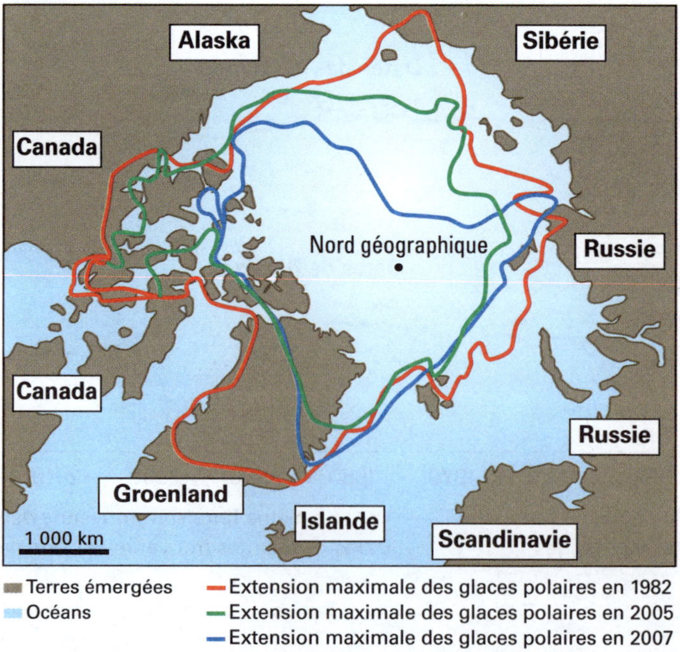

Doc 2 Évolution de la masse des glaces des calottes polaires de 1992 à 2016

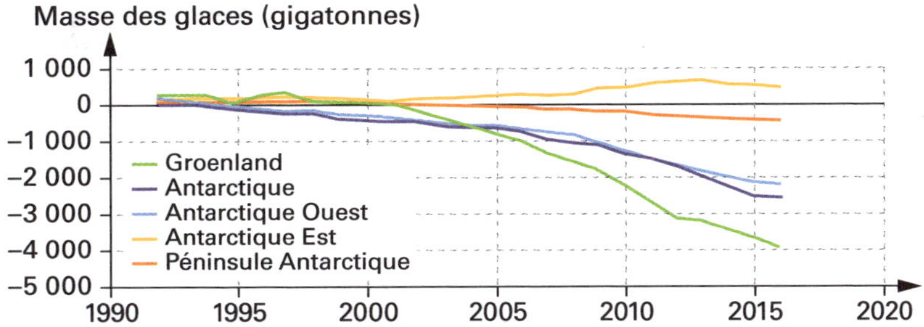

Source : Giec, SROCC 2019

Doc 3 Expériences de fonte de glaçons

Modélisation de la fonte d'une banquise

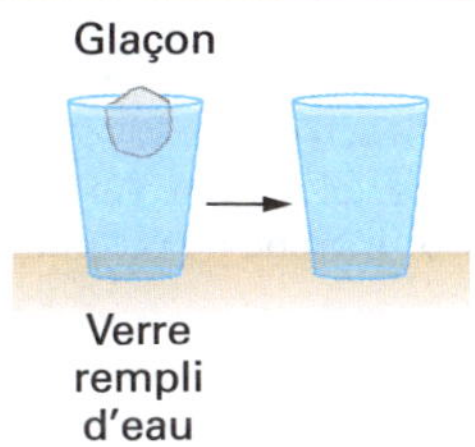

Modélisation de la fonte d'un glacier continental

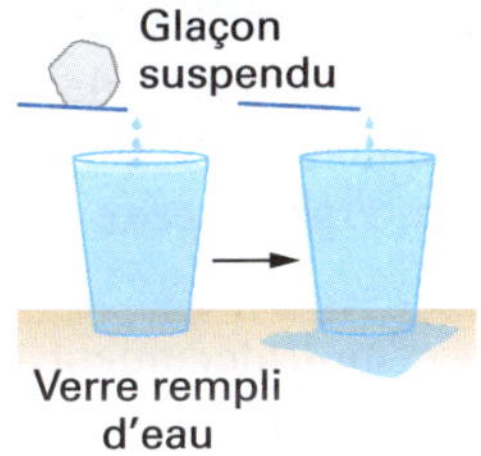

Masse volumique de la glace : 0,9 $g \cdot cm^{-3}$ et de l'eau : 1 $g \cdot cm^{-3}$

Doc 4 Albédo* de quelques surfaces terrestres

Nature de la surface	Albédo (%)
Glace	60 à 70
Forêts	10 à 15
Océan	5 à 15
Sol nu ou roches	10 à 20

* L'albédo correspond au pourcentage d'énergie solaire réfléchie par une surface.

1. Déduire de l'analyse des documents 1 et 2, les conséquences du réchauffement climatique sur la cryosphère.

2. Préciser, à l'aide des modélisations du document 3, la différence d'impact entre la fusion des glaces continentales et celle des glaces de mer sur le niveau marin.

3. Expliquer, à l'aide des documents 1 et 4, comment l'évolution de la surface glaciaire arctique va exercer une rétroaction positive sur le réchauffement climatique.

4. Résumer, sous la forme d'un schéma, les actions et rétroactions liées à la modification de la cryosphère induite par le réchauffement climatique.

LIRE LE SUJET

Il s'agit ici de montrer, à l'aide des documents, les modifications subies par la cryosphère lors du réchauffement climatique et le fait que celles-ci exercent ensuite en retour une rétroaction positive sur celui-ci.

LA FEUILLE DE ROUTE

1. Exploiter les données des documents 1 et 2

→ FICHES 5 à 8

- À partir du document 1, mettez en évidence l'évolution des surfaces recouvertes par les glaces entre 1982 et 2007.
- À partir du document 2, distinguez bien l'évolution de la masse des glaces des calottes polaires entre 1992 et 2016 en donnant quelques valeurs chiffrées.
- Reliez ces évolutions avec vos connaissances sur le réchauffement climatique.

2. Utiliser une modélisation pour résoudre un problème

→ FICHE 8

- Appuyez-vous sur les valeurs des masses volumiques de l'eau et de la glace pour interpréter cette modélisation.

CONSEILS
Plus la masse volumique d'un matériau est faible et plus il prend de volume, à masse égale.

- Observez, sur le document 1, la nature continentale ou océanique des surfaces recouvertes par la glace.
- Mettez ensuite en relation les résultats de la modélisation avec l'évolution des surfaces recouvertes par les glaces du document 1, afin d'en déduire leur impact sur le niveau marin.

3. Mettre en relation les données des documents 1 et 4

→ FICHE 8

- À partir du document 4, donnez les caractéristiques de l'albédo des surfaces recouvertes de glace.
- Reliez ensuite les valeurs de l'albédo des différentes surfaces avec l'évolution des surfaces recouvertes par les glaces du document 1, afin de montrer que celle-ci va avoir comme conséquence un renforcement de l'effet de serre.

CONSEILS
Plus une surface a un albédo élevé, plus elle réfléchit l'énergie solaire et moins elle émet de rayonnement thermique infrarouge.

4. Schématiser les interactions entre cryosphère, niveau marin et climat

→ FICHE 8

Schématisez les interactions par des flèches de couleur différentes suivant qu'il s'agit d'actions ou de rétroactions.

CONSEILS
Bien faire la différence entre les actions et les rétroactions.

CORRIGÉS

SE TESTER QUIZ

1 Le climat et la température moyenne du globe

Réponses a. et b.

La réponse c. est fausse car des relevés de la température de surface de la mer, à partir d'instruments de mesure embarqués sur des bouées ou sur des navires, sont aussi intégrés dans le calcul de la température moyenne du globe.

2 La variabilité du climat à différentes échelles

Réponse c.

La réponse a. est incorrecte car le climat de la Terre oscille bien depuis 1 million d'années entre des périodes interglaciaires et des périodes glaciaires, mais ces dernières sont beaucoup longues (environ 90 000 ans) que les périodes interglaciaires (entre 10 et 40 000 ans).

La réponse b. est incorrecte car la teneur actuelle du CO_2 atmosphérique est d'environ 415 ppm alors qu'elle n'a jamais dépassé les 300 ppm au cours du dernier million d'années.

3 Le réchauffement climatique

Réponses b. et c.

La réponse a. est fausse car le forçage radiatif de l'ère industrielle est lié à une augmentation, et non à une diminution, de la teneur atmosphérique des GES et à un renforcement de l'effet de serre.

4 La dynamique du réchauffement climatique

Réponse b.

La réponse a. est incorrecte car la diminution de la surface couverte par les glaces entraîne aussi une diminution de l'albédo terrestre, les glaces reflétant fortement le rayonnement solaire. Les surfaces privées de glace absorbent davantage l'énergie solaire, ce qui augmente le rayonnement infrarouge émis par la Terre et donc l'effet de serre. C'est une rétroaction positive.

La réponse c. est incorrecte car le dégel du permafrost, un sol gelé qui renferme de grandes quantités de matière organique et de méthane, libère des GES dans l'atmosphère et induit donc une augmentation de l'effet de serre. C'est aussi une rétroaction positive.

S'ENTRAÎNER

5 Réviser le cours en 8 questions flash

1. Un climat est déterminé à partir des moyennes des températures et des hauteurs de précipitations, dites « normales climatiques », calculées sur une durée de 30 ans.

2. Les indicateurs du climat global de la Terre sont la température moyenne de la Terre, le volume des océans et l'étendue des glaces polaires et des glaciers continentaux.

3. Le climat de la Terre oscille depuis 1 million d'années, entre des périodes glaciaires d'environ 100 000 ans et des périodes interglaciaires plus courtes (entre 10 et 40 000 ans).

4. Les GES impliqués dans le réchauffement climatique sont le dioxyde de carbone (CO_2), le méthane (CH_4), l'oxyde nitreux (N_2O) et la vapeur d'eau (H_2O).

5. L'augmentation des GES a entraîné une plus forte absorption par l'atmosphère du rayonnement infrarouge émis par la surface de la Terre et un renforcement de l'effet de serre (forçage radiatif).

6. Phénomènes amplificateurs du réchauffement : augmentation de l'évaporation, diminution des surfaces couvertes par les glaces et dégel partiel du permafrost.

7. Phénomènes modérateurs du réchauffement : accroissement de la végétation, et absorption par l'océan du CO_2 et de l'énergie additionnelle.

8. Causes de l'élévation du niveau la mer : dilatation thermique de l'océan à la suite de son réchauffement et eau issue de la fusion des glaces continentales.

6 L'élévation du niveau de la mer liée au réchauffement climatique

1. La tranche d'eau qui a subi le réchauffement étant assimilable à un parallélépipède rectangle de hauteur h = 1 000 m, le volume d'eau correspondant est $V = S \times h$ soit $V = 3{,}6 \times 10^{14} \times 10^3$ c'est-à-dire un volume V de $3{,}6 \times 10^{17}$ m³.

2. L'augmentation ΔV du volume des océans suite à sa dilatation thermique liée à un réchauffement de 0,6 °C est :
$\Delta V = 3{,}6 \times 10^{17} \times 1 + (2{,}6 \times 10^{-4} \times 0{,}6)]$ soit $\Delta V = 3{,}6005616 \times 10^{17}$ m³

3. La différence de volume des océans après leur réchauffement de 0,6 °C est :
$\Delta V - V = 3{,}6005616 \times 10^{17} - 3{,}6 \times 10^{17} = 0{,}0005616 \times 10^{17}$ soit $0{,}5616 \times 10^{14}$ m³.
D'où une variation du niveau marin $\delta = 0{,}5616 \times 10^{14}/3{,}6 \times 10^{14}$ soit 0,156 m c'est-à-dire une élévation d'environ 15 cm.

4. Le document montre que l'élévation du niveau des océans mesurée depuis 150 ans est d'environ 20 cm. Cette valeur est légèrement supérieure à la valeur calculée à la question 3. Cela signifie donc que si une grande partie de l'élévation du niveau marin est liée à la dilatation thermique depuis 150 ans, il existe une autre source d'élévation du niveau de la mer. En effet, l'eau issue de la fusion des glaces continentales (Groenland, Antarctique et glaciers continentaux) participe aussi, mais dans une moindre mesure, à cette élévation.

7 Les pollens, mémoire des variations climatiques passées

À partir de l'analyse du diagramme pollinique, il est possible de distinguer trois périodes.

• **Avant 14 000 ans** : les pollens dominants sont surtout ceux d'une plante herbacée, l'**armoise**. Cette espèce végétale vivant dans les steppes froides, on peut en déduire que le **climat** de cette période était **froid**. Il était sec jusqu'à –15 000 ans, étant donné la faible présence de pollen de **bouleau**, puis plus **humide** ensuite avec l'augmentation de la présence de pollen de bouleau.

• **Entre 14 000 et 12 000 ans** : les pollens d'armoise et de bouleau deviennent de moins en moins nombreux tandis que les pollens de pin sont de plus en plus abondants au cours du temps. Le **climat** devient **moins froid et moins humide**.

• **Après 12 000 ans** : la présence croissante de pollens de **chêne** et de **noisetier**, et le faible taux de pollens d'herbacées (20 %), montre une évolution du **climat** qui devient **tempéré**.

Le **diagramme pollinique** de Chirens montre donc une évolution du climat au cours du temps depuis un climat froid, caractérisé par une végétation de steppe herbeuse typique d'une période glaciaire, jusqu'à un climat tempéré, caractérisé par une forêt d'arbres à feuilles caduques typique d'une période interglaciaire.

8 Des indicateurs du réchauffement climatique

Le document 1 montre une **progression vers le nord** de la France de la **chenille processionnaire** du pin entre 1979 et 2016. Cette chenille étant sensible aux températures hivernales, on peut supposer que sa migration vers le nord soit permise par des conditions climatiques qui deviennent plus douces en hiver. Cette progression peut donc être reliée au **réchauffement climatique**.

Le document 2 montre, pour le vignoble de Champagne, que les **dates de floraison de la vigne** et les **dates de vendange** se font de plus en **plus tôt** depuis 1980. Le fait que floraison et vendage soient de plus en plus précoces peut aussi être relié au **réchauffement climatique**.

Le réchauffement climatique exerce donc des modifications dans le cycle végétatif des plantes et dans les migrations de certaines espèces animales.

> **À NOTER**
> La chenille processionnaire est depuis 2006 un bioindicateur ONERC (Observatoire **N**ational sur les **E**ffets du **R**échauffement **C**limatique).

OBJECTIF BAC

9 Réchauffement climatique et fonte des glaces

1. Le document 1 montre une **diminution de l'extension des glaces de mer et continentales** entre 1982 et 2007, avec un net recul des glaces entre 1982 et 2005. Cette évolution des glaces est confirmée par le document 2. Ce document montre que la **masse de toutes les calottes polaires** diminue de 1992 à 2016

– exception faite de l'Antarctique Est dont la masse augmente –, en particulier celle du **Groenland** qui a **perdu 4 000 gigatonnes de glace**. Le réchauffement climatique a donc pour conséquence la fonte des banquises et des glaciers continentaux.

2. Les modélisations du document 3 montrent que la fonte d'un glaçon flottant sur l'eau ne modifie pas le niveau de l'eau. Cela s'explique par le fait que la glace, qui a une masse volumique plus faible que l'eau liquide, flotte sur l'eau et déplace, selon le principe d'Archimède, un certain volume d'eau. Lorsque la glace fond, l'eau de fonte occupe environ le même volume que celui qui était déplacé par la glace. Le niveau de l'eau dans le verre n'est donc pas modifié. En revanche, la fonte du glaçon suspendu, fait augmenter le volume d'eau ainsi que son niveau. L'eau déborde du verre.
La première modélisation étant analogue à la **fonte de la banquise** formée d'eau de mer qui flotte sur l'eau, on en déduit que la fonte de celle-ci n'a **pas d'influence sur l'élévation du niveau de la mer**. En revanche, la seconde modélisation étant analogue à la **fonte des glaces recouvrant les surfaces continentales**, on en déduit que celle-ci participe, avec la dilatation thermique, à la **hausse du niveau des océans**.

3. La glace a un plus fort albedo (60 à 70 %) que l'océan (5 à 15 %) ou que les continents (10 à 20 %). La **diminution de l'extension des glaces** de mer et continentales, constatée sur le document 1, va donc modifier l'albédo des surfaces. Ces dernières, privées de glace, ont des **albédos plus faibles** et absorbent davantage l'énergie solaire. De plus, la **fonte des glaces continentales** entraînant une **élévation du niveau marin**, les surfaces continentales émergées diminuent au profit des surfaces immergées dont l'**albédo** est aussi **plus faible** que celui de la glace ou d'un continent. Le rayonnement infrarouge émis par ces surfaces va augmenter, ce qui va amplifier l'effet de serre. La **fonte des glaces** a donc une **rétroaction positive** en **diminuant l'albédo** global de la Terre et en accentuant le **réchauffement climatique**.

4. Schéma des relations de causalité liées à la **modification de la cryosphère** lors du **réchauffement climatique**.

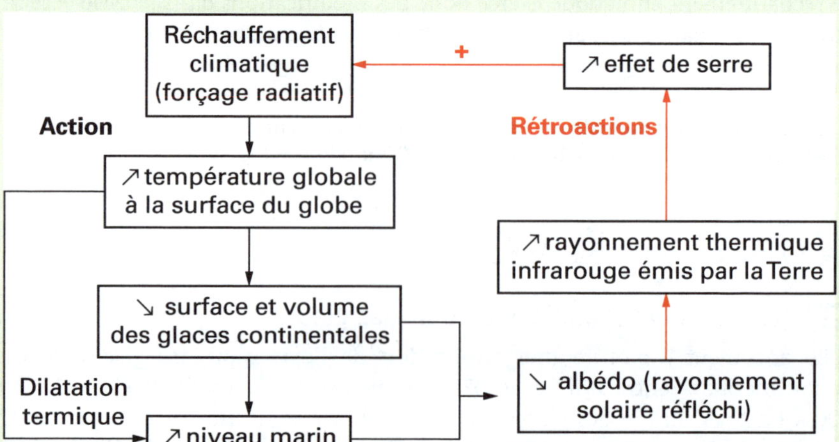

3 Le climat du futur

L'une des îles Salomon, dans le Pacifique, face à la montée des eaux

Les modèles numériques permettent d'anticiper les conséquences du réchauffement climatique, comme ici la montée des eaux, en fonction des actions engagées aujourd'hui.

9 La modélisation du climat terrestre

En bref *Les modèles climatiques, représentations numériques simplifiées du système Terre, servent à prédire les évolutions futures du climat.*

I L'évolution des modèles climatiques

1 La construction d'un modèle climatique

- Un modèle climatique est une **représentation numérique simplifiée** du climat de la planète. Il est limité aux **trois réservoirs** terrestres (atmosphère, océans, surfaces continentales) et à leurs interactions.
- Des **équations mathématiques** décrivent ce qui se déroule (phénomènes physiques, chimiques et biologiques entre mais aussi à l'intérieur des réservoirs.
- On réalise un **maillage** des différents réservoirs (doc. 1). Puis on détermine les paramètres de chaque maille (température, rayonnement, humidité, etc.) et on précise comment elles vont interagir avec les mailles adjacentes selon les équations du modèle. On lance ensuite le modèle pour obtenir des résultats.

Doc 1 Un modèle climatique terrestre avec ses mailles

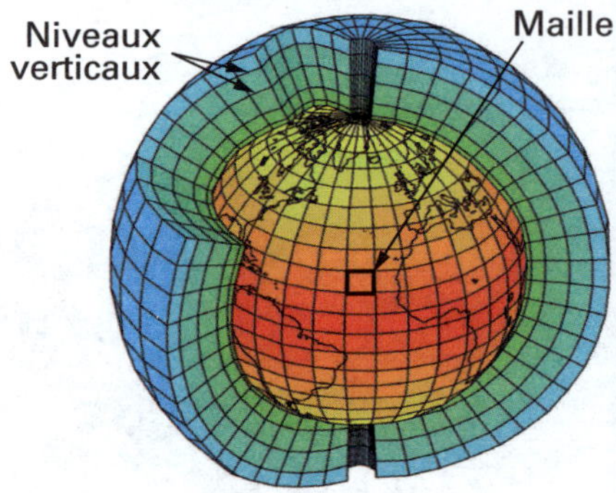

Les couleurs représentent les différentes températures

2 Des modèles climatiques de plus en plus fiables

Plus la maille est petite, plus le modèle est précis et plus il est fiable (doc. 2).

La précision des modèles s'est améliorée grâce aux progrès de la **recherche** et à l'augmentation de la **puissance de calcul** des ordinateurs, ceux d'aujourd'hui étant environ un milliard de fois plus rapides que ceux des années 1960.

Doc 2 L'amélioration du maillage des modèles en Eurasie

Modèle de Far (1990 : maille de 500 km)

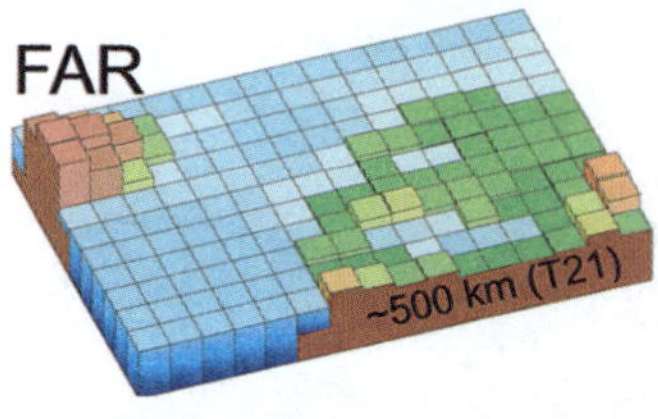

Modèle de AR4 (2007 : Maille de 110 km)

Couleurs : de vert à marron, les reliefs sont de plus en plus élevés. Source : GIEC 2007

II Modéliser pour comprendre et anticiper

■ Les modèles climatiques permettent de comparer plusieurs évolutions « virtuelles » du climat pour les années, les décennies ou les siècles à venir.

On peut ainsi faire des prévisions climatiques qui se basent sur les conditions initiales du système, et sur une estimation des quantités de gaz à effet de serre susceptibles d'être rejetées dans le futur.

À NOTER
Tandis que la **météorologie** s'intéresse à des intervalles de temps courts (de quelques heures à quelques semaines), le **climat** concerne son comportement statistique sur plusieurs décennies.

■ Les progrès des modèles permettent de faire des prévisions climatiques à des échelles d'espaces de plus en plus précises (certains modèles de climat régionaux possèdent des mailles de 10 à 50 km) et à des échelles de temps de plus en plus longues (certains modèles fonctionnent jusqu'en 2100).

■ Les résultats obtenus par les modèles numériques peuvent être confrontés aux données réelles (températures, force du vent, hygrométrie, courants océaniques, etc.), afin de vérifier leur pertinence. Ces données réelles sont :
- les nombreuses données spatiales obtenues grâce aux satellites ;
- les données directes obtenues grâce à des capteurs disséminés dans le monde ;
- les données historiques provenant de la connaissance des paléoclimats.

Par exemple, le « Petit âge glaciaire » du Moyen Âge en Europe, qui correspond à une période climatique froide, a été documenté historiquement et confirmé par les modèles numériques.

Ainsi, les évolutions mesurées ces dernières décennies ont été anticipées par les modèles et confirmées par la réalité.

zoOm

Évolution du Glacier Blanc dans le massif des écrins (Alpes, France)

La comparaison des photos du même Glacier Blanc (prises au même endroit, depuis le pré de Mme Carle), à gauche en 1995 et à droite en 2019, démontre le recul actuel des glaciers. Ce sont des données réelles qui peuvent être confrontées aux résultats obtenus par les modèles.

10 Un réchauffement confirmé par tous les modèles

En bref *Tous les modèles climatiques le confirment : l'augmentation de la température moyenne de la Terre, depuis la révolution industrielle, est liée aux activités humaines (transport, déforestation, industrie, etc.).*

I Une responsabilité humaine attestée

■ Une vingtaine de modèles climatiques arrivent tous à la même conclusion : les activités humaines, depuis l'ère industrielle (1850), sont en majeure partie responsables du **réchauffement planétaire**.

Doc 1 Comparaison entre les températures observées (= mesurées) et les températures simulées par modèle

a) en prenant en compte seulement les actions naturelles

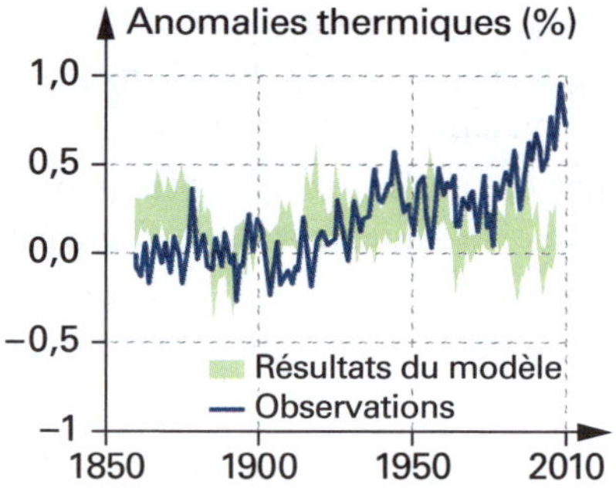

b) en prenant en compte les actions naturelles et les actions humaines

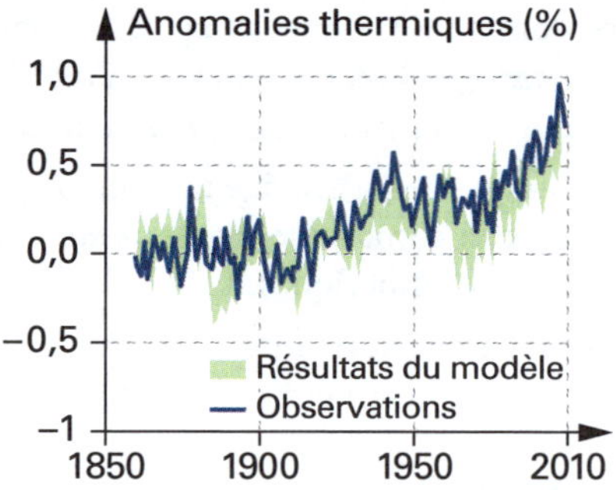

Source : GIEC 2001

■ Ces modèles indiquent aussi que plus les émissions de gaz à effet de serre seront élevées, plus le système Terre réagira de façon exponentielle.

■ Le **GIEC** révèle qu'en 2017 le réchauffement global a atteint **+ 1 °C** (± 0,2 °C) **par rapport à la période pré-industrielle** et que les émissions de gaz à effet de serre d'origine anthropique provoquent une hausse moyenne des températures de l'ordre de 0,2 °C par décennie à l'échelle de la planète.

MOT CLÉ
GIEC : Groupe d'experts Intergouvernemental sur l'Évolution du Climat, créé en 1988.

II Les activités humaines intégrées dans les modèles

■ Les activités humaines qui **augmentent les GES**, avec leurs estimations chiffrées → FICHE 9, sont incorporées dans les modèles.

• La **combustion d'hydrocarbures** pour le transport et le chauffage mais aussi la **production de ciment** à partir de calcaire rejettent du CO_2.

• La **déforestation** libère du CO_2 dans l'atmosphère.

• La **fermentation dans les décharges** et les **activités agricoles**, comme les élevages industriels d'animaux, produisent du CH_4 (méthane). Du CH_4 est aussi libéré dans l'atmosphère par des **fuites de gaz naturel**.

• Les **activités industrielles** rejettent des **halocarbures** dont la famille des **CFC** (chlorofluorocarbone).

■ Les activités humaines qui entraînent une **diminution** de **l'albédo** moyen terrestre sont également **intégrées aux modèles**. Par exemple, lorsqu'on déforeste une parcelle pour fabriquer une route, l'albédo peut passer de 20 % (selon la forêt) à 6 %.

Ce phénomène entraîne une **rétroaction positive** (appelée aussi parfois effet « boule de neige »), c'est-à-dire un **phénomène d'amplification** des causes du réchauffement climatique par leurs conséquences → FICHE 8.

Doc 2 Émissions mondiales de CO_2 par les activités humaines

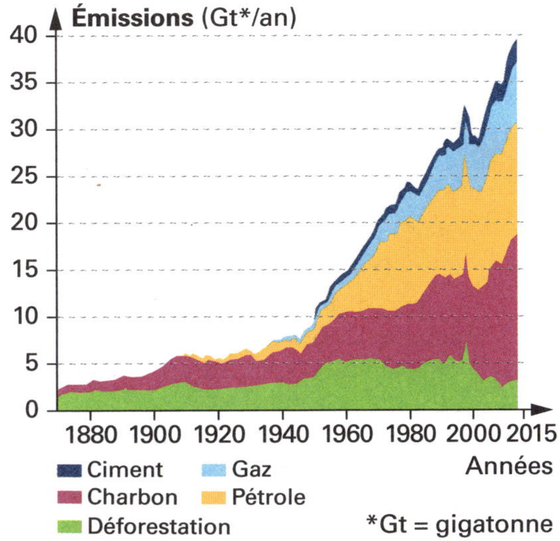

À NOTER

La neige possède un albédo d'environ 0,85 (sur une échelle de 0 à 1), c'est-à-dire que 85 % des rayons incidents sont réfléchis.

zoOm

L'effet « boule de neige » dans l'océan arctique

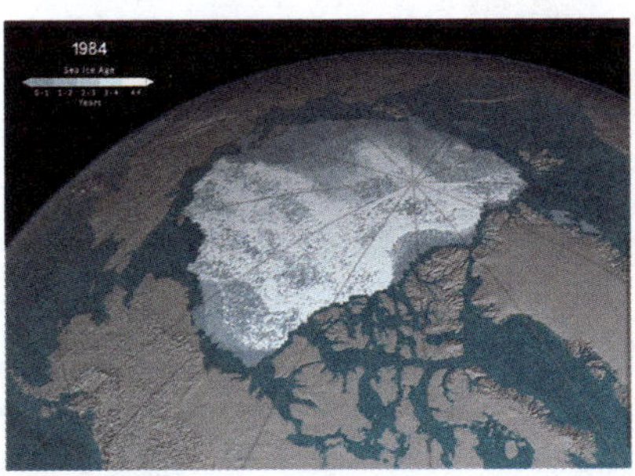

On considère que l'albédo moyen de l'océan est de 10 % alors que celui de la glace est de 85 %. Ainsi, le réchauffement climatique va s'amplifier de façon exponentielle à la suite de la fonte de l'océan arctique.

11 Les scénarios climatiques du futur

En bref *Les climatologues du GIEC ont défini quatre scénarios, plus ou moins optimistes, concernant l'évolution des gaz à effet de serre.*

I Quatre scénarios climatiques

■ Le GIEC → FICHE 10, groupe d'experts scientifiques indépendants, a trois missions : étudier les **principes physiques** du changement climatique, anticiper ses **impacts** et trouver des **moyens de le réduire**.

■ Sur la période 2020-2100, le GIEC propose actuellement **quatre scénarios d'évolution du climat** dits **RCP** 8.5, RCP 6.0, RCP 4.5 et RCP 2.6. Chacun des nombres correspond à la valeur du bilan radiatif excédentaire → FICHE 7.

> **MOT CLÉ**
> Les **RCP** (Representative Concentration Pathways) correspondent à quatre profils d'évolution des concentrations en gaz à effet de serre pour la suite du XXIe siècle.

■ Ces scénarios sont **revus et corrigés tous les deux ans** en fonction des actions et des engagements pris par les gouvernements, des observations et des nouvelles découvertes scientifiques réalisées, ainsi que des améliorations des modèles numériques.

Doc Les quatre scénarios RCP

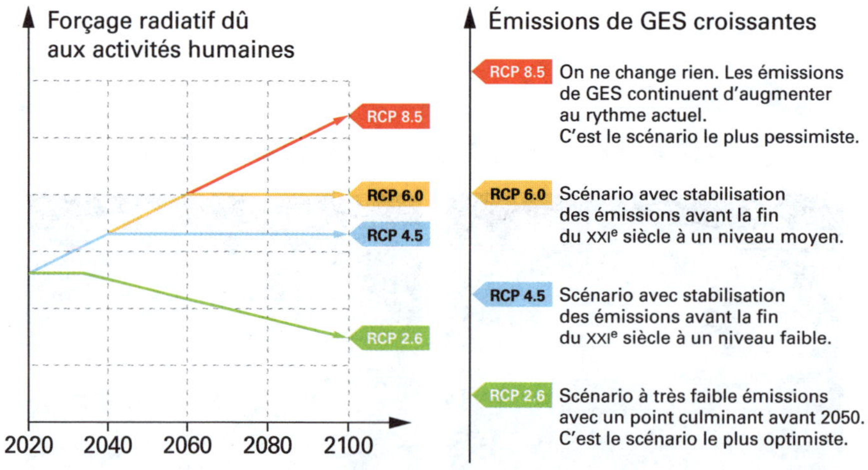

■ Les **scénarios** reposent sur des hypothèses d'actions de l'Homme et d'évolution des GES. C'est à partir de ces hypothèses que l'on fait fonctionner les **modèles**, d'où les incertitudes qui existent sur les projections climatiques.

II Les conséquences prévisibles

■ Tous les modèles s'accordent sur l'origine du réchauffement climatique mais également sur ses conséquences probables. La température moyenne devrait ainsi augmenter de 1,5 à 5 °C entre 2017 et la fin du XXIe siècle.

D'autre part, l'élévation du niveau moyen des océans pourrait atteindre un mètre en 2100, avec pour conséquences : des inondations, la salinisation des sols côtiers qui deviendront infertiles, la destruction des infrastructures côtières, un nombre croissant de migrants climatiques, etc.

■ Les modifications des régimes de pluie vont entraîner une augmentation de la fréquence et de l'intensité des vagues de chaleur, des sécheresses, des incendies (comme le montrent les incendies australiens de 2020), des tempêtes et des cyclones, ce qui aura des conséquences sur l'accès à l'eau potable et sur les rendements agricoles.

■ L'acidification des océans rendra plus difficile la fabrication des squelettes calcaires des mollusques (comme les huîtres ou les moules) et des coraux, ce qui, par voie de conséquence, déstabilisera les chaînes alimentaires marines.

■ Le réchauffement climatique aura également un impact majeur sur les écosystèmes terrestres et marins.

■ Enfin, des conséquences économiques et sociales de grande ampleur sont aussi attendues.

À NOTER

Au-delà de +2 °C par siècle, on estime que 20 à 30 % des espèces animales et végétales risquent de disparaître.

zoOm

Des modèles numériques perfectibles

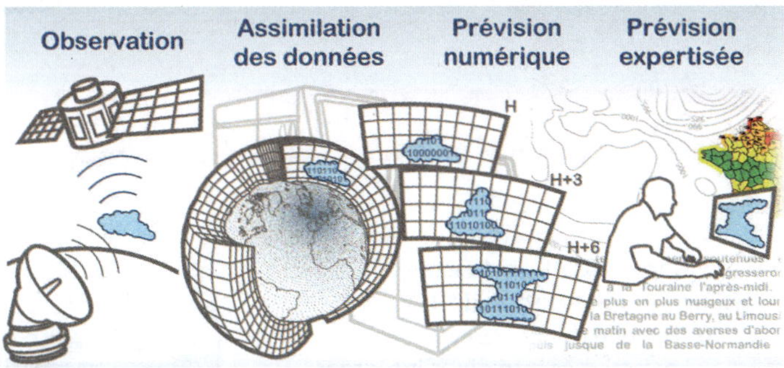

Les modèles numériques ne sont pas parfaits : certaines données sont incertaines, imprécises et certains phénomènes atmosphériques difficilement prévisibles et simplifiés. Idéalement, il faudrait prendre en compte tous les éléments du système : le type, la taille et la forme des nuages, le rôle des poussières et de l'ozone troposphérique, la circulation océanique profonde, etc. Le modèle peut être amélioré à chaque étape de sa construction.

MÉMO VISUEL

LE CLIMAT

La modélisation du climat terrestre

Les modèles climatiques

- **Représentation numérique simplifiée** du climat terrestre.
- **Trois réservoirs terrestres** (atmosphère, océans et surfaces continentales).
- Des **équations mathématiques** pour décrire ce qui se passe dans et entre les réservoirs.
- Des **mailles** pour lesquelles on détermine les paramètres (température, rayonnement, humidité).

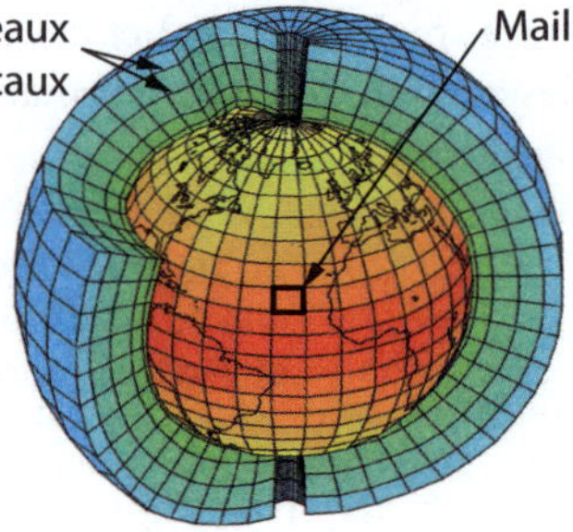

Du passé au futur

- Les modèles sont de plus en plus fiables.
- Ils intègrent les conditions initiales et l'évolution des **gaz à effet de serre.**
- Ils permettent de comprendre le **climat actuel** et d'anticiper **le climat futur.**

Un réchauffement confirmé par tous les modèles

Une responsabilité humaine attestée

- Depuis 1850, on constate une **augmentation de 1 °C** à l'échelle du globe.
- Les activités humaines intégrées dans les modèles sont :
  – celles qui augmentent les gaz à effet de serre ;
  – celles qui diminuent l'albédo et s'accompagnant d'une rétroaction positive.

Les quatre scénarios du GIEC

- **Quatre scénarios d'évolution du climat** dits RCP 8.5, RCP 6.0, RCP 4.5 et RCP 2.6. établi par le GIEC.
- Ces scénarios sont **plus ou moins optimistes.**
- Des **actualisations** régulières.

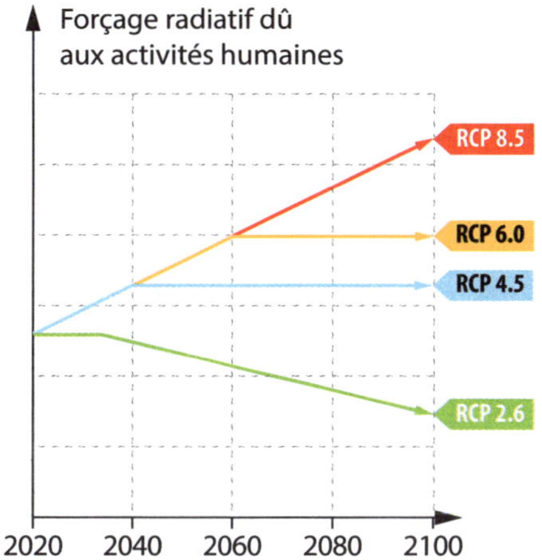

Émissions de GES croissantes

RCP 8.5 On ne change rien. Les émissions de GES continuent d'augmenter au rythme actuel. C'est le scénario le plus pessimiste.

RCP 6.0 Scénario avec stabilisation des émissions avant la fin du XXIe siècle à un niveau moyen.

RCP 4.5 Scénario avec stabilisation des émissions avant la fin du XXIe siècle à un niveau faible.

RCP 2.6 Scénario à très faible émissions avec un point culminant avant 2050. C'est le scénario le plus optimiste.

DU FUTUR

Les scénarios climatiques du futur

Les conséquences du réchauffement climatique

- Augmentation de la **température** globale.
- Augmentation du **niveau des océans.**
- Modification des **régimes des pluies.**
- **Acidification** des océans.
- **Conséquences économiques et sociales.**

SE TESTER QUIZ

Vérifiez que vous avez bien compris les points clés des **fiches 9 à 11**.

1 La modélisation du climat terrestre

→ FICHE 9

1. De quoi se compose un modèle climatique ?

☐ **a.** de mailles devenues de plus en plus grandes au fil des années
☑ **b.** de quatre réservoirs en interactions
☑ **c.** d'équations mathématiques traduisant les échanges entre les réservoirs

2. Que peut-on dire des résultats obtenus par les modèles climatiques ?

☐ **a.** Ils sont comparés à des données réelles, actuelles et passées.
☐ **b.** Ils ne dépendent pas des quantités de gaz à effet de serre rejetés par l'Homme.
☐ **c.** Ils donnent des prévisions météorologiques pour les vingt prochaines années.

2 Un réchauffement confirmé par tous les modèles

→ FICHE 10

1. Quels sont les principaux gaz à effet de serre rejetés par l'Homme ?

☐ **a.** le dioxyde de carbone (CO_2) et le dioxygène (O_2)
☐ **b.** le diazote (N_2) et le dioxyde de carbone (CO_2)
☐ **c.** le dioxyde de carbone (CO_2), le méthane (CH_4) et les halocarbures

2. Parmi les affirmations suivantes, lesquelles sont vraies ?

☐ **a.** La valeur de l'albédo est comprise entre 0 et 1.
☐ **b.** Plus une surface est réfléchissante, plus son albédo est bas.
☐ **c.** L'albédo moyen de l'asphalte d'une route est de 0,08, ce qui signifie que 8 % de l'énergie solaire est réfléchie par l'asphalte.

3 Les scénarios climatiques du futur

→ FICHE 11

1. Quelles sont les caractéristiques des scénarios RCP proposés par le GIEC ?

☐ **a.** Ils sont établis de façon définitive pour les 80 prochaines années.
☐ **b.** Ils se basent sur l'augmentation du bilan radiatif.
☐ **c.** Ils se basent tous sur une stabilisation des rejets de GES au niveau actuel.

2. Quelles sont les conséquences du réchauffement climatique attendues pour 2100 ?

☐ **a.** Elles sont encore inconnues et pas actuellement observables.
☐ **b.** Une augmentation de la température moyenne de 0,5 °C si aucune action n'est engagée pour limiter les rejets de GES.
☐ **c.** Une élévation du niveau moyen des océans d'1 mètre.

S'ENTRAÎNER

4 Réviser le cours en 8 questions flash

→ FICHES 9 à 11

1. Quels sont les trois réservoirs présents dans les modèles numériques du climat ?
2. Quelle est la différence entre prévision météorologique et prévision climatique ?
3. Quels sont les trois types de données qui permettent de vérifier la validité des modèles climatiques ?
4. De combien de degrés la température moyenne terrestre a-t-elle augmenté par rapport à l'ère préindustrielle ?
5. Quelles sont les deux types d'activités humaines intégrées dans les modèles climatiques ?
6. Quelles activités humaines augmentent les gaz à effet de serre ?
7. Quel est le RCP (scénario d'évolution du climat) le plus pessimiste ?
8. Quelle semble être la valeur maximale du réchauffement à ne pas dépasser pour limiter les conséquences désastreuses sur la biodiversité ?

5 L'origine anthropique des GES

→ FICHE 10

Associer chaque gaz à effet de serre à son ou ses origine(s) humaine(s).

	• activités industrielles
	• combustion d'hydrocarbures pour le transport
CO_2 •	• fermentation dans les décharges
CH_4 •	• production de ciment à partir de calcaire
halocarbures •	• activités agricoles
	• chauffage

6 Des scénarios climatiques aux modèles climatiques

→ FICHES 9 et 11

Compléter le texte avec les mots suivants.

RCP • données • conditions • choix • équations • scénarios • GIEC • GES

Aujourd'hui, on établit des .... climatiques : on formule des hypothèses sur les quantités et les types de .... qui seront émis par l'Homme dans l'avenir.

Cela aboutit à quatre scénarios climatiques (les ....) établis par le ...., qui vont du plus optimiste RCP 2.6, au plus pessimiste RCP 8.5.

Ces scénarios permettent d'alimenter en .... les modèles numériques qui simulent l'évolution future de notre climat avec ses conséquences.

En effet, pour fonctionner, un modèle se base sur des .... initiales connues aujourd'hui grâce aux mesures actuelles, des .... mathématiques représentant de façon simplifiée le système, mais aussi la connaissance de l'évolution des rejets de GES, c'est-à-dire les .... et l'action de l'Homme sur ses rejets.

7 Le réchauffement climatique et la radiation solaire

→ FICHE 10

Pour les climato-septiques, le réchauffement climatique actuel n'est pas dû aux activités humaines mais à une suractivité du Soleil (via les taches solaires).

Expliquez, puis critiquez cette affirmation à partir du document ci-contre.

À noter : le 0 °C correspond à la température moyenne terrestre en 1950.

Doc Évolution de la température et de l'activité solaire

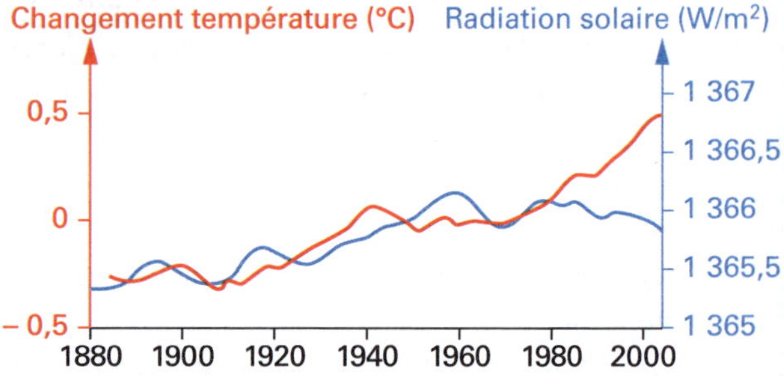

8 Des conséquences du réchauffement climatique

→ FICHE 11

En croisant les résultats de plusieurs modèles, et en se basant sur le scénario RCP 8.5, on obtient les projections suivantes pour la période 2081-2100.

À partir des résultats obtenus, établissez des liens de cause à effet entre le réchauffement climatique et les périodes de sécheresse accrues que subiront certaines zones du globe à l'avenir.

Doc Modélisation du réchauffement climatique pour 2081-2100

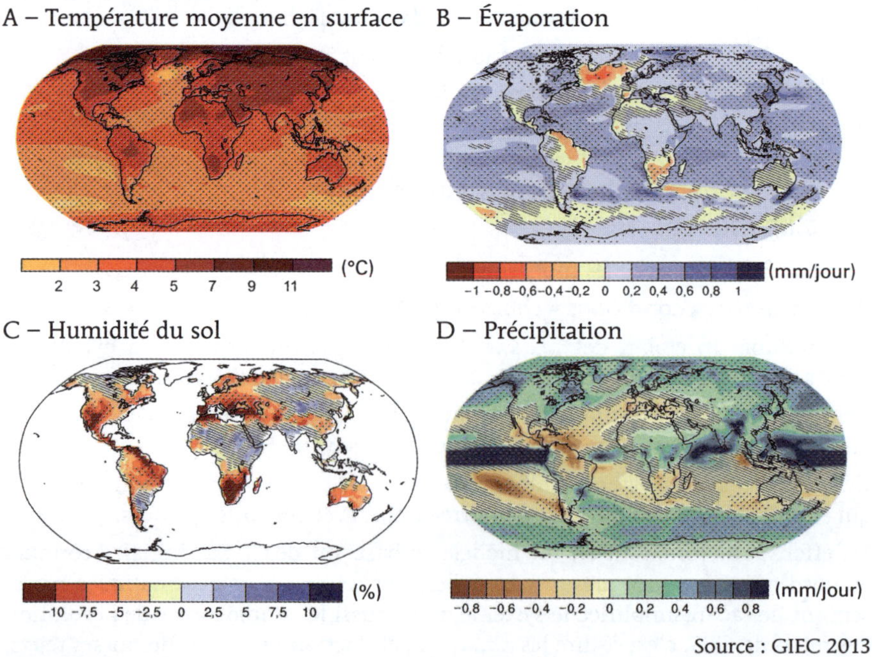

Source : GIEC 2013

OBJECTIF BAC

9 Des paramètres qui influencent le climat

60 min

Cet exercice permet de s'entraîner à lire et à analyser des graphiques issus d'un logiciel de simulation climatique, le logiciel « Simclimat », développé par des professeurs de la faculté de Jussieu, d'accès libre et gratuit.
www.lmd.jussieu.fr/~crlmd/simclimat/

LE SUJET

Afin de connaître les conséquences des choix actuels en matière de réchauffement climatique, on peut tester différentes hypothèses (scénarios) en faisant varier des paramètres pouvant influencer le climat comme le taux de CO_2, l'albédo (qui diminue actuellement) et la végétation (qui permet de stocker le CO_2).

Doc 1 Évolution de la température, du niveau de la mer et du CO_2, en fonction de 5 scénarios sur une période de 500 ans

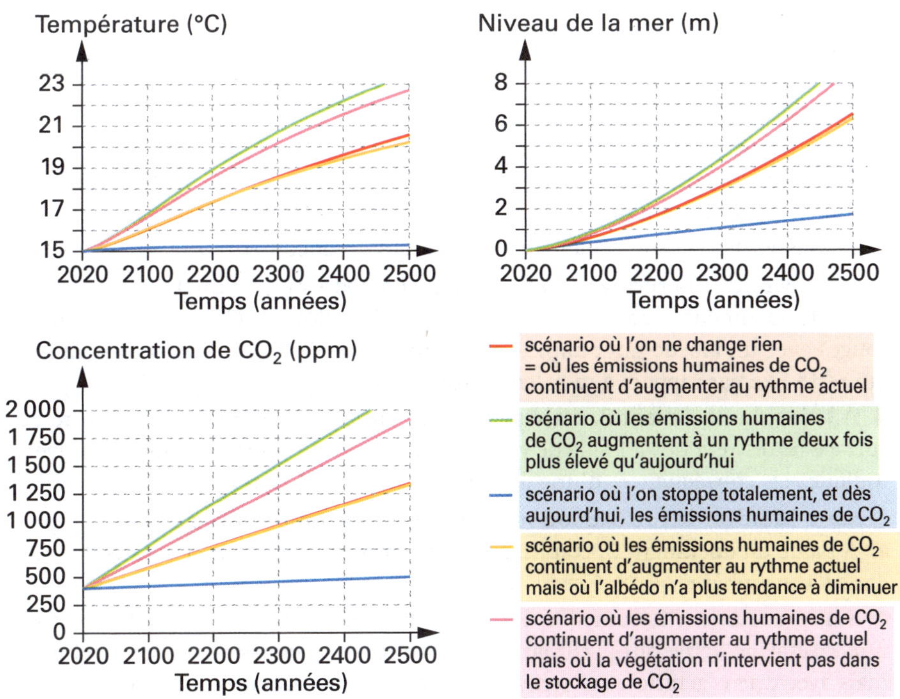

Doc 2 Le phénomène d'albédo (d'après le logiciel « Simclimat »)

L'albédo est la proportion d'énergie solaire reçue qui est réfléchie vers l'espace.

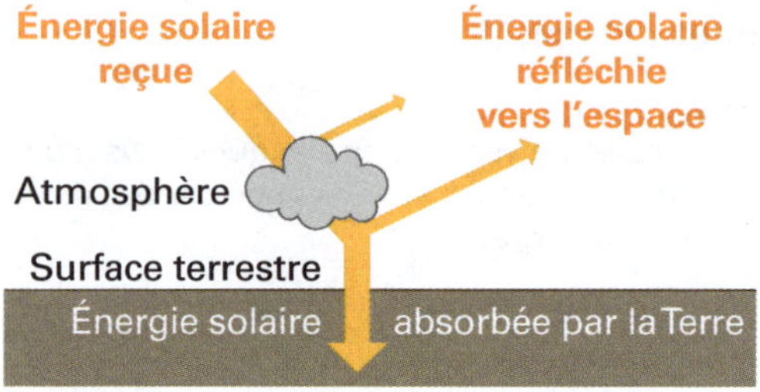

Échantillons	Albédo (en %)
Neige fraîche	80 à 85
Forêts	8 à 20
Asphalte (noir)	6
Nuage épais	70 à 80

Doc 3 Les végétaux et le climat

Les végétaux, par la photosynthèse, stockent une partie du CO_2 atmosphérique (carbone minéral) sous forme de carbone organique dans leurs organes. Plus la température est forte, plus la photosynthèse est stimulée.

Grâce à l'analyse des documents et de vos connaissances, démontrez :
• l'influence, sur le climat, des différents paramètres testés par le logiciel de simulation *Simclimat*.
• ce qui se passerait si l'Homme stoppait totalement ses rejets de CO_2 aujourd'hui et quelles conclusions on pourrait en tirer.

▶▶▶ LA FEUILLE DE ROUTE

Étape 1 Montrer le rôle du CO_2

■ Sur le document 1, comparez les scénarios « émissions de CO_2 actuelles » (courbe verte) et « émissions de CO_2 doublés » (courbe rouge).

■ Établissez des liens entre les trois graphiques du document 1.

Étape 2 Montrer la rétroaction positive de l'albédo sur le climat

■ Sur le document 1, comparez les scénarios « émissions de CO_2 actuel » (courbe rouge) avec un albédo qui diminue et « émission de CO_2 actuel » avec un albédo qui reste fixe par rapport à sa valeur actuelle (courbe jaune).

■ À l'aide du document 2, établissez le lien entre l'albédo et la température de surface terrestre. Puis, à l'aide de vos connaissances sur les rétroactions positives, indiquez les conséquences d'une diminution de l'albédo sur le climat.

Étape 3 Montrer la rétroaction négative de la végétation sur le climat

■ À l'aide du document 3, établissez le lien entre la végétation et le taux de CO_2 dans l'atmosphère.

■ Sur le document 1, comparez les scénarios « émissions de CO_2 actuel » avec une végétation active sur le climat (courbe rouge) et « émissions de CO_2 actuel » mais avec une végétation qui serait sans action sur le climat (courbe rose).

Étape 4 Indiquer les conséquences d'un arrêt total des émissions de GES

À l'aide du document 1, décrivez l'évolution des températures et du niveau marin pour le scénario « arrêt total des rejets de CO_2 dès aujourd'hui » (courbe bleue).

CORRIGÉS

SE TESTER QUIZ

1 La modélisation du climat terrestre

1. Réponse c.

La réponse a. est fausse, car l'évolution des modèles climatiques les a conduits à avoir des mailles de plus en plus petites et à être ainsi de plus en plus fiables.
La réponse b. est fausse, car les modèles simplifient la planète Terre à trois réservoirs.

2. Réponse a.

La réponse b. est fausse, car un modèle (et donc ses résultats) dépend des conditions initiales ainsi que des quantités de GES qui seront injectées tout au long de son fonctionnement, d'où l'intérêt des scénarios climatiques. La réponse c. est fausse, car un modèle climatique ne donne pas la météo, avec tous ses phénomènes. En météorologie, les phénomènes deviennent rapidement chaotiques.

2 Un réchauffement confirmé par tous les modèles

1. Réponse c.

La réponse a. est fausse, car même si le CO_2 est un gaz à effet de serre, le dioxygène (O_2) n'est pas un gaz à effet de serre. De plus le dioxygène est absorbé par l'Homme lors de la respiration et non pas rejeté par lui. La réponse b. est fausse, car même si le CO_2 est un gaz à effet de serre, le diazote (N_2) n'est pas un gaz à effet de serre. Même si c'est le gaz le plus présent dans la composition de l'atmosphère.

2. Réponse a. et c.

La réponse b. est fausse, car l'albédo indique la capacité d'un corps à renvoyer l'énergie reçue. Ainsi plus l'objet renvoie d'énergie par réflexion, plus la valeur de l'albédo sera importante : « plus la surface est réfléchissante, plus son albédo sera fort = proche de 1, ou en pourcentage proche de 100 % ».

3 Les scénarios climatiques du futur

1. Réponse b.

La réponse a. est fausse, car les RCP sont réévalués régulièrement en fonction des décisions et des actions réellement engagés par les gouvernements. Ces éléments peuvent être modifiés au cours du temps, comme le montre la sortie des USA, dès 2020, de l'accord sur le climat de Paris signé en 2015. La réponse c. est fausse, car seul le RCP 8.5 (= le plus pessimiste) se base sur le maintien des rejets anthropiques de GES à leur niveau actuel. Tous les autres RCP se basent sur leur diminution.

2. Réponse c.

La réponse a. est fausse, car les conséquences sont observables et connues. La réponse b. est fausse, car on s'attend à une augmentation bien plus grande que 0,5 °C, comprise entre 1,5 °C et 5 °C, d'ici à 2100.

S'ENTRAÎNER

4 Réviser le cours en 8 questions flash

1. Les modèles numériques du climat se basent sur les trois réservoirs suivants : atmosphère, océans et surfaces continentales.

2. La prévision météorologique s'intéresse au temps qu'il fait à une échelle de temps courte, la prévision climatique concerne les phénomènes climatiques qui se déroulent sur plusieurs années voire plusieurs siècles.

3. On confronte les données spatiales, directes et historiques aux résultats obtenus par les modèles, afin de vérifier leur validité.

4. La température moyenne terrestre a augmenté de +1 °C (±0,2 °C) par rapport à la période préindustrielle.

5. Les deux types d'activités humaines intégrées dans les modèles sont celles qui augmentent les gaz à effet de serre et celles qui diminuent l'albédo moyen terrestre.

6. La combustion des hydrocarbures, la déforestation et la production de ciment produisent du CO_2. Tandis que la fermentation dans les décharges, les fuites de gaz naturel et les activités agricoles produisent du CH_4.

7. Le RCP (scénario d'évolution du climat) le plus pessimiste est le RCP 8.5 qui correspond au fait de conserver les rejets de GES au niveau actuel.

8. Il semble que pour limiter la surmortalité des êtres vivants, il faille rester en dessous de +2 °C par siècle. Au-delà, les espèces n'auront pas la capacité de s'adapter.

5 L'origine anthropique des GES

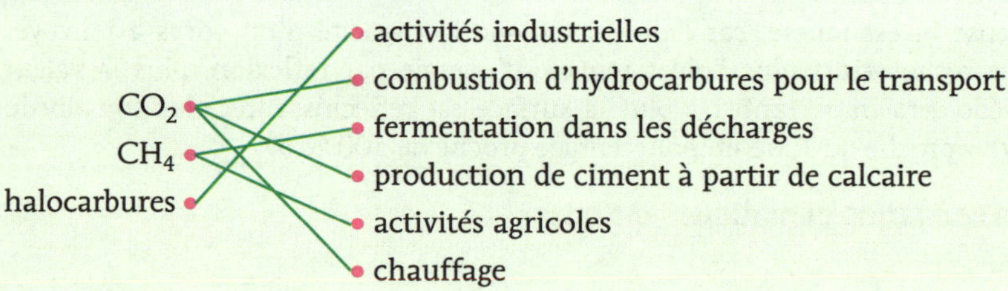

6 Des scénarios climatiques aux modèles climatiques

Aujourd'hui, on établit des scénarios climatiques : on formule des hypothèses sur les quantités et les types de GES qui seront émis par l'Homme dans l'avenir.
Cela aboutit à quatre scénarios climatiques (= les RCP) établis par le GIEC : du plus optimiste RCP 2.6, au plus pessimiste RCP 8.5.
Ces scénarios permettent d'alimenter en données les modèles numériques qui simulent l'évolution future de notre climat avec ses conséquences.
En effet, pour fonctionner, un modèle se base sur des conditions initiales connues aujourd'hui grâce aux mesures actuelles, des équations mathématiques représentant de façon simplifiée le système, mais aussi sur la connaissance de l'évolution des rejets de GES, c'est-à-dire les choix et l'action de l'Homme sur ses rejets.

7 Le réchauffement climatique et la radiation solaire

• Arguments en faveur des climato-septiques

On observe sur ce graphique une augmentation de l'intensité de la radiation solaire : de 1 365,3 W/m^2 à 1 365,8 W/m^2 entre 1880 et 2005 avec un pic à 1 366,2 W/m^2 en 1960. On observe par ailleurs une augmentation de la température : de –0,3 °C à +0,5 °C entre 1880 et 2005, ce qui correspond à une augmentation de +0,8 °C en 125 années.

Ainsi l'augmentation de la quantité de chaleur apportée par le soleil depuis la période industrielle pourrait expliquer l'augmentation de la température sur cette même période. Cet argument est d'ailleurs utilisé par les climato-septiques pour affirmer la chose suivante : « Le réchauffement climatique n'est pas dû à l'Homme mais plutôt aux variations naturelles de l'intensité lumineuse du Soleil ».

• Arguments contre les climato-septiques

Toutefois, sur ce même graphique, un autre élément apparaît. Si on constate une corrélation entre les radiations solaires et les changements de températures entre 1880 et 1950 (les deux courbes pourraient presque se superposer), cette corrélation disparaît à partir de 1950 (depuis plus de 60 ans). Par exemple, la radiation solaire a diminué régulièrement, passant de 1 366 W/m^2 en 1980 à 1 365,8 W/m^2 en 2005, tandis que la température n'a fait qu'augmenter, passant de +0 °C à +0,5 °C, sur la même période. Par ailleurs, la température affiche une vitesse d'évolution bien plus grande que celle de la radiation solaire.

L'influence du soleil sur les changements de températures n'est donc qu'une partie de la réponse. L'affirmation des climato-sceptiques – c'est-à-dire des personnes qui ne pensent pas que le climat se réchauffe à cause de l'Homme – est partiellement fausse car incomplète. D'autres facteurs interviennent comme l'action de l'Homme, qui est aujourd'hui indéniable et dont la part est prépondérante.

8 Des conséquences du réchauffement climatique

On observe sur les cartes de prévisions, pour la période 2081-2100, une forte augmentation des températures sur les terres émergées, et notamment au centre des continents (en Amérique du Nord et du Sud, dans le nord et le sud de l'Afrique, en Europe et en Asie). Dans ces zones, l'augmentation moyenne est de +7 °C. Aux mêmes endroits, on constate une augmentation de l'évaporation entre 0,2 et 0,6 mm/jour (exception faite du sud de l'Afrique et d'une partie de l'Amérique du Sud), une diminution de l'humidité au sol entre –7,5 % et –10 % (exception faite du centre de l'Asie et du centre de l'Afrique) et des précipitations variables de –0,5 à +0,2 mm/jour, mais globalement en diminution (bien visibles en Amérique du Sud, en Amérique centrale, en Afrique et en Europe).

En 2100, nous aurons sur les continents des températures de surface plus élevées (carte A, avec une accentuation du phénomène au centre des continents), qui seront accompagnées d'un sol moins humide (carte C), causé par une augmentation de l'évaporation (carte B) et des précipitations globalement en diminution (carte D). Ainsi la concordance entre l'augmentation des températures et la diminution de l'eau disponible (= causes) induira inévitablement des périodes de sécheresse (= conséquences), qui seront plus nombreuses et durables dans ces zones.

OBJECTIF BAC

9 Des paramètres qui influencent le climat

Le rôle du CO_2 dans le climat

■ Dans le document 1, on constate que lorsque les émissions de CO_2 (courbe verte) doublent par rapport aux émissions de CO_2 d'aujourd'hui (courbe rouge = le témoin de cette comparaison), la température passe de 20,5 °C à 23,5 °C en 500 ans. Le CO_2 induit donc une augmentation de la température terrestre et, par voie de conséquence, influence le climat.

■ Les trois graphiques du document 1 sont reliés par des liens de causes à conséquences. Plus on a un taux important de CO_2 (qui est un gaz à effet de serre), plus la température augmente et plus le niveau marin monte.

La rétroaction positive de l'albédo sur le climat

■ Dans le document 1, on voit que la température est plus faible lorsque l'albédo est fixe (= maintenu à sa valeur actuelle dans la courbe jaune) que lorsque l'albédo diminue (courbe rouge = témoin) : on passe de 20,4 °C à 20,7 °C en 2500. L'albédo a donc un rôle sur le climat.

■ Dans le document 2, on constate que plus l'albédo (= quantité d'énergie renvoyée vers l'espace) est faible, plus l'énergie solaire absorbée par la Terre est grande et donc plus la température de surface augmentera. Or plus la température de surface augmente, plus les glaciers fondent et sont remplacés par des surfaces ayant un albédo plus faible (sol, végétation, océans, etc.). Ainsi, globalement, l'albédo moyen va diminuer, ce qui va augmenter à nouveau la température absorbée, etc. C'est l'effet « boule de neige » sur la température terrestre : un effet amplificateur lié à une rétroaction positive.

La rétroaction négative de la végétation sur le climat

■ Dans le document 3, on nous rappelle que la végétation, par l'intermédiaire de la photosynthèse, entraîne une diminution du taux de CO_2 dans l'atmosphère et donc limite le réchauffement climatique. C'est le cas aujourd'hui.

■ Dans le document 1, on s'aperçoit que la température est plus élevée si on bloque l'action de la végétation et qu'elle ne stocke plus de CO_2 atmosphérique (courbe rose), que si la végétation joue son rôle habituel de puits de carbone (courbe rouge = témoin) : 22,5 °C contre 20,5 °C en 2500 sur le graphique des températures. La végétation exerce donc une rétroaction négative sur les températures en limitant la quantité de CO_2 dans l'atmosphère.

Les conséquences d'un arrêt total des émissions de GES

En s'appuyant sur le document 1, on constate que même en stoppant totalement les rejets de CO_2 à partir d'aujourd'hui (courbe bleue), on observe une augmentation des températures de +0,4 °C et une augmentation du niveau des mers de +1,5 m. Il faut donc agir d'urgence car les conséquences seront d'autant plus grandes que nous attendrons et que nos actions seront limitées.

4 Énergie, choix de développement et futur climatique

12 La consommation d'énergie dans le monde

En bref *Aujourd'hui, plus de 80 % de l'énergie primaire mondiale provient des combustibles fossiles, des ressources non renouvelables.*

I Les sources d'énergie primaire disponibles

1 Les stocks et les flux d'énergie

L'énergie primaire est produite directement à partir de **ressources disponibles dans la nature** (vent, gaz...) et parfois convertie en énergie secondaire (par exemple en électricité) → FICHE 18.

- L'énergie primaire est dite épuisable ou **non renouvelable** lorsqu'elle est disponible sous forme de **stock limité**. Elle inclut les combustibles fossiles (pétrole, gaz et charbon) et l'énergie nucléaire (uranium).

Doc 1 Production d'énergie primaire dans le monde (2018)

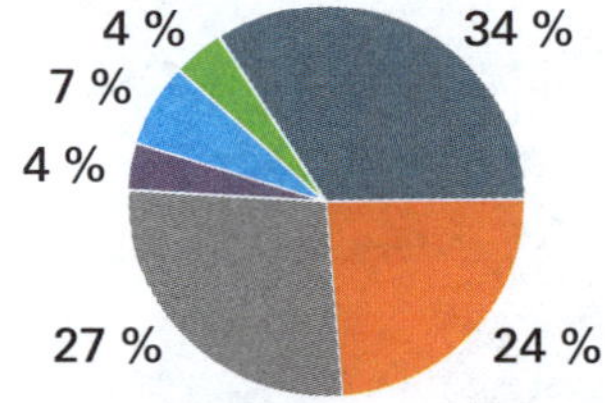

D'après BP Statistical Review of World Energy

> **À NOTER**
> Les réserves mondiales d'énergies non renouvelables étaient estimées, en 2018, à 1 120 milliards de tonnes d'équivalent pétrole (tep), soit l'équivalent de 91 ans de production mondiale au rythme actuel.

- L'énergie primaire est dite **renouvelable** lorsqu'elle est disponible sous forme de **flux inépuisable**. Elle englobe le flux radiatif solaire (rayonnement solaire produit vers la Terre), le flux géothermique (chaleur émise par la Terre), la force des cours d'eau et la puissance gravitationnelle à l'origine des marées.

2 Les unités de mesure de l'énergie

- Une **tep** (tonne d'équivalent pétrole) correspond à l'**énergie calorifique résultant de la combustion d'une tonne de pétrole brut** (c'est-à-dire environ 7 barils de 159 litres, soit 10 kWh par litre). Elle est utilisée par les industriels pour comparer la production et la consommation de différentes sources d'énergie.
- On utilise fréquemment le **joule** (J) pour les mesures d'énergie ou le **kilowatt-heure** kWh (1 kWh équivaut à 3 600 000 J). Mais la tep s'est imposée dans la plupart des bilans énergétiques au niveau international du fait de l'importance du pétrole (1 tep ≈ $4{,}187.10^{10}$ J, soit 41,87 GJ). La **Megatep (Mtep)** est un des multiples de la tep ; elle équivaut à 10^6 tep.

II Les sources d'énergie consommée

■ La consommation globale d'énergie a doublé depuis 40 ans. En effet, les modèles industriels sont globalement très énergivores dans nos sociétés.

■ Toutefois, la situation varie en fonction des pays. La consommation d'énergie primaire des pays de l'OCDE tend à stagner alors que celle de pays en plein développement, comme la Chine, est en forte croissance. Par ailleurs, la consommation est très variable d'un habitant à l'autre.

À NOTER
L'**OCDE** est l'Organisation de coopération et de développement économiques. Elle compte 36 pays.

Doc 2 Consommation d'énergie primaire dans le monde (2017)

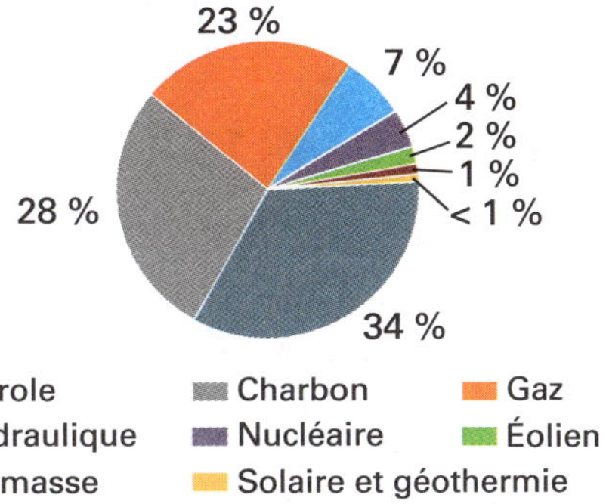

Source : BP World Energy

■ L'énergie est utilisée, à parts égales, par les industries, les transports et le secteur de l'habitat, et, dans une moindre mesure, par le secteur agricole.

■ Les combustibles fossiles représentent environ 80 % de l'énergie consommée dans le monde, car ils sont à court terme les plus rentables économiquement (surtout en Asie).

zoOm

Le Qatar, un gros consommateur d'énergie

Le Qatar est un des pays les plus chauds et un des plus gros consommateurs d'énergie du monde par habitant.

Et pour cause, de nombreuses infrastructures climatisées – très énergivores et générant de nombreux gaz à effet de serre – ne cessent de voir le jour. Un nouveau stade de foot climatisé est même prévu pour la coupe du monde de 2022.

Le Khalifa international stadium de Doha rénové en 2005

13 Les combustibles fossiles et l'empreinte carbone

En bref *La combustion des énergies fossiles produit des gaz à effet de serre et des particules qui affectent la qualité de l'air et la santé. Elle laisse son « empreinte carbone » sur l'environnement.*

I Des scénarios plus ou moins pessimistes

1 Une qualité de l'air altérée

L'utilisation des combustibles fossiles mais aussi de la **biomasse** produit de nombreux gaz à effet de serre (CO_2, N_2O, O_3, CH_4), et des **aérosols** comme les suies, riches en carbone.

MOTS CLÉS

- La **biomasse** regroupe toute forme de matière organique utilisable comme source d'énergie.
- Les **aérosols** sont des particules fines, de taille inférieure à 100 micromètres, d'origine humaine ou naturelle.

Doc 1 Variation des émissions de CO_2 de 2014 à 2018

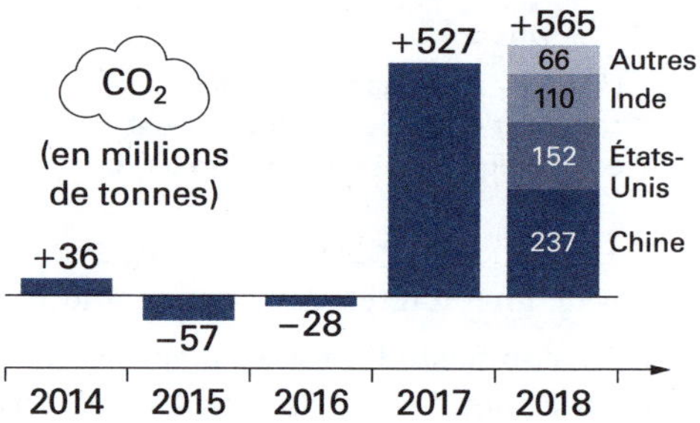

Source : International Energy Agency (IEA)

2 Une santé impactée

- Certaines particules peuvent se déposer dans l'appareil respiratoire et provoquer, en fonction de leur taille, de leur composition chimique et du degré d'exposition, des crises d'asthme, des allergies ou des cancers. Elles peuvent également avoir des effets néfastes sur le cerveau.
- Les effets de ces particules dépendent aussi des caractéristiques des individus (sexe, âge, etc.), de leur mode de vie (sport, tabagisme, etc.) et de leur état de santé général.

Doc 2 Effets de la pollution de l'air sur la santé

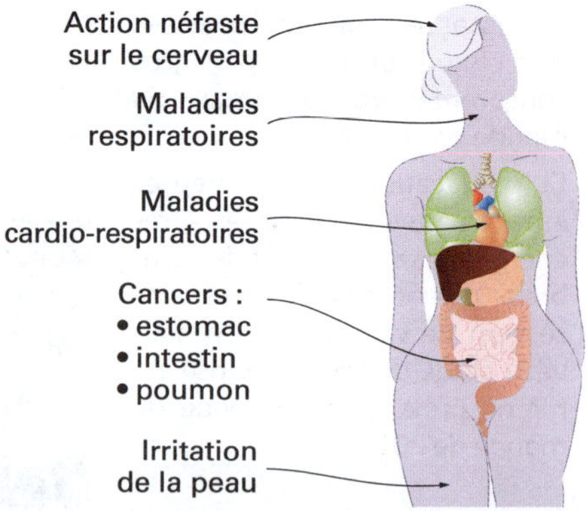

II La mesure de l'empreinte carbone

Doc 3 Les émissions de GES par secteur dans le monde en 2018

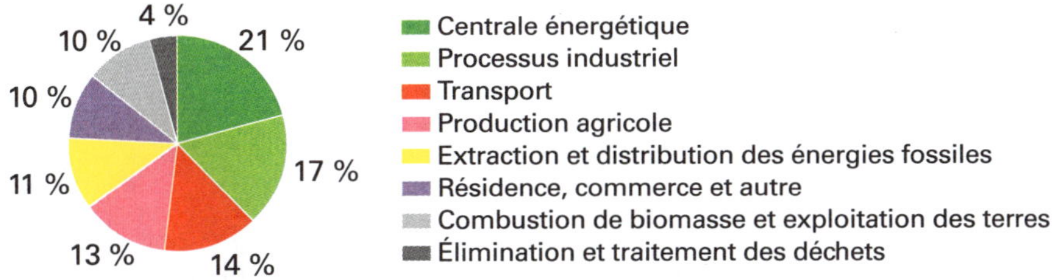

© Robert A. Rohde, Wikimédia CC by-nc-sa

■ L'empreinte carbone désigne la quantité de dioxyde de carbone (CO_2), et plus globalement de gaz à **effet de serre** (GES), émise par une personne, une activité ou un pays. Elle permet de comparer l'impact écologique de différents modes de vie ou de différentes sociétés sur l'environnement.

À NOTER

On estime qu'un ménage français émet en moyenne 16,4 tonnes de CO_2 par an. En France, ce sont les transports qui émettent le plus de CO_2 avec 136,3 millions de tonnes, soit 29,4 % des émissions de GES. Suivent l'agriculture avec 90,3 millions de tonnes de CO_2 (19,5 %) puis le secteur résidentiel et tertiaire avec 88,2 millions de tonnes de CO_2 (19 %).

■ Au niveau mondial, ce sont les industries énergétiques (surtout les centrales à charbon) qui émettent le plus de GES (21,3 % de la totalité).

En 2018, selon une estimation du Global Carbon Project, l'empreinte carbone de la population mondiale était de 37 milliards de tonnes de GES.
Ces émissions de CO_2 seraient en hausse de 3,7 % par rapport à 2017.

Les trois plus gros émetteurs de GES sont la Chine, les États-Unis et l'Inde.

zoOm

Une maison zéro carbone

Les maisons zéro carbone sont à la fois économiques et écologiques. Comme leur nom l'indique, elles n'ont pas d'empreinte carbone : elles produisent plus d'électricité qu'elles n'en consomment. Ce sont les matériaux utilisés pour la construction et l'exploitation des énergies renouvelables qui font la différence.

Modèle de maison passive en Haute-Savoie

14 Une transition écologique nécessaire

En bref *L'augmentation de l'effet de serre a de nombreuses répercussions sur le climat et la végétation.*
En fonction de la quantité de gaz à effet de serre émis dans le futur, plusieurs scénarios de transition écologique sont envisageables.

I Des scénarios plus ou moins pessimistes

- Les modélisations climatiques permettent d'évaluer, suivant les quantités de GES émises dans le futur, les **changements prévisibles** affectant les **écosystèmes** et les **conditions de vie des êtres humains**.
L'**élévation du niveau de la mer** pourrait ainsi atteindre **1 mètre** selon certains modèles, ce qui entraînerait le déplacement de presque 190 millions de personnes.

Doc 1 Populations exposées aux inondations d'origine marine

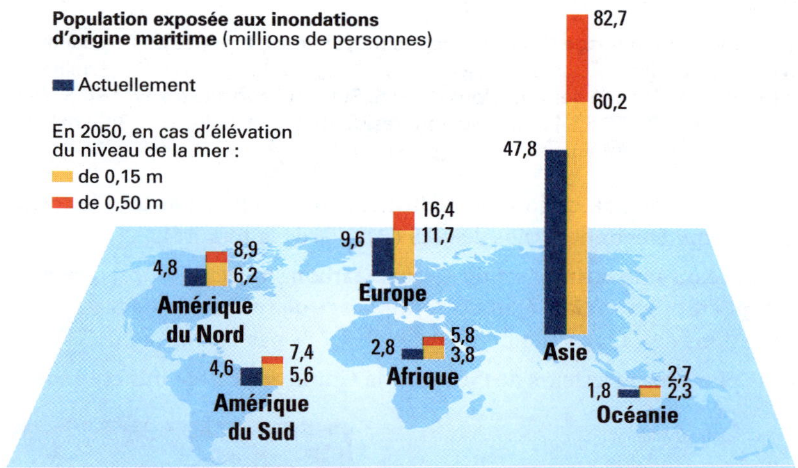

Source : IPCC, *Climate Change 2014 : Impacts, Adaptation an Vulnerability*

- L'intensité croissante du réchauffement climatique **augmente** aussi **la probabilité et l'intensité des événements extrêmes** comme les vagues de chaleur (canicules), les pluies torrentielles, les tempêtes, etc.
- Les catastrophes naturelles sont de plus en plus coûteuses financièrement et les populations les plus pauvres, tributaires de l'agriculture, en sont souvent les principales victimes. En effet, la désertification et la régression des surfaces cultivables et des rendements agricoles sont directement liées à l'évolution du climat.
- Différents scénarios sont envisageables, en fonction de la croissance économique, du taux de pauvreté, des inégalités, mais aussi de l'impact du changement climatique.

Doc 2 L'impact du changement climatique sur l'extrême pauvreté

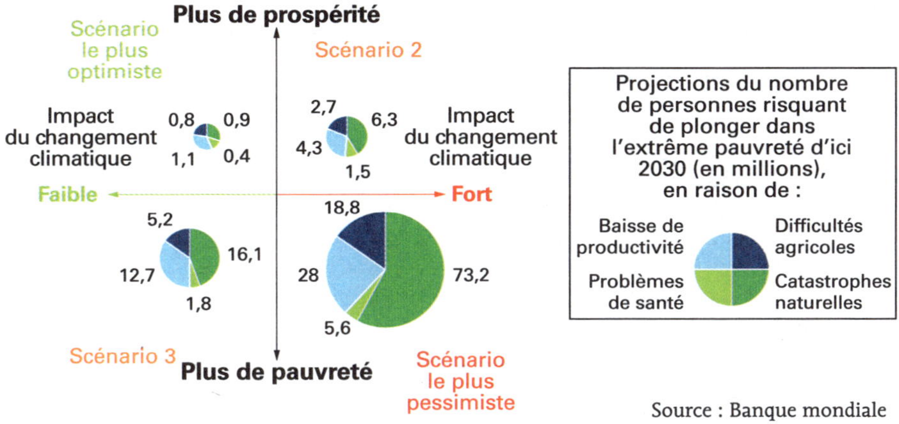

Source : Banque mondiale

II Des accords pour le climat

- La **Conférence de Paris** de 2015, qui a réuni 195 pays, a établi un accord visant à maintenir l'augmentation de la température mondiale à **moins de 2 °C par rapport aux niveaux préindustriels d'ici 2100**, pour limiter l'élévation du niveau de la mer à 0,98 m. Une COP a lieu chaque année pour vérifier la bonne application des objectifs fixés.

À NOTER
La **Conférence de Paris** est la 21e Conférence des parties, appelée COP21.

- Pour limiter le réchauffement à 2 °C, il faudrait émettre, au maximum, 40 Gt de CO_2 d'ici 2030, autrement dit diminuer de 25 % nos émissions de CO_2.

Cet objectif va être difficile à respecter, sachant qu'une hausse de la demande mondiale en énergie est attendue.

zoom

Une ville en transition

La ville de Loos-en-Gohelle, dans le Nord-Pas-de-Calais, polluée par la production de charbon, a réussi à amorcer sa transition écologique grâce à des écoconstructions.

Église de Loos-en-Gohelle couverte de panneaux solaires

MÉMO VISUEL

LES COMBUSTIBLES FOSSILES

Des énergies primaires non renouvelables

Des énergies épuisables (stocks limités)

- Les **combustibles fossiles**
  - gaz (24 %)
  - charbon (27 %)
  - pétrole (34 %)
- L'**énergie nucléaire**
  - uranium (4 %)

Parallèlement, il y a 11 % d'énergies primaires renouvelables (flux inépuisables).

L'empreinte carbone

La combustion des carburants fossiles, mais aussi de la biomasse, produit :

- du **dioxyde de carbone** (CO_2) ;
- d'autres **gaz à effet de serre** (CH_4, N_2O, O_3) ;
- des **particules fines.**

Les plus gros producteurs de carbone

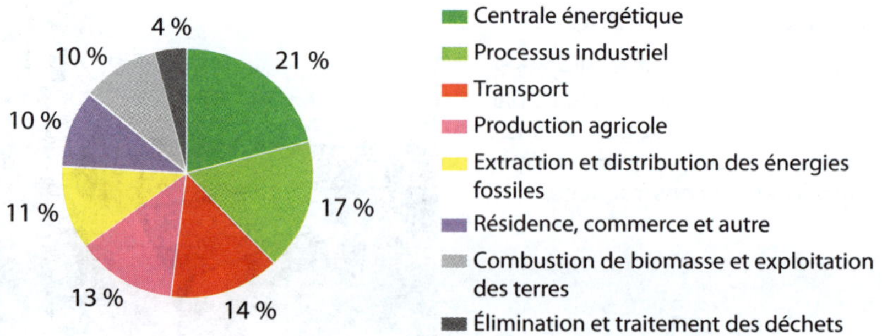

ET LEURS CONSÉQUENCES

Les conséquences sur l'air et la santé

L'impact des gaz à effet de serre

Les gaz à effet de serre **augmentent l'effet de serre** et, par conséquent, entraînent :

- une augmentation des **températures** ;
- une augmentation du **niveau de la mer** ;
- une multiplication des **catastrophes climatiques**.

L'impact des particules fines sur la santé

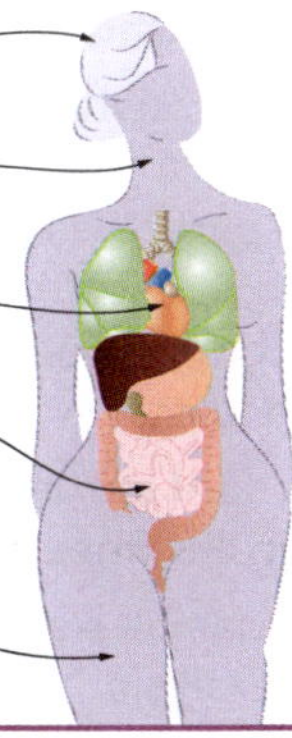

La COP 21

Une transition écologique nécessaire

La COP 21 s'est conclue sur l'**Accord de Paris** qui prévoit :

- une diminution de **25 %** des **émissions de CO_2** ;
- une augmentation des **températures** mondiales limitée à **2°C** ;
- une augmentation du **niveau des mers** limitée à **0,98 mètre**.

SE TESTER QUIZ

Vérifiez que vous avez bien compris les points clés des **fiches 12 à 14**.

1 La consommation d'énergie dans le monde

→ FICHE 12

1. À quoi correspond l'énergie primaire ?
Cochez la ou les bonnes réponses.

☐ **a.** aux ressources énergétiques inépuisables présentes sur Terre
☐ **b.** à l'énergie contenue dans les ressources fossiles
☐ **c.** à l'énergie contenue dans les ressources présentes dans la nature

2. Quelle est la source d'énergie la plus consommée, après les énergies fossiles ?

☐ **a.** le gaz naturel
☐ **b.** l'énergie hydraulique
☐ **c.** l'énergie solaire

2 Les combustibles fossiles et l'empreinte carbone

→ FICHE 13

1. Parmi les affirmations suivantes, laquelle est vraie ?

☐ **a.** La combustion de la biomasse ne produit pas de gaz à effet de serre.
☐ **b.** Les particules produites par la combustion des carburants fossiles n'ont aucun effet néfaste sur le cerveau.
☐ **c.** La combustion d'énergies fossiles produit des GES mais aussi des particules.

2. Quels sont les problèmes de santé les plus récurrents causés par les particules fines polluantes ?

☐ **a.** les maladies cardio-respiratoires
☐ **b.** la paralysie
☐ **c.** la cécité

3 Une transition écologique nécessaire

→ FICHE 14

À combien de degrés l'accord de Paris souhaite-t-il limiter l'ampleur du réchauffement climatique, depuis la dernière révolution industrielle ?

☐ **a.** à moins de 1 °C d'ici 2050
☐ **b.** à moins de 1 °C d'ici 2100
☐ **c.** à moins de 2 °C d'ici 2100

S'ENTRAÎNER

4 Réviser le cours en 8 questions flash

→ FICHES 12 à 14

1. Citer trois types d'énergies primaires présentes sur Terre.

2. Les énergies primaires fossiles épuisables sont présentes sous forme de stocks.

Et les énergies primaires renouvelables ?

3. Citer les quatre énergies renouvelables les plus utilisées dans le monde.

4. Quels sont les quatre principaux gaz à effet de serre produits par l'utilisation des combustibles fossiles ?

5. Citer un des pays les plus gros émetteurs de gaz à effet serre.

6. La combustion des carburants fossiles produit des gaz à effet serre.

Quelles sont les conséquences sur la santé de l'inhalation de ces gaz ?

7. Quel est le secteur qui produit le plus de gaz à effet serre dans le monde ?

8. Quelles sont les recommandations du GIEC concernant les GES d'ici 2100 ?

5 Unités d'énergie

→ FICHE 12

Relier les unités correspondantes :

1 tep •	• 10 kWh
1 kWh •	• 10^6 tep
1 Mégatep •	• $4{,}187 \cdot 10^{10}$ J
combustion d'1 L de pétrole produit •	• 3 600 000 J

6 Climat et utilisation des énergies

→ FICHE 14

Compléter le texte avec les mots ou groupes de mots suivants.

GIEC • particules • primaires • secondaires • climat • niveau de la mer

Les énergies .... (énergie thermique obtenue à partir des ressources fossiles ; énergie hydraulique, solaire...) sont produites directement à partir de ressources disponibles dans la nature (gaz, vent...) et parfois converties en énergies ...., la principale étant l'électricité.

Mais l'utilisation des énergies fossiles pose des problèmes. Leur combustion rejette des gaz à effet de serre dans l'atmosphère ainsi que des .... polluantes qui affectent la santé et le ....

Malgré les avertissements des groupes d'experts comme le ...., et certaines évidences comme l'élévation du ...., un consensus politique est difficile à trouver.

7 L'utilisation des énergies fossiles

→ FICHE 13

Compléter les légendes du graphique avec les groupes de mots suivants : secteur industriel, secteur agricole, centrales énergétiques, secteur des transports.

Doc Les quatre secteurs émettant le plus de GES dans le monde en 2018

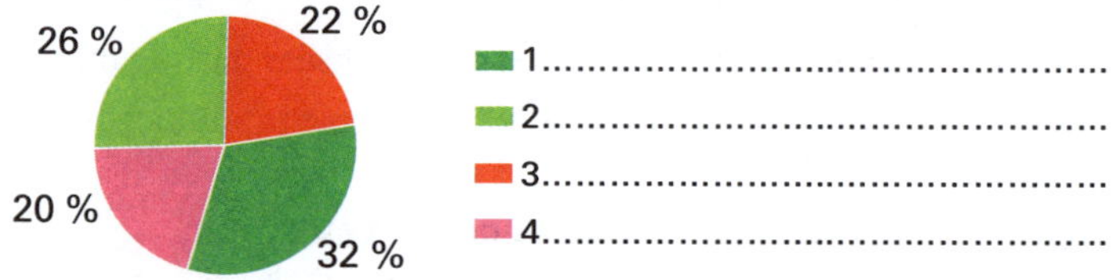

8 Une énergie secondaire : l'électricité

→ FICHE 12

1. À quoi correspondent les énergies secondaires ?

2. a. D'après le document ci-dessous, quelle est la région qui utilise le plus d'énergie primaire fossile pour produire de l'électricité ?

b. Parmi les énergies épuisables, quelle est la plus utilisée pour produire de l'électricité dans le monde (hors Asie) ?

c. Quelle est la région qui utilise le plus d'énergies renouvelables ?

d. Parmi les énergies renouvelables, quelle est la plus utilisée pour produire de l'électricité ?

Doc Mix électrique par région en 2017

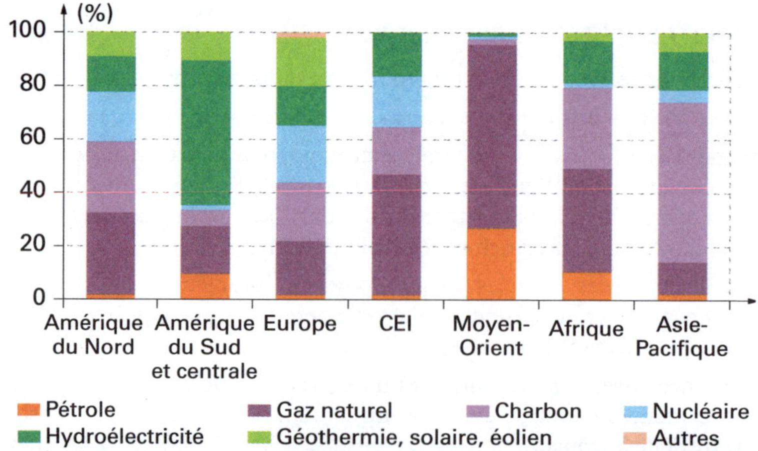

* 9 des 15 anciennes républiques soviétiques

Source : BP Statistical Review, juin 2018

OBJECTIF BAC

9 Les particules fines et la santé en Île-de-France

60 min

Cet exercice permet de travailler l'analyse de documents et plus particulièrement la mise en relation des informations entre les documents.

LE SUJET

La combustion des énergies primaires produit des gaz à effet de serre mais aussi des particules fines. On cherche à identifier les effets des particules en fonction de leur taille et à présenter les comportements à adopter face à ces particules.

Doc 1 Les particules fines

On appelle « particules fines » l'ensemble des substances particulaires microscopiques, c'est-à-dire de l'ordre du micron.

Les particules fines peuvent être solides ou liquides et restent en suspension dans l'air, de quelques jours à quelques années. Elles sont transportées sur de longues distances par les courants atmosphériques. Ensuite, elles retombent au sol *via* les pluies ou sous forme de poussières.

À NOTER

- Un micron (μ) = un millième de millimètre.
- Une particule de catégorie PM2 est une particule (P) de 2 micromètres (M2) de diamètre (pour comparaison, un cheveu a un diamètre de 50 à 70 microns)

Doc 2 Émissions des deux particules les plus communes par secteur d'activité, en Île-de-France en 2018

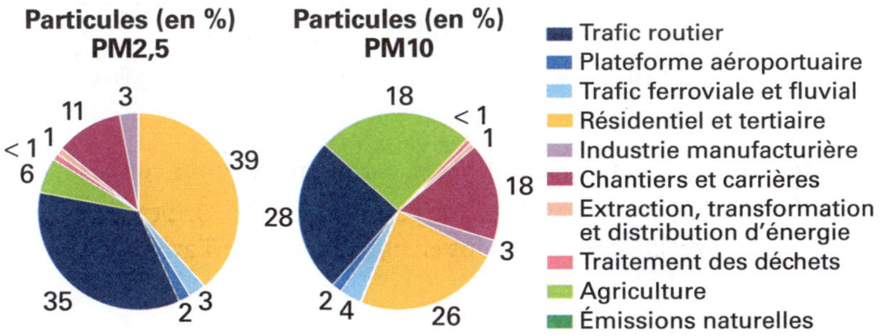

Le secteur résidentiel et tertiaire correspond en grande partie au chauffage (principalement chauffage au bois), tandis que l'industrie manufacturière correspond aux industries de transformation des biens.

Source : LSCE Airparif

Doc 3 Impact des particules en fonction de leur taille sur les voies respiratoires

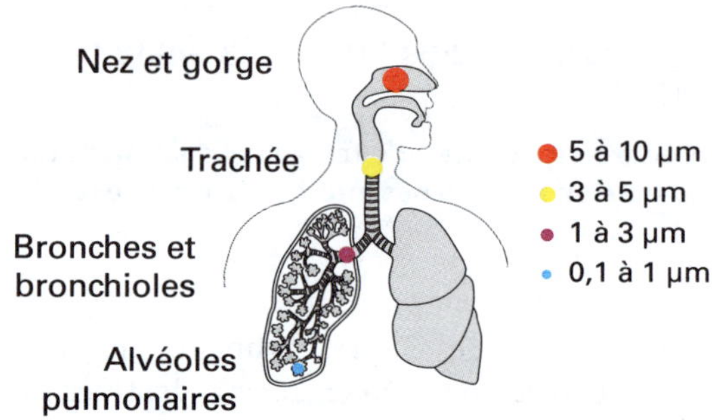

Les particules pénètrent essentiellement dans nos bronches. Les grosses particules (plus de 10 µm) sont arrêtées par les poils du nez. Celles entre 5 et 10 µm se déposent dans le nez, la gorge et la trachée (pouvant provoquer des cancers). Les plus dangereuses sont celles comprises entre 1 et 3 µm qui vont encombrer bronches et bronchioles, les obstruer, empêchant une bonne ventilation, et pouvant provoquer des bronchites obstructives. Celles entre 0,1 et 1 µm vont pénétrer dans les alvéoles pulmonaires et y provoquer des irritations et des inflammations (asthme). Les particules inférieures à 0,1 µm, peu nombreuses, restent en suspension dans l'air et sont en général ré-expirées. Toutefois, certaines peuvent passer dans le sang et entraîner des troubles cardio-vasculaires (vasoconstriction, hypertension) ou avoir également un impact sur la reproduction (baisse de fertilité, fausse couche). 42 000 décès liés à la pollution de l'air sont comptabilisés en France chaque année.

D'après LMD

Doc 4 Protections et mesures en cas de pollution aux particules fines

Protections

Pas d'activité sportive

S'éloigner des grands axes routiers

Éviter sortie en début et fin de journée

Certains masques avec filtres à charbon

Mesures

Appliquée

Circulation alternée

Projet

Indemnité pour salariés en vélo

Non appliquées

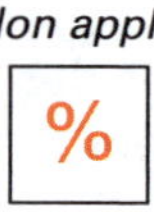
Écotaxe

Zone à faible émission

Fiscalité diesel

1. Expliquer l'origine des particules fines et leurs conséquences sur la santé.

2. Dire ce qu'il faut faire en cas de pic de pollution aux particules fines, en justifiant la réponse. Quelles solutions sont envisageables pour l'avenir ?

▶▶▶ LA FEUILLE DE ROUTE

1. S'approprier et analyser des documents

Vous devez bien comprendre ce que sont les particules fines (document 1) et savoir qui les produit. Ensuite, faites le lien entre les documents 2 et 3 pour cibler les effets sur la santé des deux catégories de particules identifiées.

2. Tirer des informations d'un document et les mettre en relation avec ses connaissances

- Dans la question 2, identifiez les précautions à prendre en cas de pic de pollution, et faites le lien entre les documents 3 et 4 pour justifier ces protections.
- Appuyez-vous sur les mesures présentées par le document 4 et faites appel à vos connaissances pour évoquer les solutions à l'échelle de la planète.

CORRIGÉS

SE TESTER QUIZ

1 La consommation d'énergie dans le monde

1. Réponse c.

Les réponses a. et b. sont fausses car partielles. L'énergie primaire comprend les énergies primaires inépuisables (renouvelables) mais aussi les énergies fossiles et nucléaires (non renouvelables).

2. Réponse b.

La source d'énergie la plus consommée dans le monde après les énergies fossiles est l'énergie hydraulique (6,8 %). L'affirmation a est fausse, car le gaz naturel est une énergie fossile. L'affirmation c. est également fausse, car le solaire représente seulement 1 % de l'énergie consommée dans le monde.

2 Les combustibles fossiles et l'empreinte carbone

1. Réponse c.

La combustion de la biomasse produit des GES (réponse a. fausse), tout comme la combustion des énergies fossiles. Cette dernière produit également des particules qui peuvent avoir un effet néfaste sur le cerveau (réponse b. fausse).

2. Réponse a.

Les problèmes de santé les plus récurrents causés par les particules fines polluantes sont les problèmes cardio-vasculaires. Les réponses b. et c. sont fausses car la paralysie ou le fait de devenir aveugle n'ont aucun lien avec la pollution par les GES.

3 Une transition écologique nécessaire

Réponse c.

Les pays ayant signé l'accord de Paris se sont mis d'accord pour limiter le réchauffement à 2 °C maximum d'ici 2100 par rapport aux niveaux préindustriels (réponses a. et b. fausses).

S'ENTRAÎNER

4 Réviser le cours en 8 questions flash

1. On peut citer, parmi les énergies primaires non renouvelables : le pétrole, le gaz et le charbon mais aussi l'uranium. Ou encore, parmi les énergies renouvelables : la géothermie, l'hydraulique, l'éolien et les marées (énergie gravitationnelle).

2. Les énergies renouvelables sont présentes sous forme de flux, ce qui les rend inépuisables.

3. Les 4 énergies renouvelables les plus utilisées dans le monde sont, de la plus utilisée à la moins utilisée : l'hydraulique, l'éolien, la biomasse et le solaire.

4. Les principaux gaz à effet de serre sont le CO_2, le N_2O, l'O_3 et le CH_4.

5. Les 3 plus gros émetteurs de GES sont la Chine, les États-Unis et l'Inde.

6. Les conséquences sur la santé de la combustion des carburants fossiles sont nombreuses. Cela peut entraîner des maladies respiratoires (comme l'asthme), des problèmes cardiaques, des risques de cancer mais aussi des atteintes au niveau du cerveau (maux de tête, cancer).

7. Ce sont les centrales énergétiques qui produisent le plus de GES, avec 21 % des émissions totales, par combustions des énergies fossiles.

8. L'empreinte carbone est prévue à la hausse, du fait du développement économique des pays. Le GIEC, lors des accords de Paris, recommande de faire un effort (diminuer de 25 % les émissions de CO_2 d'ici 2030) pour lutter contre le réchauffement climatique en espérant maintenir l'augmentation de la température mondiale à moins de 2 °C par rapport aux niveaux préindustriels.

5 Unités d'énergie

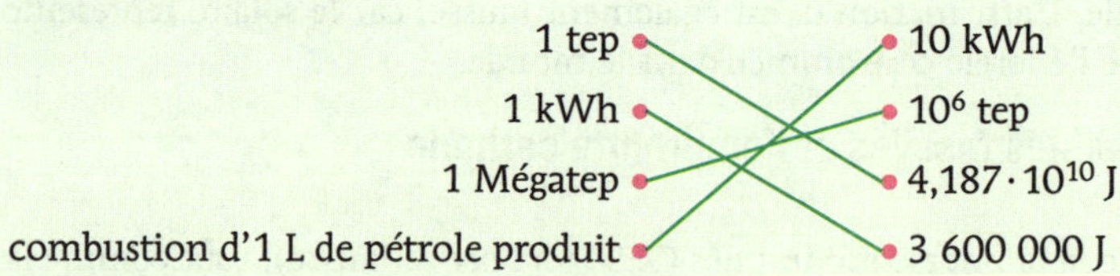

6 Climat et utilisation des énergies

Les énergies primaires (énergie thermique obtenue à partir des ressources fossiles ; énergie éolienne, hydraulique, solaire...) sont produites directement à partir de ressources disponibles dans la nature (gaz, vent...) et parfois converties en énergies secondaires, la principale étant l'électricité.
Mais l'utilisation des énergies fossiles pose des problèmes. Leur combustion rejette des gaz à effet de serre dans l'atmosphère ainsi que des particules polluantes qui affectent la santé et le climat. Malgré les avertissements des groupes d'experts comme le GIEC, et certaines évidences comme l'élévation du niveau marin, un consensus politique est difficile à trouver.

7 L'utilisation des énergies fossiles

Les 4 secteurs les plus gros émetteurs de GES dans le monde en 2018 :

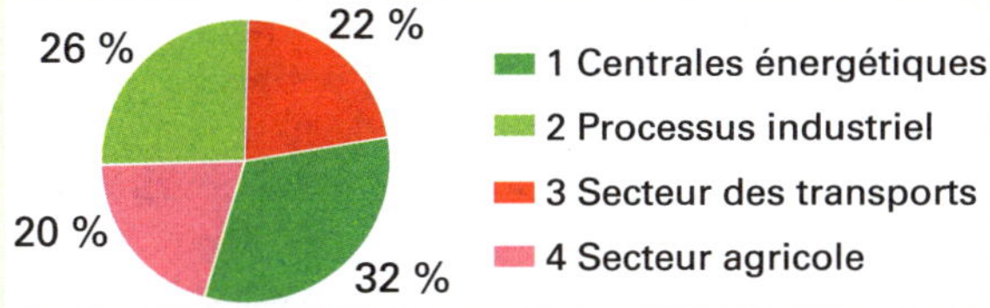

8 Une énergie secondaire : l'électricité

1. Les énergies secondaires proviennent de la transformation des énergies primaires présentes sur terre.

2. a. L'électricité est une énergie secondaire qui peut être produite, entre autres, par la combustion d'énergie fossile (pétrole, gaz naturel et charbon). D'après le graphique, c'est la région du Moyen-Orient qui utilise majoritairement les énergies fossiles pour produire de l'électricité avec 98 % des énergies totales utilisées.
b. Contre toute attente, ce n'est pas le pétrole mais le gaz naturel qui est l'énergie épuisable la plus utilisée pour produire de l'électricité dans le monde (hors Asie), surtout au Moyen Orient, dans la CEI (Communauté des états indépendants : Russie et huit des quinze anciennes républiques soviétiques) et en Afrique.
c. La région qui utilise le plus d'énergie renouvelable est l'Amérique du Sud et centrale, avec 65 % des énergies totales utilisées.
d. Parmi les énergies renouvelables, c'est l'énergie hydraulique qui est la plus utilisée pour produire de l'électricité, surtout en Amérique du Sud et centrale (plus de 50 %).

OBJECTIF BAC

9 Les particules fines et la santé en Île-de-France

1. Les particules fines sont issues de la combustion des énergies primaires.
Le document 1 nous apprend que les particules fines sont des substances microscopiques, au moins dix fois plus petites que le diamètre d'un cheveu.
En Île-de-France (document 2), les particules les plus communes sont les PM2,5 et les PM10, c'est-à-dire des particules de 2,5 et 10 micromètres de diamètre.
Globalement, pour ces deux types de particules, ce sont les secteurs du trafic routier, du résidentiel, des industries manufacturières ainsi que de l'agriculture qui produisent plus de 80 % de ces particules. On note toutefois que c'est le trafic routier qui produit le plus de PM10 alors que c'est le secteur résidentiel et tertiaire qui produit le plus de PM2,5, c'est-à-dire les résidences qui utilisent le chauffage au bois.
Ces particules présentent un danger pour la santé. Comme nous l'apprend le document 1, elles peuvent rester en suspension dans l'air jusqu'à plusieurs années et être transportées sur de longues distances. Elles peuvent donc être inhalées sous

forme de poussière sur de longues périodes et loin de leur lieu d'émission, augmentant alors leur dangerosité car impactant les voies respiratoires d'un plus grand nombre de personnes.
Le document 3 nous précise qu'en fonction de leur taille, les particules n'auront pas le même impact sur la santé. Plus elles sont petites plus elles seront inhalées profondément dans les voies respiratoires. Les PM10, plus grosses, auront surtout une incidence sur le nez et la gorge alors que les PM2,5 pourront affecter la trachée mais aussi les bronches voire les bronchioles.
Par conséquent, les PM10 peuvent entraîner des cancers des voies respiratoires supérieures, et les PM2,5, faisant partie des plus dangereuses, peuvent boucher les bronchioles et être à l'origine de bronchite obstructive.

2. Régulièrement l'Île-de-France connaît des épisodes de pollution aux particules fines, on parle de « pics de pollution ». Le document 4 reprend les consignes données par l'agence France-Presse (AFP) pour se protéger de ces particules en cas de pic de pollution (consignes souvent relayées par les médias).
Il ne faut pas exercer d'activité sportive, en effet le rythme ventilatoire est intensifié et les particules pourraient entrer en plus grand nombre et plus profondément dans les poumons. Le port d'un masque filtrant est recommandé, surtout pour les personnes fragiles. Éviter les grands axes routiers est indispensable car ce sont les lieux où la pollution est maximale (cf. document 2). Il faut également éviter de sortir en début et fin de journée car c'est à ce moment-là que les particules retombent le plus au sol (l'humidité dans l'atmosphère faisant retomber les particules en suspension).
À l'avenir, pour éviter ces pics de pollution et préserver la santé, il faudrait limiter le trafic routier (plus gros producteur de particules fines) en adoptant par exemple la circulation alternée.

À NOTER

En Île-de-France, régulièrement, les voitures dont l'immatriculation est paire circulent les jours pairs et inversement pour les jours impairs.

Il faudrait inciter les particuliers à prendre leur vélo grâce à des indemnités. De nombreux projets sont également à l'étude mais ont des difficultés à être appliqués, comme l'écotaxe (réfutée par les routiers), le covoiturage, la fiscalité sur les voitures roulant au diesel (impact financier trop important sur les ménages) ou bien encore les zones à faible émission.

À NOTER

Des zones sans voitures ont été mises en place à Paris, sur les quais de Seine, pour ménager aux habitants des zones de faibles émissions. Toutefois ce projet créé la polémique car il rend la circulation moins fluide.

À plus grande échelle, il faudrait appliquer les préconisations de l'accord de Paris.

5 Deux siècles d'énergie électrique

Depuis le début du XIXe siècle, de nombreuses avancées scientifiques et technologiques ont permis de développer des générateurs électriques performants. Les énergies du futur reposent sur ces progrès.

15 Les alternateurs, fournisseurs d'électricité

En bref *Un alternateur, comme celui fixé aux roues de certains vélos, produit de l'électricité en faisant tourner un aimant dans une bobine de cuivre : la variation du champ magnétique de l'aimant génère du courant.*

I Sur le chemin de l'induction électromagnétique

1 Du courant au champ magnétique

- Le **magnétisme** et l'électricité sont des phénomènes connus depuis l'Antiquité, mais ne sont étudiés et compris qu'au XVIIe siècle.
- Le 21 juillet 1820, le physicien danois Hans Christian Œrsted publie un traité qui relate un phénomène étonnant : une aiguille aimantée est déviée lorsqu'elle se trouve à proximité d'un fil parcouru par un courant. Le passage du courant électrique produit un champ magnétique autour du fil.
- En 1831, le chimiste et physicien anglais Michael Faraday tente alors de préciser, expérimentalement, le lien entre magnétisme et électricité.

2 Les expériences électromagnétiques de Faraday

- Faraday pense que le passage du courant dans la bobine de gauche va générer un champ magnétique et que ce dernier, canalisé dans l'anneau de fer, va créer un courant induit dans la bobine de droite. Mais, lorsque l'interrupteur est fermé, aucun courant ne circule dans la bobine de droite.

Doc 1 Le montage expérimental

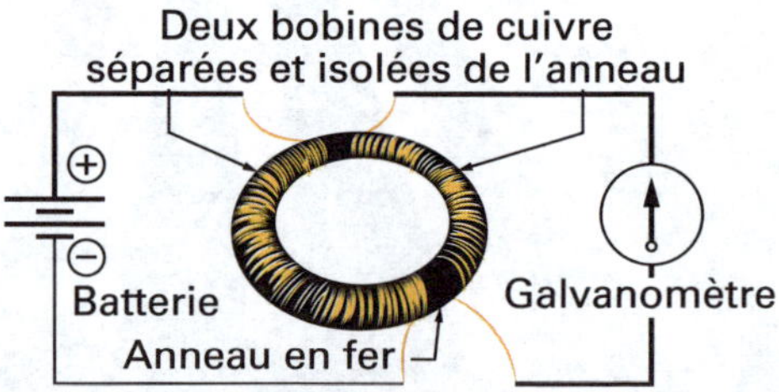

L'aiguille du galvanomètre n'indique le passage d'un courant qu'au moment même où l'on ouvre ou ferme l'interrupteur.

Ce n'est donc pas le champ magnétique mais sa variation qui crée du courant.

- Faraday réalise alors une autre expérience, avec un aimant qu'il approche et éloigne de la bobine. Le mouvement de l'aimant, et plus exactement de son champ magnétique, fait naître un courant alternatif induit dans la bobine. Faraday découvre ici le phénomène d'induction électromagnétique.

II L'induction exploitée par l'alternateur

1 Le stator et le rotor : deux pièces maîtresses

■ Les alternateurs électriques exploitent le phénomène d'induction électromagnétique.

■ Un alternateur est constitué de deux parties :
- le stator est la partie fixe formée par une ou plusieurs bobines en cuivre ;
- le rotor est la partie qui tourne et sur laquelle est fixé l'aimant. Plus le rotor tourne vite, plus l'intensité du courant est grande.

Doc 2 Éclaté de l'alternateur d'une voiture

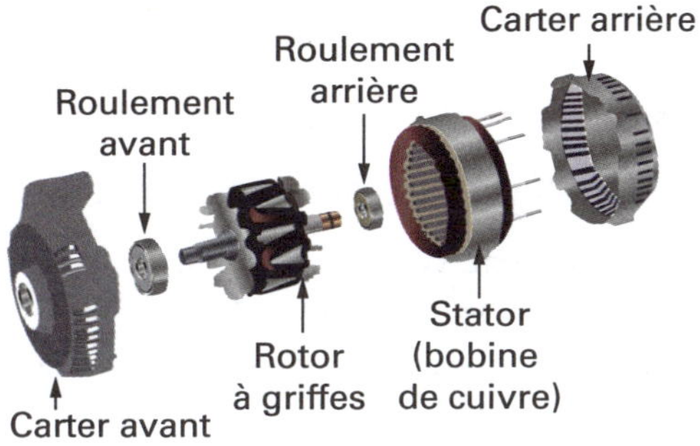

2 Un rendement efficace

■ L'alternateur a pour rôle de convertir de l'énergie mécanique en énergie électrique.

■ On trouve des alternateurs dans les éoliennes, les centrales hydrauliques, les usines marémotrices, les automobiles ou les éclairages de vélo (**dynamo**).

À NOTER
Scientifiquement, la **dynamo** désigne un générateur de courant continu, alors que l'appareil qu'on appelle « dynamo » sur un vélo délivre un courant alternatif !

■ Le rendement d'un alternateur est en général très bon → FICHE 18.

Les pertes sont principalement dues aux frottements, qui peuvent survenir au niveau du rotor, et à l'échauffement du fil de cuivre de la bobine (effet Joule).

Le rendement se calcule grâce à la formule :

$$\eta = \frac{\text{énergie utile}}{\text{énergie reçue}} = \frac{\text{énergie électrique}}{\text{énergie mécanique}}$$

Le rendement est sans unité et les énergies s'expriment en joule (J).

zoOm

Des stators à l'échelle industrielle

Dans les centrales hydroélectriques, on trouve des alternateurs de grandes dimensions qui doivent être placés au millimètre près autour du rotor.

Changement d'un stator de 170 tonnes pour 8,7 mètres de diamètre, dans la centrale de Sisteron

16 Les semi-conducteurs et le silicium

En bref *Les avancées théoriques, en physique, ont permis de montrer pourquoi certains matériaux laissaient passer le courant, d'autres lui faisaient barrière, et d'autres encore étaient semi-conducteurs.*

I Les conducteurs, isolants et semi-conducteurs

1 La théorie des bandes et la conductivité

- Le caractère conducteur ou isolant des matériaux prend sa source dans la structure même des atomes et la configuration de leurs électrons.
- Les électrons de valence, situés sur les couches externes de l'atome, permettent aux atomes de se lier entre eux. Les électrons libres ou électrons de conduction sont responsables de la circulation du courant électrique.
- En physique quantique des solides, on peut schématiser l'énergie des électrons sous la forme de bandes d'énergie. La dernière bande d'énergie, complètement remplie d'électrons, est appelée bande de valence, et la suivante, qui n'est pas remplie, bande de conduction. Entre les deux se trouve une zone appelée bande interdite ou « gap ». C'est cette bande qui fixe les propriétés électriques des matériaux.

Doc 1 Diagrammes énergétiques de trois types de matériaux

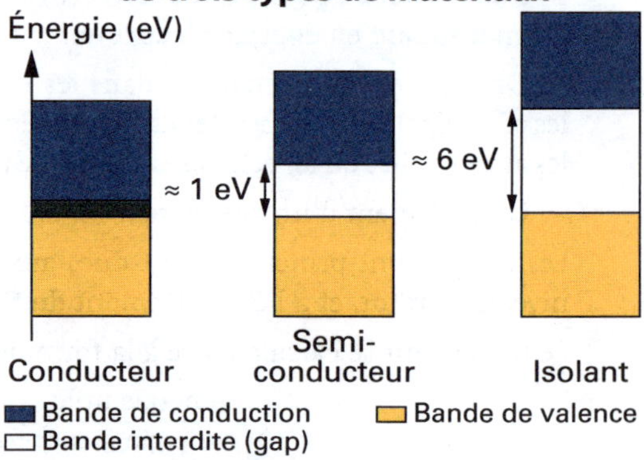

2 Le passage d'une bande d'énergie à l'autre

- Lorsqu'on apporte de l'énergie à un matériau, par chauffage ou par éclairement, certains électrons peuvent passer de la bande de valence à la bande de conduction.
- Pour un conducteur, les bandes de valence et de conduction se chevauchent. Les électrons peuvent donc passer d'une bande à l'autre librement. Le courant peut circuler. C'est le cas par exemple du cuivre, de l'argent ou de l'or.
- Pour un isolant, les bandes sont très éloignées l'une de l'autre, d'environ 6 eV (électron-volt). Les électrons ne peuvent pas circuler d'une bande à l'autre.
- Pour un semi-conducteur, le gap existe mais il est plus petit que pour un isolant. Il est par exemple de 1,12 eV pour le silicium. Il peut donc devenir conducteur, si on l'éclaire par exemple, ce qui excite les électrons de valence. Les semi-conducteurs élémentaires sont le silicium (Si) et le germanium (Ge).

II Les spectres des semi-conducteurs

1 Le spectre d'absorption des semi-conducteurs

- L'écart entre la bande de valence et la bande de conduction d'un semi-conducteur vaut environ 1 eV. Or **1 eV** correspond à l'énergie d'une radiation de longueur d'onde d'environ **1 200 nm**.
- Les spectres d'absorption du document 2, montrent que la plupart des semi-conducteurs absorbent des longueurs d'ondes inférieures à 1 200 nm, donc suffisantes pour passer le gap et permettre la circulation des électrons.

Doc 2 Absorption des semi-conducteurs en fonction de la longueur d'onde

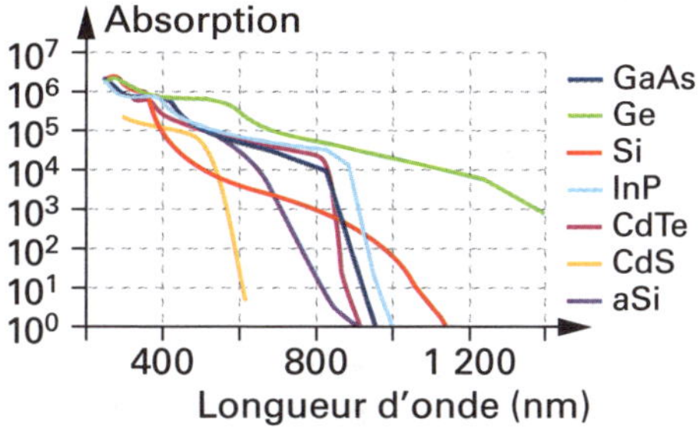

2 Pourquoi fabriquer des panneaux solaires avec du silicium ?

Le **spectre d'émission du Soleil** correspond aux longueurs d'ondes absorbées par le silicium. Toutes les **longueurs d'ondes inférieures à 1 100 nm** (visible et proche infrarouge) peuvent être **absorbées par le silicium** et permettre aux électrons de la bande de valence de passer dans la bande de conduction.

À NOTER

Le germanium (Ge) absorbe également les longueurs d'onde inférieures à 1 100 nm, mais il est plus sensible aux hautes températures, plus cher et moins abondant que le silicium.

Doc 3 Spectre d'émission du Soleil et spectre d'absorption du silicium

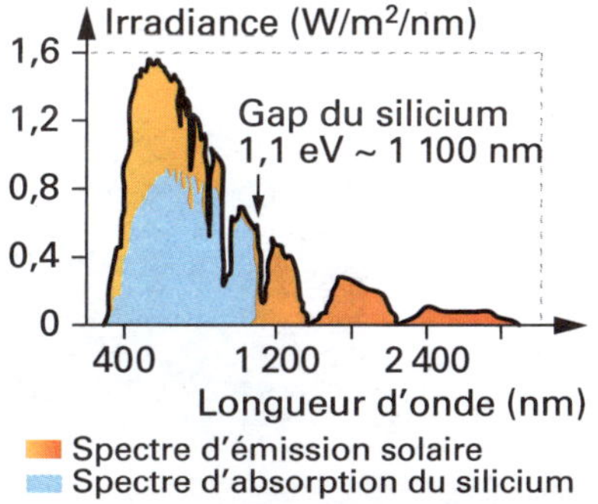

zoOm

Le silicium en lingots

- Deuxième élément le plus abondant sur Terre (28 % de la croûte terrestre), le silicium entre dans la composition de silicates (SiO_2) comme la silice du sable.
- Le silicium est purifié pour former des lingots qui sont ensuite débités en tranches ultra fines et imprimés pour obtenir des circuits intégrés miniatures (ordinateurs, téléphones, cellules photovoltaïques, etc.).

Un lingot de silicium avant la découpe

17 Le photovoltaïque pour capter l'énergie solaire

En bref *Les cellules photovoltaïques des panneaux solaires ont la capacité de transformer l'énergie solaire en énergie électrique.*

I Le fonctionnement d'une cellule photovoltaïque

■ La cellule photovoltaïque est l'unité de base des panneaux solaires.
Elle est le plus souvent composée de silicium, un matériau semi-conducteur qui devient conducteur quand on l'éclaire → FICHE 19.

■ Afin de favoriser la **circulation des électrons** et le **passage du gap**, on introduit dans le silicium des impuretés comme le bore et le phosphore.

Le **bore** a un électron de moins que le silicium, ce qui crée un « trou », équivalant à une charge positive. On parle de **dopage de type P**, comme « positif ».

Le **phosphore** a un électron de plus que le silicium. On parle de **dopage de type N**, comme « négatif ».

Doc 1 Structure et fonctionnement d'une cellule photovoltaïque

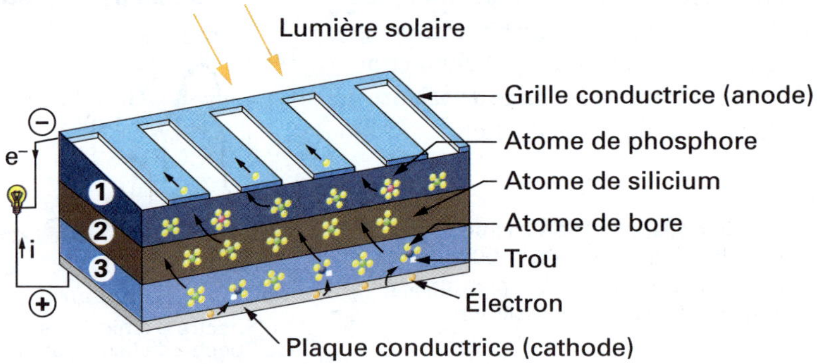

■ Spontanément, les électrons en excès de la couche de silicium dopé N (phosphore) ① diffusent dans la couche de silicium dopé P (bore) ③, déficitaire en électrons. Une jonction en silicium ② se forme alors et un équilibre interne se met en place.

■ Les **photons du Soleil** reçus par la grille conductrice arrachent des électrons aux atomes de silicium de la couche ①, ce qui crée un **déséquilibre interne**. Les électrons de la cathode migrent alors vers la couche ③, tandis que ceux des couches ①, ② et ③ rejoignent l'anode conductrice. Cette circulation d'électrons génère un **courant électrique**.

■ Plus le nombre de photons est grand, plus l'intensité du courant est grande.

II Optimiser la puissance des cellules photovoltaïques

■ Pour connaître la puissance électrique maximale d'une cellule photovoltaïque, on la relie à un **rhéostat** et on l'éclaire avec une lampe. On fait ensuite varier la résistance du rhéostat, tout en relevant l'intensité du courant et la tension aux bornes de la cellule.

> **MOT CLÉ**
> Un **rhéostat** est une résistance qui permet de faire varier l'intensité dans un circuit électrique.

■ Il faut ensuite tracer la caractéristique intensité-tension (doc. 2).
Cette courbe représente l'évolution de la tension aux bornes d'un dipôle (ici, la cellule) en fonction de l'intensité du courant qui le traverse.

Doc 2 Caractéristique intensité-tension, Courbe I = f(U)

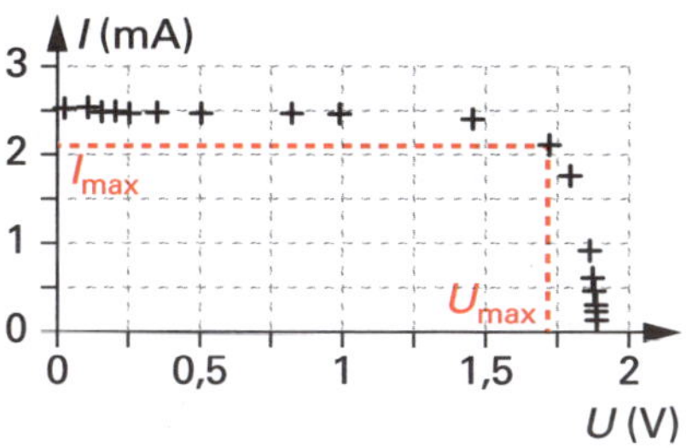

Doc 3 Puissance électrique d'une cellule, Courbe P = f(U)

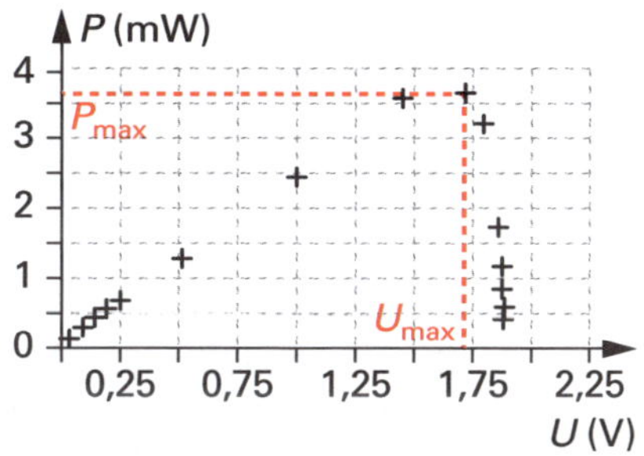

■ Pour obtenir la courbe du doc. 3, représentant la puissance électrique d'une cellule, on utilise la caractéristique intensité-tension et on met en ordonnée la puissance, calculée en appliquant la relation $P = U \times I$.

Cette courbe fait apparaître une puissance électrique maximale P_{max} délivrée par la cellule pour une valeur de tension U_{max}. Grâce à la courbe du doc. 2, on en déduit la valeur I_{max} du courant. Puis, on applique la loi d'Ohm $U = R \times I$, pour en déduire la valeur de la résistance qui maximise la puissance.

zoom

Des centrales solaires flottantes

Sur l'eau, le taux d'ensoleillement est maximal. En Chine, plus de 120 000 panneaux photovoltaïques ont été installés à Huainan sur un lac artificiel (anciennement une mine de charbon) et alimentent annuellement 15 000 foyers.

UNE PRODUCTION D'ÉLECTRICITÉ

De l'énergie mécanique à l'énergie électrique

L'induction électromagnétique

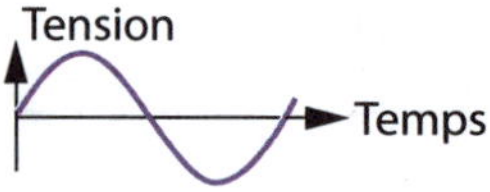

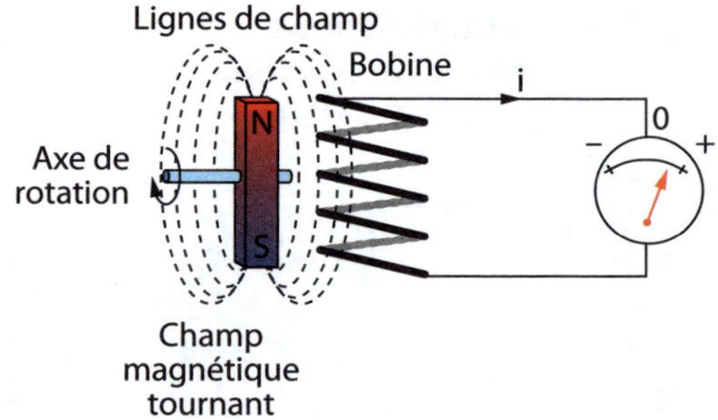

Un courant induit alternatif apparaît lorsqu'un aimant est en mouvement (va-et-vient ou rotation) près ou dans une bobine.

L'alternateur

- Schéma d'un alternateur de voiture :

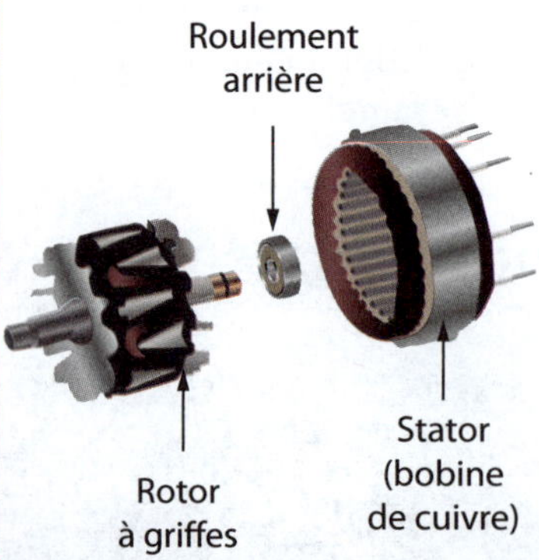

- Le rendement d'un alternateur est très proche de 1.

Calcul du rendement :

$$\eta = \frac{\text{énergie utile}}{\text{énergie reçue}} = \frac{\text{énergie électrique}}{\text{énergie mécanique}}$$

DE PLUS EN PLUS PROPRE

De l'énergie solaire à l'énergie électrique

Les semi-conducteurs

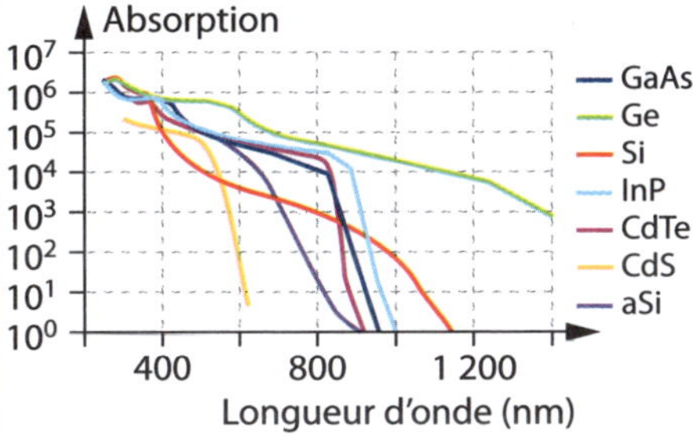

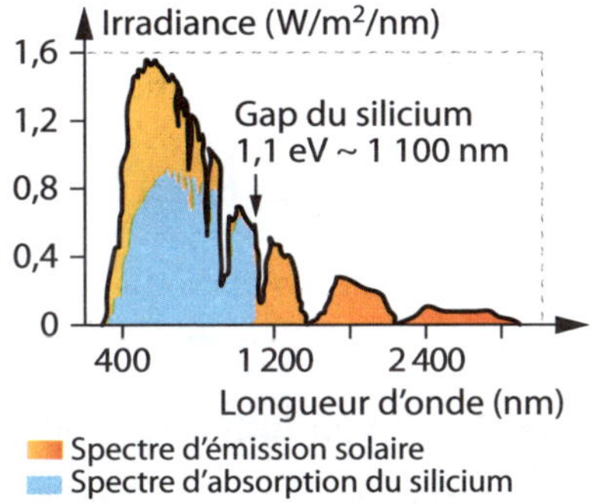

Les principaux semi-conducteurs absorbent des longueurs d'ondes inférieures à 1 200 nm.

Le silicium est adapté à la conception de panneaux photovoltaïques puisqu'il absorbe les rayonnements du Soleil.

La cellule photovoltaïque

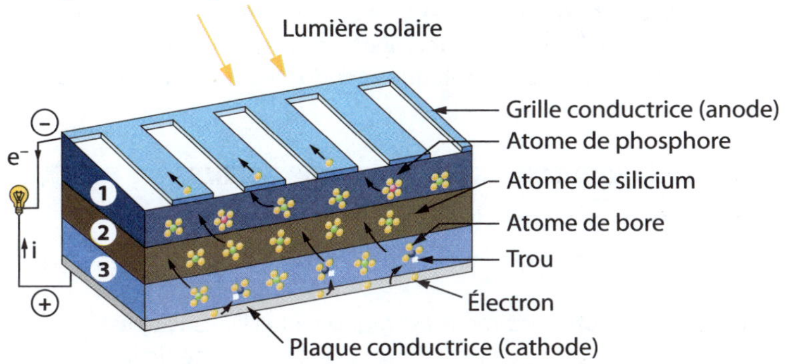

SE TESTER QUIZ

Vérifiez que vous avez bien compris les points clés des **fiches 15 à 17**.

1 Les alternateurs, fournisseurs d'électricité

→ FICHE 15

1. Concernant l'alternateur de vélo (photo et dessin ci-contre), quelles sont les affirmations exactes ?

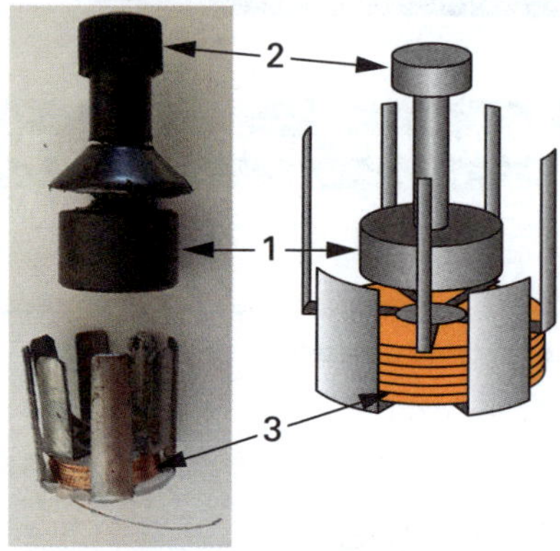

☒ **a.** Le 1 est un aimant.
☐ **b.** Le 1 est le stator.
☒ **c.** Le 2 est la roulette liée au rotor.
☒ **d.** Le 3 est le stator.
☒ **e.** Le 3 est une bobine en cuivre.
☐ **f.** Si le vélo ne roule pas, la lampe reliée à l'alternateur brille.

2. Quelles sont les caractéristiques d'un alternateur ?

☒ **a.** Son rendement est plutôt élevé.
☒ **b.** Son rendement n'est pas de 100 %, car il y a, entre autres, des pertes par effet Joule dans le fil de cuivre.
☐ **c.** Il délivre un courant continu.

2 Les semi-conducteurs et le silicium

→ FICHE 16

1. Que peut-on dire des semi-conducteurs utilisés dans les cellules photovoltaïques ?

☒ **a.** Les électrons peuvent devenir libres et franchir le gap.
☐ **b.** Ils laissent passer le courant sans avoir à être excités.
☒ **c.** Ils absorbent toutes les radiations émises par le Soleil.

2. Que peut-on dire du silicium qui compose les cellules photovoltaïques ?

☒ **a.** Il absorbe les radiations dont l'énergie est suffisante pour passer le gap.
☒ **b.** Il est dopé pour faciliter le déplacement des électrons libres.
☐ **c.** Il fait partie des éléments métalliques conducteurs de la classification périodique.

3 Le photovoltaïque pour capter l'énergie solaire

→ FICHE 17

Parmi les affirmations suivantes, lesquelles sont vraies ?

☐ **a.** Un panneau photovoltaïque convertit l'énergie chimique en énergie électrique.
☒ **b.** Plus la quantité de photons reçus est grande, plus l'intensité est grande.
☐ **c.** Un panneau photovoltaïque peut fournir de l'électricité de jour comme de nuit.

S'ENTRAÎNER

4 Réviser le cours en 8 questions flash

→ FICHES 15 à 17

1. Comment génère-t-on un courant induit alternatif dans une bobine ?
2. Quel est le type de conversion d'énergie qui s'effectue au sein d'un alternateur ?
3. Quelles sont les deux parties principales d'un alternateur ?
4. Quel phénomène principal peut limiter le rendement d'un alternateur ?
5. Qu'est-ce qu'un semi-conducteur ?
6. Quelle particularité doit posséder un semi-conducteur pour être utilisé dans une cellule photovoltaïque ?
7. Quels types de radiations solaires sont principalement absorbés par les semi-conducteurs ?
8. Quelle type de conversion effectue un panneau photovoltaïque ?

5 L'expérience de Faraday

→ FICHE 15

Doc Expérience d'induction électromagnétique

Expliquer, en quelques lignes, le principe de fonctionnement de ce montage en utilisant les mots : bobine primaire ②, bobine secondaire ①, induit, aimant, alternateur, rotor, stator, courant alternatif, mouvement, champ magnétique.

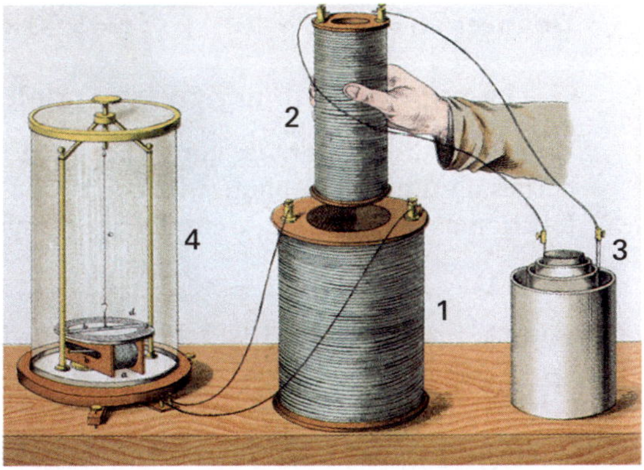

6 Les générateurs de courant

→ FICHE 15 à 17

Complétez le texte avec les mots suivants.

alternateurs • mécanique • photovoltaïques • recherche • lumineuse • générateurs • semi-conducteurs • silicium

Historiquement, le développement technologique s'est associé à la .... scientifique, afin de mettre au point des .... d'électricité de plus en plus performants, tout en veillant à l'impact écologique. C'est ainsi que sont apparus les .... et les panneaux .... qui utilisent respectivement l'énergie .... et l'énergie .... du Soleil. Les panneaux sont constitués de cellules comprenant des éléments .... comme le ....

7 Les semi-conducteurs et le spectre du Soleil

→ FICHE 16

La lumière du Soleil peut être considérée comme une onde électromagnétique transportant de l'énergie. Cette énergie s'exprime en joule.

Elle se calcule avec la relation $E = \frac{h \times c}{\lambda}$,

où λ est la longueur d'onde de chaque radiation, et h (constante de Planck) et c (célérité de la lumière) sont des constantes.

Les longueurs d'onde du spectre du Soleil vont approximativement de 200 nm à plus de 3 000 nm.

Un semi-conducteur comme le silicium est capable d'absorber des radiations de longueurs d'onde allant d'environ 300 à 1 200 nm.

Le gap du silicium est : $\Delta E = 1{,}12$ eV.

1. Rappeler à quoi correspond le gap pour un semi-conducteur.

2. À quelle longueur d'onde correspond le gap du silicium ?

3. En déduire ce qui fait du silicium un matériau pertinent pour fabriquer des cellules photovoltaïques.

4. Quel type de radiation est absorbé par le silicium (UV, visible ou IR) ?

Données : $h = 6{,}626 \times 10^{-34}$ J·s ; $c = 3{,}00 \times 10^{8}$ m·s^{-1} ; 1 eV $= 1{,}60 \times 10^{-19}$ J

8 La puissance d'un panneau photovoltaïque

→ FICHE 17

Un élève réalise le montage qui lui permet de mesurer les valeurs de la tension aux bornes d'un panneau photovoltaïque et de l'intensité délivrée par ce panneau en fonction de la résistance du circuit. Il regroupe ses résultats dans le tableau suivant.

I (mA)	47,6	47,1	46,2	42,6	37,3	13,7	8,3	1,44	0,46
U (V)	0,44	0,91	1,35	1,68	1,85	2,00	2,07	2,09	2,09
P (mW)	......	......	......	......	......	......	......	......	......

1. Sur un premier graphique, tracer la courbe intensité-tension $I = f(U)$ caractéristique de cette cellule.

2. La puissance délivrée par ce panneau est donnée par la relation $P = U \times I$. Calculer cette puissance et compléter la dernière ligne du tableau.

3. Sur un autre graphique, tracer la courbe de la puissance en fonction de la tension $P = f(U)$.

4. Déterminer graphiquement la puissance maximale délivrée par le panneau et la valeur de la tension correspondante, notée U_{max}.

5. À partir du premier graphique, déterminer la valeur de l'intensité correspondante, notée I_{max}. Puis, grâce à la loi d'Ohm, et en faisant attention aux unités, en déduire la résistance R du circuit qui optimise la puissance de la cellule photovoltaïque.

On rappelle que la loi d'Ohm aux bornes d'un conducteur ohmique est donnée par la relation $U = R \times I$, où U est en volt, I en ampère et R en ohm.

OBJECTIF BAC

9 L'autonomie électrique d'une maison passive

60 min

Cet exercice montre l'intérêt des panneaux photovoltaïques pour rendre une maison autonome. Il permet d'analyser des textes, des graphiques et de porter un regard critique sur un résultat.

LE SUJET

Les panneaux solaires constituent une source d'énergie renouvelable. Dans une maison passive, ils sont censés assurer l'autonomie énergétique de la maison.

Une maison passive dont la toiture a une surface de 100 m^2 est en construction à Brest. Ses besoins énergétiques sont évalués à 8 000 kWh par an.

Doc 1 Ensoleillement annuel en France

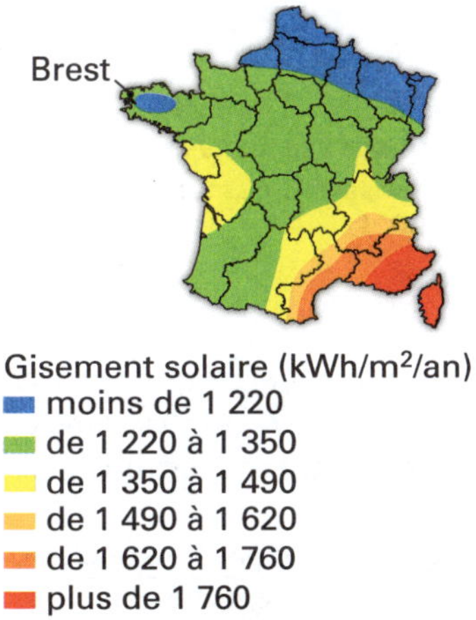

Doc 2 Panneau photovoltaïque de 12 m^2 soumis à différents éclairements

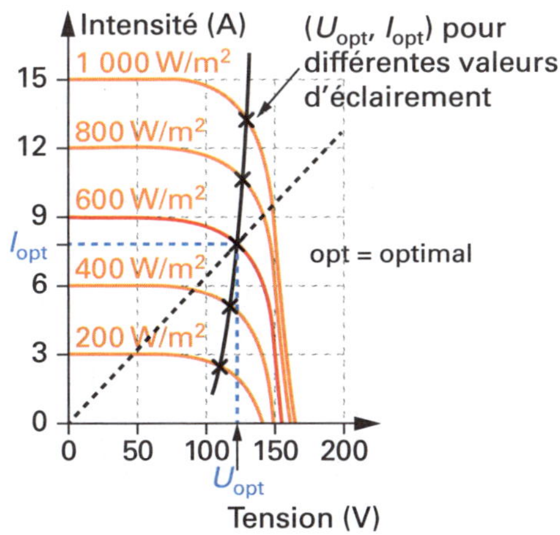

Doc 3 Données météorologiques à Brest (valeurs annuelles)

Températures minimale et maximale	Hauteur de précipitations	Nombre de jours de précipitations	Durée d'ensoleillement
8,3 °C et 14,8 °C	1 210 mm	159 j	1 460 h

1. a. Déterminer la puissance électrique optimale (opt) d'un panneau de 12 m^2 pour une puissance lumineuse surfacique reçue de 600 W/m^2.

b. Montrer que le rendement η de ce panneau photovoltaïque est de 13 %.

2. a. Sachant que la puissance est donnée par la formule $P = \frac{E}{\Delta t}$, évaluer, à l'aide du doc. 1, la puissance lumineuse surfacique reçue annuellement à Brest, en W/m^2.
b. Montrer que le rendement est également de 13 %.

3. a. En tenant compte du rendement η, déterminer l'énergie électrique produite par un panneau photovoltaïque par an et par m^2.
b. La surface de la toiture est-elle suffisante pour alimenter la maison en énergie ?
c. Porter un regard critique sur ce résultat.

4. Trois régions se partagent les deux tiers de la production nationale en 2017. Il s'agit de la Nouvelle Aquitaine (2 473 GWh), de l'Occitanie (2 082 GWh), et de la Provence-Alpes-Côte-d'Azur (1 528 GWh). Cela paraît-il cohérent ?

▶▶▶ LA FEUILLE DE ROUTE

1. a. Établir l'échelle des axes
Référez-vous au document 2 pour noter les valeurs de I_{opt} et U_{opt} qui correspondent à la courbe 600 W/m^2, puis rappelez-vous que la puissance électrique est donnée par la relation $P = U \times I$.

CONSEIL
Pour déterminer avec exactitude une valeur sur un graphique qui ne possède pas d'échelle précise, vous devez vous appuyer sur la plus grande valeur mesurée.

Pour l'intensité, en ordonnées :	Pour la tension, en abscisses :
3,8 cm → 15 A	3,0 cm → 200 V
2,0 cm → I_{opt}	1,8 cm → U_{opt}

b. Connaître la définition d'un rendement
Faites attention aux unités et ne confondez pas la puissance, qui s'exprime en W, et la puissance par unité de surface (ou puissance surfacique), qui s'exprime en W/m^2. Vous devez transformer en puissance l'ensoleillement, qui est une puissance surfacique.

Ici le rendement est donné par $\eta = \frac{\text{Puissance électrique fournie par le panneau}}{\text{Puissance lumineuse reçue}}$

2. a. Analyser un graphique, un tableau et utiliser une formule mathématique
Brest se trouve dans la zone 1 220 à 1 350 $kWh/m^2/an$. Pour faire les calculs, faites une moyenne de ces deux valeurs. Faites attention aux unités.

b. Savoir faire des approximations
La valeur de la puissance trouvée dans la question précédente ne se retrouve pas sur le graphique mais elle est proche d'une courbe présente sur le graphique. Vous pouvez donc vous appuyer sur cette courbe pour faire des calculs approximatifs.

3. a. Utiliser la formule du rendement
À partir de la formule du rendement, trouvez l'énergie électrique que peut fournir le panneau à partir de l'ensoleillement utilisé à la question **2. a.**

b. Analyser un texte
La surface du toit est donnée, mais on peut supposer que le toit a deux pentes. Calculez la surface du toit utile pour savoir combien de panneaux solaires peuvent être installés. Déduisez-en ensuite l'énergie produite par tous les panneaux.

c. Avoir un regard critique sur l'énoncé et les résultats
Réfléchissez à tout ce qui peut, dans l'énoncé et dans la réalité, modifier les données et les résultats obtenus. Pensez aux approximations et à leur impact réel.

4. Analyser un document
Les trois régions citées dans la question forment globalement le sud de la France, ce qui correspond à un ensoleillement plus important que dans le nord.
Appuyez-vous sur ce constat pour répondre.

CORRIGÉS

SE TESTER QUIZ

1 Les alternateurs, fournisseurs d'électricité

1. Réponses a, c, d et e.
L'affirmation b est fausse car le 1 correspond au rotor (partie qui tourne).
L'affirmation f est fausse car si le vélo ne roule pas, l'aimant ne tourne pas, le champ magnétique n'est donc pas variable et ne génère pas de courant induit.

2. Réponses a et b.
L'affirmation c est fausse : le courant induit généré par un alternateur est alternatif.

2 Les semi-conducteurs et le silicium

1. Réponse a.
L'affirmation b est fausse car il est nécessaire de fournir de l'énergie à un semi-conducteur pour que le gap soit franchi et que le courant circule. L'affirmation c est fausse car les semi-conducteurs n'absorbent que les radiations émises par le Soleil dans le visible et le proche infrarouge, et non pas celles émises dans l'ultraviolet et l'infrarouge.

2. Réponse a et b.
L'affirmation c est fausse car le silicium est un semi-conducteur.

3 Le photovoltaïque pour capter l'énergie solaire

Réponse b.
L'affirmation a est fausse car le panneau convertit l'énergie lumineuse en énergie électrique. L'affirmation c est fausse, car si la cellule ne reçoit pas d'énergie lumineuse, la nuit notamment, le panneau ne peut pas générer de courant.

S'ENTRAÎNER

4 Réviser le cours en 8 questions flash

1. On génère un courant induit alternatif dans une bobine **en approchant et en éloignant un aimant** de cette **bobine** ou en le faisant tourner.

2. Un alternateur transforme de l'**énergie mécanique en énergie électrique**.

3. Les deux parties principales de l'alternateur sont le **stator** (partie fixe) et le **rotor** (partie qui tourne).

4. Les **frottements** et donc l'**effet Joule** diminuent le rendement de l'alternateur.

5. Un semi-conducteur est un matériau qui **devient conducteur** lorsqu'on lui **apporte de l'énergie**, sous la forme d'énergie lumineuse par exemple.

6. Pour être utilisé dans une cellule photovoltaïque, il faut que le semi-conducteur **absorbe les radiations émises par le Soleil**.

7. Ce sont principalement les **radiations du visible** et du **proche infrarouge** qui sont absorbées par les semi-conducteurs.

8. Un panneau photovoltaïque transforme de l'**énergie lumineuse en énergie électrique**.

5 L'expérience de Faraday

Un courant électrique circule dans le circuit primaire et transforme la bobine primaire en source de **champ magnétique** (**aimant**). Lorsque l'on met cette bobine en **mouvement** dans la bobine secondaire, le champ magnétique vu par cette bobine varie. Cela crée, dans celle-ci, un courant **induit**. Un mouvement de va-et-vient crée donc un **courant alternatif**, ce qui est le principe d'un **alternateur**. La bobine secondaire constitue le **stator**, et la bobine primaire, si elle était en rotation, serait qualifiée de **rotor**.

6 Les générateurs de courant

Historiquement, le développement technologique s'est associé à la **recherche** scientifique, afin de mettre au point des **générateurs** d'électricité de plus en plus performants, tout en veillant à l'impact écologique. C'est ainsi que sont apparus les **alternateurs** et les panneaux **photovoltaïques** qui utilisent respectivement l'énergie **mécanique** et l'énergie **lumineuse** du Soleil. Les panneaux sont constitués de cellules comprenant des éléments **semi-conducteurs** comme le **silicium**.

7 Les semi-conducteurs et le spectre du Soleil

1. Le gap est la **bande énergétique interdite** qui sépare la bande de conduction de la bande de valence.

2. D'après la formule $E = \frac{h \times c}{\lambda}$, on en déduit que $\lambda = \frac{h \times c}{E}$.

$\lambda = \frac{6{,}626 \times 10^{-34} \times 3{,}00 \times 10^{8}}{1{,}12 \times 1{,}60 \times 10^{-19}} = 1{,}109 \times 10^{-6}$ m = **1 109 nm**.

Attention E est en eV et pas en joule, il faut donc faire la conversion.

3. La longueur d'onde 1 109 nm appartient à la plage de longueur d'onde du spectre d'émission du Soleil (200 nm à 3 000 nm), ce qui signifie que la **lumière solaire** permet aux électrons de **franchir le gap** et au silicium de **conduire l'électricité**. L'emploi du silicium est donc judicieux.

4. $\lambda > 800$ nm, c'est donc une radiation correspondant à l'**infrarouge**.

8 La puissance d'un panneau photovoltaïque

1. Courbe $I = f(U)$

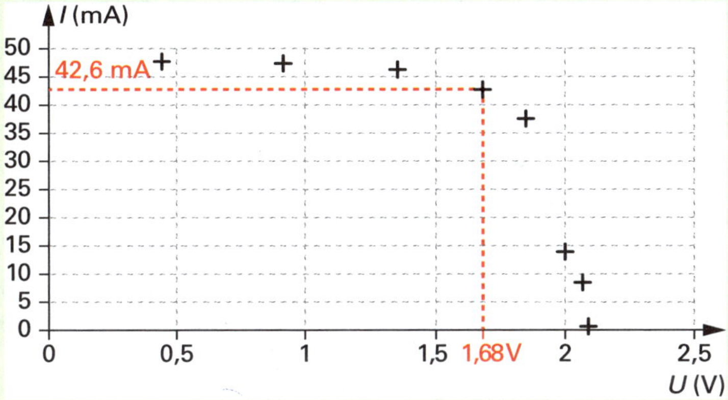

2.

***I* (mA)**	47,6	47,1	46,2	42,6	37,3	13,7	8,3	1,44	0,46
***U* (V)**	0,44	0,91	1,35	1,68	1,85	2,00	2,07	2,09	2,09
***P* (mW)**	20,9	42,9	62,4	71,6	69,0	27,4	17,2	3,01	0,96

3. Courbe $P = f(U)$

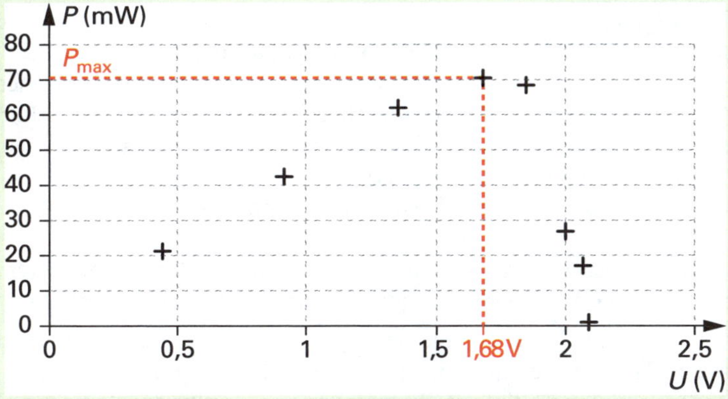

4. D'après ce graphe on voit que P_{max} est obtenu pour $U_{max} = 1{,}68$ V.

5. On reporte cette valeur dans le premier graphique et l'on voit que $I_{max} = 42{,}6$ mA.

D'après la loi d'Ohm on peut déterminer $R = \frac{U_{max}}{I_{max}} = \frac{1{,}68}{42{,}6 \times 10^{-3}} = 39{,}4\ \Omega$

OBJECTIF BAC

9 L'autonomie électrique d'une maison passive

1. a. Sur le graphe du doc. 2, on lit que 3,8 cm correspondent à 15 A sur l'axe des ordonnées, et que 3,0 cm correspondent à 200 V sur l'axe des abscisses.
Ainsi, en utilisant les deux échelles :
$I_{opt} = \dfrac{15 \times 2{,}0}{3{,}8} = 7{,}9$ A et $U_{opt} = \dfrac{200 \times 1{,}8}{3{,}0} = 120$ V.
Donc : $P_{opt} = U_{opt} \times I_{opt} = 7{,}9 \times 120 =$ **948 W**.

b. Le rendement du panneau est le **rapport des deux puissances** :
$$\eta = \frac{\text{Puissance électrique fournie par le panneau}}{\text{Puissance lumineuse reçue}} = \frac{948}{600 \times 12} = 13\ \%.$$

2. a. Pour Brest, on a un **ensoleillement moyen** de $\dfrac{1\,220 + 1\,350}{2} = 1\,285$ kWh/m^2.
À Brest la durée d'ensoleillement est de $\Delta t = 1\,460$ h,
donc $P = \dfrac{1\,285}{1\,460} = 0{,}880$ kW/m^2 = **880 W/m^2**.

b. La valeur de 880 W/m^2 n'est pas sur le graphique. On prend donc la courbe la plus proche, qui correspond à celle de 800, et l'on effectue les mêmes calculs qu'au **1. a.**
Donc $I_{opt} = \dfrac{15 \times 2{,}7}{3{,}8} = 11$ A et $U_{opt} = \dfrac{200 \times 1{,}9}{3{,}0} = 127$ V
Donc $P_{opt} = 11 \times 127 = 1\,397$ W
Le rendement est le rapport des deux puissances :
$$\eta = \frac{\text{Puissance électrique fournie par le panneau}}{\text{Puissance lumineuse reçue}} = \frac{1\,397}{880 \times 12} = 13\ \%.$$
On retrouve donc le **même rendement qu'à la question précédente**.

3. a. En tenant compte du rendement précédent, on a :
$$\eta = \frac{\text{Énergie électrique}}{\text{Ensoleillement}}$$
Donc $E_{électrique} = 0{,}13 \times 1\,285 =$ **167 kWh/m^2 et par an.**

b. En supposant que la **moitié de la toiture** est **exposée au sud**, la surface disponible est de 50 m^2. Comme un panneau fait 12 m^2, la toiture peut accueillir **4 panneaux**, soit une surface de 48 m^2. L'énergie produite par ces 4 panneaux sera donc :
$E_{électrique} = 167 \times 48 =$ **8 016 kWh par an.**
Cette valeur est **supérieure aux besoins de la maison passive** qui sont évalués à 8 000 kWh par an.

c. Ce résultat est très approximatif car il est issu de nombreuses **hypothèses** concernant notamment l'**ensoleillement** (valeur, jours, etc.) ou l'**orientation du toit.**

4. Il est cohérent que les deux-tiers de la production d'énergie photovoltaïque se trouvent dans la Nouvelle Aquitaine, l'Occitanie et la Provence-Alpes-Côte-d'Azur, car d'après le document 1, il s'agit des **trois régions les plus ensoleillées de France.**

6 Les atouts de l'électricité

Les **cellules à colorant photosensible** de Grätzel de la façade du Swiss Tech Convention Center : ces formes émergentes de **cellules photovoltaïques**, encore confidentielles, représentent l'avenir de l'électricité.

18 La production d'électricité sans combustion

En bref *La forte demande mondiale en électricité et les enjeux climatiques poussent nos sociétés vers des modes de production bas-carbone, sans combustion.*

I L'électricité, une forme d'énergie privilégiée

■ Contrairement au charbon, au pétrole ou à l'uranium, l'électricité n'est pas une source d'**énergie primaire**. Il s'agit d'une énergie secondaire utilisée comme vecteur énergétique, qui permet l'acheminement facile et efficace d'énergie d'un endroit à un autre, même sur des milliers de kilomètres.

> **MOT CLÉ**
> Une **énergie primaire** est disponible à l'état brut dans la nature.

■ L'énergie électrique est obtenue à partir de la conversion d'une énergie primaire mécanique (force de l'eau des rivières, des marées ou du vent), chimique (contenue dans les combustibles fossiles, dans la biomasse, etc.), nucléaire, solaire ou géothermique (chaleur du sol ou du sous-sol terrestre).

■ En passant de l'énergie primaire à l'énergie finale (consommation finale), l'énergie suit une série de transformations et de transports : la chaîne énergétique.

■ L'électricité représente près de 20 % de l'énergie finale mondiale. Elle est convertie dans les appareils électriques en d'autres formes d'énergie pour satisfaire les besoins élémentaires de nos sociétés : mettre en mouvement, chauffer, éclairer, transmettre une information, etc.

II Trois méthodes de production bas-carbone

1 La conversion d'énergie mécanique

■ Dans les centrales thermiques, hydroélectriques, marémotrices et dans les éoliennes, l'énergie cinétique de rotation produite par la turbine (ou les pales pour l'éolienne) est convertie en énergie électrique par l'alternateur → FICHE 15.

■ L'**énergie mécanique** utilisée par la turbine est issue d'une conversion directe si la centrale utilise une énergie primaire mécanique. Dans une centrale hydroélectrique, par exemple, l'énergie potentielle de l'eau stockée dans le barrage est convertie en énergie cinétique *via* la chute d'eau avant d'entraîner la turbine.

> **MOT CLÉ**
> L'**énergie mécanique** d'un système est emmagasinée sous forme cinétique et/ou potentielle.

■ L'énergie mécanique utilisée par la turbine est issue d'une conversion indirecte (doc. p 109) si la centrale suit une chaîne de transformations utilisant une conversion « chaleur-mouvement ». À l'instar d'une centrale thermique où de la chaleur est produite puis transmise à un fluide caloporteur qui entraîne la turbine.

Doc **La conversion indirecte dans une centrale nucléaire**

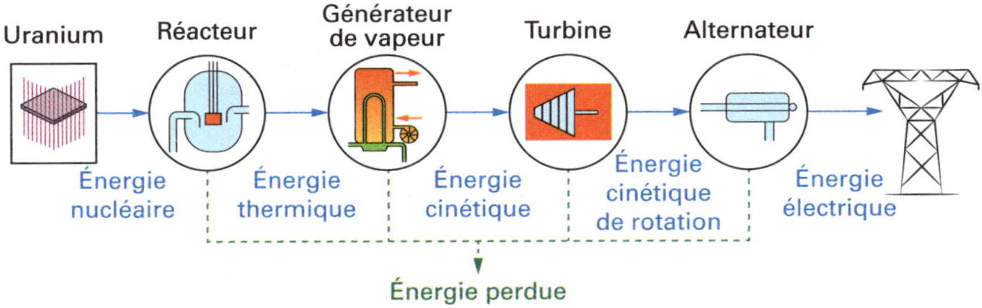

2 La conversion d'énergie radiative solaire

■ Les panneaux photovoltaïques captent l'**énergie radiative** du Soleil et la convertissent en **courant électrique continu**. Un **onduleur** permet ensuite de transformer l'électricité obtenue en courant alternatif compatible avec le réseau.

■ Chaque panneau est un assemblage de cellules photovoltaïques → FICHE 17 utilisant différentes technologies basées à 90 % sur le silicium cristallin et à 10 % sur les couches minces.

3 La conversion électrochimique

■ Les dispositifs électrochimiques (accumulateurs et piles à hydrogène) sont des **convertisseurs** clés dans le domaine du petit appareil portatif (téléphone portable, appareil photo, etc.), du transport automobile ou du stockage de l'énergie.

■ Ces dispositifs transforment l'énergie chimique en énergie électrique ou inversement pour le stockage d'énergie électrique → FICHE 20.

zoOm

La prochaine génération de voitures « propres »

Les véhicules à pile à combustible sont propulsés par de l'électricité produite à partir d'hydrogène et d'oxygène et ne rejettent que de l'eau.

12 000 véhicules de ce type circulent dans le monde, notamment aux États-Unis, au Japon, en Corée et en Allemagne. Il pourrait y en avoir des millions à l'horizon 2030.

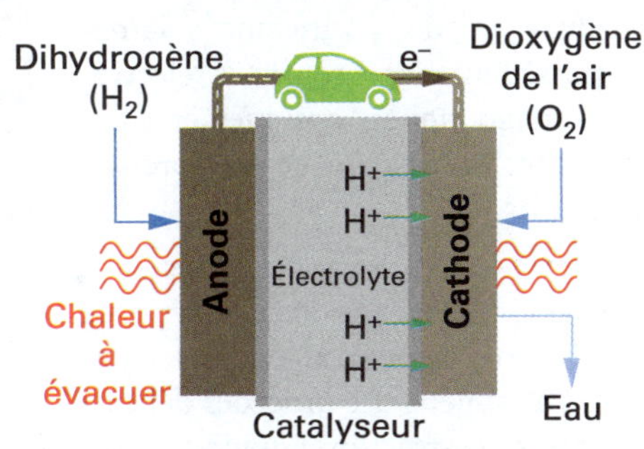

19 La face cachée de l'électricité bas-carbone

En bref *Les besoins en matières premières des secteurs-clés de la transition énergétique (l'éolien, le solaire, le stockage de l'énergie) ne cessent d'augmenter ; cela n'est pas sans conséquences sur l'environnement.*

I Les besoins en matières premières

■ La tour et la nacelle d'une **éolienne** nécessitent de l'acier pour supporter le dispositif qui convertit l'énergie du vent en électricité.

Cette électricité est induite par un champ magnétique, lui-même généré par des **aimants** permanents et puissants – riches en **terres rares** – ou par des aimants classiques et des bobinages en cuivre.

■ Un panneau photovoltaïque est composé de **cellules semi-conductrices** → FICHE 16, la plupart du temps en **silicium**, enveloppées dans une double couche protectrice de polymère. L'ensemble est rendu rigide par des plaques de verre entourées, le plus souvent, d'un cadre en aluminium.

Certaines cellules sont fabriquées selon d'autres technologies : c'est le cas des cellules à couches minces → FICHE 18 dites CdTe ou GIGS. Elles utilisent des composés à base de terres rares, comme le tellure, le cadmium ou encore le gallium, l'indium et le sélénium.

II Les conséquences de l'exploitation des gisements

1 Les terres rares, une exploitation stratégique mais polluante

■ Les **terres rares** sont des éléments stratégiques aussi bien pour la fabrication de puces électroniques que pour celle d'éoliennes, de certains moteurs électriques et de panneaux solaires. Elles possèdent des propriétés électroniques, magnétiques, optiques et catalytiques très utiles pour de nombreuses applications.

■ Les terres rares sont présentes sous forme agglomérée dans certains types de minerais. Pour les **extraire** et les **séparer**, on fait appel à des procédés délicats et complexes (extraction liquide-liquide, résines échangeuses d'ions, etc.).

Doc Mine de terres rares (Chine)

Ces procédés sont énergivores et notoirement polluants : rejets d'acides, de bases, de solvants, de métaux lourds ou d'éléments radioactifs.

■ En 2018, la Chine a produit 70 % des terres rares mondiales (soit 120 000 tonnes). Dans ce pays, les normes environnementales ne sont actuellement pas aussi strictes que dans les pays occidentaux.

2 Le silicium, une purification coûteuse pour l'environnement

■ 90 % des cellules photovoltaïques utilisent le silicium comme semi-conducteur. Pour obtenir du silicium de qualité « solaire », de nombreuses étapes sont nécessaires depuis son extraction dans des gisements de silice de haute pureté (souvent issus du quartz) jusqu'à sa purification extrêmement poussée (à 99,9999 %).

■ Au-delà de l'aspect visuel, l'exploitation des carrières de silice engendre des impacts environnementaux sur :
– la qualité de l'eau (contamination des nappes souterraines et des eaux superficielles, modification des écoulements, etc.) ;
– le sol et la végétation (effondrement et érosion, atteintes aux zones boisées et à la biodiversité, etc.) ;
– la qualité de l'air (impact sanitaire dû à l'exposition aux poussières, etc.).

■ Une fois extrait, le silicium doit être raffiné par voies métallurgique et/ou chimique. Le traitement industriel du silicium est un grand consommateur de produits chimiques souvent toxiques, d'eau et d'énergie ; il engendre également une quantité importante de déchets de fabrication.

Par exemple, dans la « Silicon Valley », berceau de la production de semi-conducteurs à la fin du XXe siècle, des effluents toxiques ont été régulièrement rejetés dans l'environnement, polluant gravement les nappes phréatiques.

zoom

Un gisement de terres rares pour l'avenir

Seuls les métaux majeurs (fer, cuivre, etc.) et les métaux précieux (or, argent, etc.) sont récupérés, en fin de vie, sur les produits qui en contiennent.

La majorité des terres rares ne sont pas ou sont peu recyclées pour le moment (taux < 1 %), car les quantités récupérées sont très faibles et les traitements coûteux.

20 Le stockage de l'électricité

En bref *Les politiques environnementales actuelles donnent la priorité aux ressources renouvelables intermittentes et amènent les technologies à évoluer pour rendre l'électricité stockable.*

I La nécessité du stockage de l'électricité

■ Le stockage de l'énergie électrique représente une composante essentielle de la transition énergétique, car il permet d'ajuster au mieux la production électrique à la consommation tout en limitant les pertes. Il se révèle nécessaire pour bien intégrer dans le mix énergétique les énergies renouvelables – notamment éoliennes et solaires –, car elles sont, par nature, intermittentes et fluctuantes.

■ De plus, le développement des équipements portatifs (téléphone, ordinateur, perceuse-visseuse sans fil, etc.) et des véhicules hybrides ou électriques nécessite des formes de stockage performantes et peu volumineuses.

II Une électricité, trois formes de stockage

1 Les accumulateurs et l'énergie chimique

■ Un accumulateur est un système qui transforme de manière réversible l'énergie chimique en énergie électrique à partir de réactions d'oxydoréduction.
En mode « accumulateur » (la charge), l'énergie est stockée sous forme chimique.
En mode « générateur » (la décharge), l'énergie est restituée sous forme électrique.

■ L'accumulateur lithium-ion représente une bonne solution pour alimenter en électricité les appareils nomades et les véhicules électriques.

Cet accumulateur libère de l'électricité par échange réversible d'ions lithium entre deux électrodes, en graphite et en oxyde métallique. Cet échange se fait à travers un électrolyte.

Doc 1 Accumulateur lithium-ion

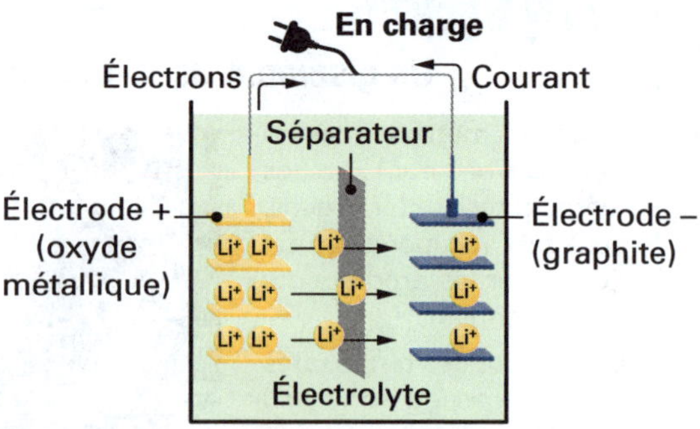

2 Les barrages et l'énergie potentielle

■ Lorsque la production d'énergie électrique est excédentaire, la principale solution consiste à stocker le surplus sous forme d'**énergie potentielle** de l'eau.

À NOTER
Stockée au niveau du barrage, l'**énergie potentielle** de l'eau est transformée en énergie cinétique par la conduite forcée de la centrale hydroélectrique.

■ Elle est mise en œuvre dans des centrales hydroélectriques réversibles ou stations de transfert d'énergie par pompage (STEP). Ces installations sont composées de deux bassins situés à des altitudes différentes : elles permettent de stocker de l'énergie, en pompant l'eau du bassin inférieur vers le bassin supérieur, lorsque la demande électrique est faible ; elles la restituent au réseau électrique, en turbinant l'eau du bassin supérieur, lorsque la demande devient plus forte.

Doc 2 Fonctionnement d'une STEP

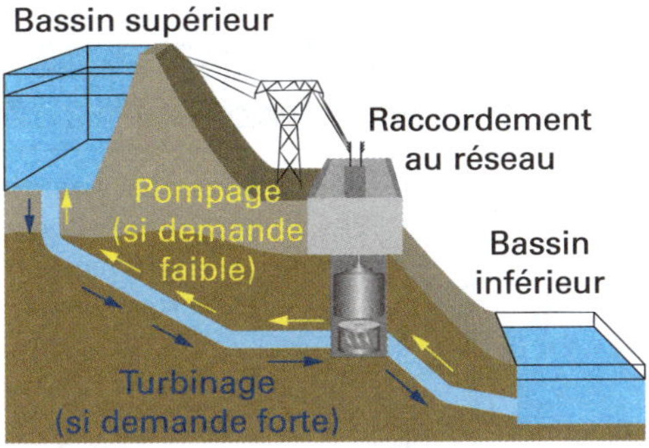

■ Pour produire 1 MWh d'électricité, une STEP consomme près de 1,25 MWh pour pomper l'eau au préalable. Le rendement de cette installation est donc voisin de 80 % : η = Électrique produite/Électricité consommée = 1/1,25 = 0,8.

3 | Les supercondensateurs et l'énergie électromagnétique

■ Certains dispositifs permettent de stocker directement de l'énergie sous forme électrique : il s'agit principalement des supercondensateurs. On peut notamment les trouver dans les systèmes stop & start de certains véhicules.

■ D'autres pistes d'avenir se destinent au stockage de grandes quantités d'énergie à l'instar du stockage électromagnétique à base de matériaux supraconducteurs.

zoOm

La centrale hydro-éolienne d'El Hierro

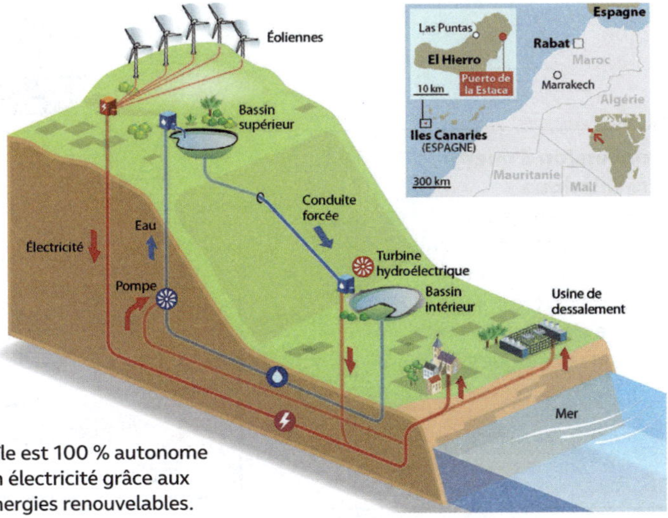

L'île est 100 % autonome en électricité grâce aux énergies renouvelables.

Les dispositifs pour obtenir de l'électricité

Par conversion d'énergie mécanique

Le groupe **turbine-alternateur** convertit une énergie mécanique en énergie électrique de manière directe (éoliennes) ou indirectes (centrales thermiques).

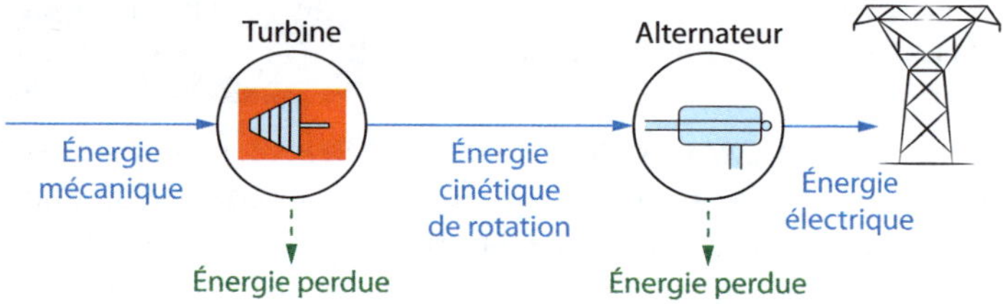

Par conversion d'énergie radiative solaire

Les panneaux photovoltaïques, constitués de **semi-conducteurs**, convertissent les radiations solaires en électricité.

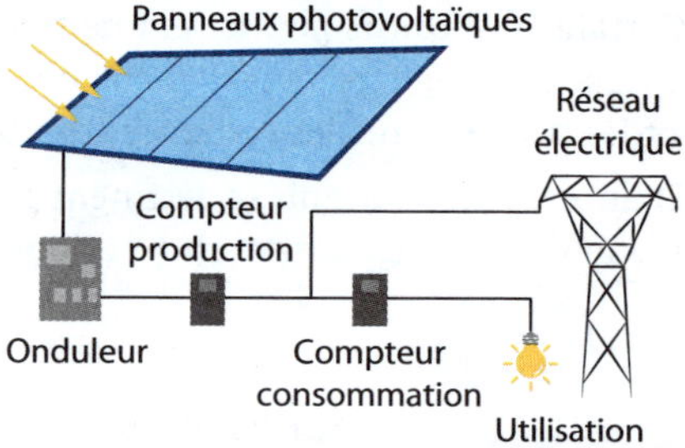

L'ÉLECTRICITÉ,

Par conversion d'énergie électrochimique

Un **accumulateur** (appelé aussi batterie) est un système qui transforme de manière réversible l'énergie chimique en énergie électrique à partir de réactions chimiques.

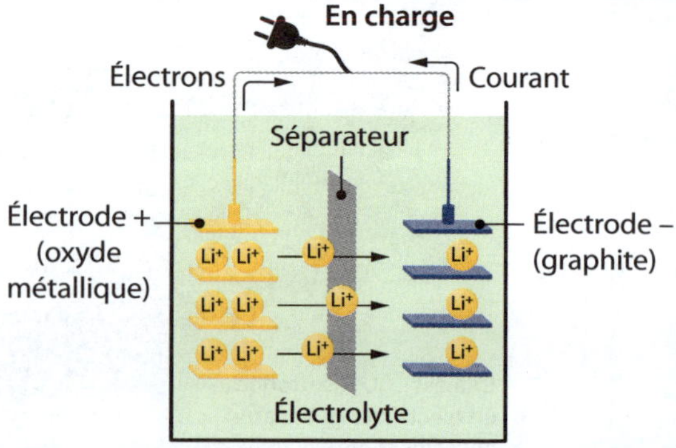

Les dispositifs de stockage

La nécessité du stockage

Dans un contexte de réchauffement climatique, le développement des énergies renouvelables intermittentes et le besoin de mobilité poussent nos sociétés à développer et à optimiser les capacités de stockage de l'électricité.

Les formes de stockage

Elles exploitent :

- l'énergie chimique (accumulateurs) ;
- l'énergie électrique (supercondensateurs) ;
- l'énergie potentielle (comme ci-dessous dans une step offshore).

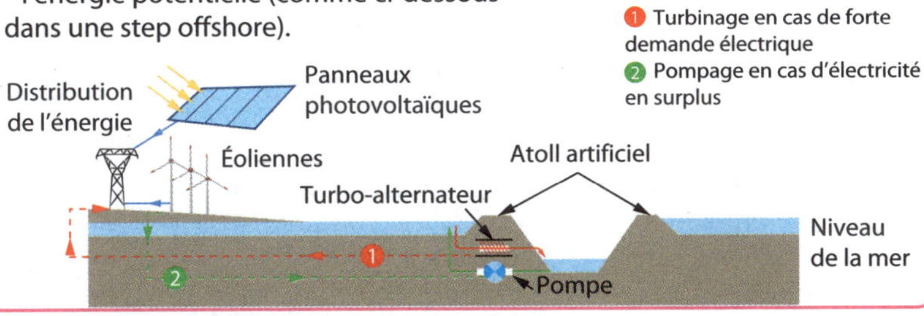

UN VECTEUR INCONTOURNABLE

Les impacts environnementaux de l'électricité « bas-carbone »

L'exploitation de ressources géologiques

L'extraction et le traitement des matières premières (métaux, terres rares, silicium…) utilisées dans les technologies de la transition écologique sont consommateurs de beaucoup d'énergies, d'eau et de produits chimiques toxiques.

Effluents provenant des usines de traitement des terres rares en Mongolie intérieure (Chine)

SE TESTER QUIZ

Vérifiez que vous avez bien compris les points clés des **fiches 18 à 20**.

1 La production d'électricité sans combustion

→ FICHE 18

1. Concernant l'énergie électrique, quelles informations sont correctes ?

☐ **a.** Il s'agit d'une énergie primaire.
☐ **b.** Elle représente un moyen simple et efficace de transporter de l'énergie.
☐ **c.** Elle s'obtient par conversion de différentes sources d'énergie primaire.
☐ **d.** Elle ne peut être obtenue que grâce à un alternateur.

2. Parmi les dispositifs suivants, lesquels produisent de l'électricité en utilisant la conversion d'énergie mécanique ?

☐ **a.** une centrale solaire photovoltaïque
☐ **b.** une centrale marémotrice
☐ **c.** une centrale nucléaire
☐ **d.** une pile à combustible
☐ **e.** une éolienne

2 La face cachée de l'électricité bas-carbone

→ FICHE 19

Quels sont les inconvénients des technologies éolienne et solaire ?

☐ **a.** Elles nécessitent des matières premières très rares.
☐ **b.** Le fonctionnement de ces dispositifs produit du CO_2.
☐ **c.** Les procédés de fabrication génèrent du CO_2, des produits chimiques toxiques pour certains et sont consommateurs de beaucoup d'eau.
☐ **d.** Le recyclage en fin de vie de ces dispositifs n'est pas possible.

3 Le stockage de l'électricité

→ FICHE 20

1. Parmi les affirmations suivantes concernant le stockage de l'énergie, lesquelles sont correctes ?

☐ **a.** Les capacités de stockage de l'électricité sont actuellement assez faibles.
☐ **b.** Les moyens de stockage sont nombreux et leurs capacités sont importantes.
☐ **c.** Le stockage permet l'ajustement entre la production et la consommation électriques.

2. Quels sont les deux moyens de stockage de l'énergie utilisés actuellement dans les voitures électriques ?

☐ **a.** STEP
☐ **b.** pile à hydrogène
☐ **c.** dispositif électromagnétique
☐ **d.** accumulateur lithium-ion

S'ENTRAÎNER

4 Réviser le cours en 8 questions flash

→ FICHES 18 à 20

1. Quelles sont les trois méthodes qui permettent d'obtenir de l'énergie électrique sans recourir à une combustion ?
2. Peut-on produire de l'électricité sans utiliser de turbine et d'alternateur ?
3. Une centrale nucléaire a un rendement de 34 % : qu'est-ce que cela signifie ?
4. Qu'appelle-t-on sources d'énergie intermittentes ? Donner un exemple.
5. Citer une matière première incontournable de la transition énergétique.
6. Pourquoi stocke-t-on l'énergie électrique ?
7. Sous quelles formes peut-on stocker l'énergie électrique ?
8. Qu'est-ce qu'une STEP ?

5 La chaîne énergétique d'une centrale thermique

→ FICHE 18

La chaîne énergétique ci-dessous est celle d'une centrale thermique solaire.

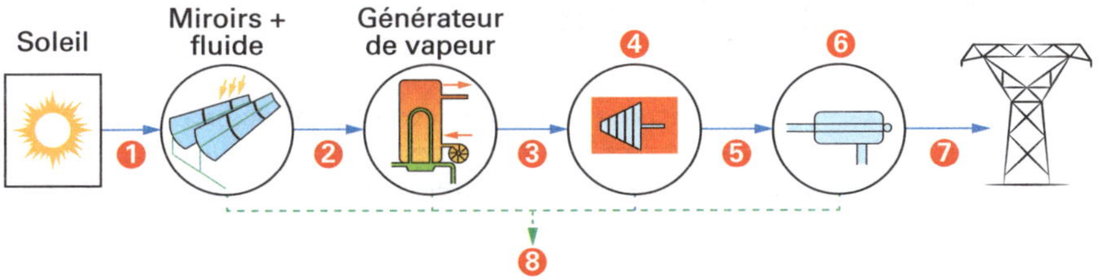

Associer chaque numéro du schéma avec un des mots ou groupe de mots suivants :

Alternateur • Énergie électrique • Énergie cinétique de rotation • Turbine • Énergie perdue • Énergie cinétique • Énergie thermique • Énergie rayonnante.

6 Un parc éolien : de la production au stockage

→ FICHES 18 à 20

1. Quelle est, dans cette situation, la source primaire d'énergie ?
2. Dans une éolienne, quel élément produit l'énergie électrique ?
3. Une éolienne convertit-elle l'énergie mécanique de cette source primaire de manière directe ou bien indirecte ?
4. Décrire la chaîne de transformation énergétique permettant d'obtenir de l'énergie électrique à partir de l'énergie primaire (citée en question 1.).
5. Citer quelques avantages et quelques inconvénients des éoliennes.

À NOTER

L'énergie électrique E produite dépend de la puissance P de l'installation et du temps t de fonctionnement : $E = P \times t$ avec E en wattheure (Wh) ; P en watt (W) et t en heure (h).

Un parc d'une centaine d'éoliennes fournit une puissance moyenne de 60 MW lorsqu'il fonctionne ; il produit une énergie électrique de 230 GWh en une année.

6. Combien d'heures les éoliennes ont-elles fonctionné ?

7. On imagine pouvoir stocker la totalité de la production électrique. Quelle forme de stockage est la plus appropriée ?

8. Une des éoliennes de ce parc reçoit une énergie incidente, issue du vent, de 6,6 GWh en moyenne par an. Déterminer le rendement global de cette éolienne.

7 Vocabulaire

→ FICHE 20

Dans chaque liste de mots, repérer l'intrus et justifier.

1. accumulateur • STEP • alternateur • pile à hydrogène • supercondensateur
2. pompage • réactions d'oxydoréduction • turbinage • STEP • bassins

OBJECTIF BAC

8 Du lithium dans nos batteries

60 min

Au travers de l'exemple de la batterie au lithium, cet exercice doit vous permettre de comprendre le lien entre recherche et innovation technologique ; de percevoir également les conséquences de l'utilisation à grande échelle d'une technologie.

LE SUJET

Le 9 octobre 2019, trois pionniers du développement de la batterie lithium-ion reçoivent le prix Nobel de chimie : John Goodenough, Stanley Whittingham et Akira Yoshino. Cette technologie, omniprésente dans notre quotidien (smartphones, ordinateurs, voitures électriques, etc.) pourrait avoir un rôle essentiel dans le processus de transition énergétique. En parallèle, les besoins en lithium explosent et les conséquences environnementales ne sont pas anodines.

Doc 1 Les inventeurs de la batterie au lithium-ion

L'histoire de la batterie lithium-ion commence ainsi dans les années 1970, avec les travaux de S. Whittingham. [...] Il propose un schéma de batterie révolutionnaire, une première batterie au lithium capable de fournir... plus de 2 volts ! C'est bien plus que les autres batteries disponibles à l'époque. À la base, une cathode[1] constituée de disulfure de titane (TiS_2), un matériau inorganique structuré en couches dont les intervalles permettent d'accueillir les ions lithium. Car, avec son équipe, il avait au préalable découvert qu'intercaler ainsi des ions dans un sulfure métallique – dont la conductivité est déjà bonne – dope sa conductivité, augmentant sa densité d'énergie. L'anode de la batterie de S. Whittingham est, quant à elle, composée de lithium métallique en raison de sa propension à céder facilement des électrons. Mais le lithium métallique est trop réactif. Il pose des problèmes de sécurité qui renvoient alors la batterie dans les laboratoires. [...]

Un peu plus tard, en 1980, J. Goodenough se tourne vers un oxyde métallique – plutôt qu'un sulfure métallique – pour construire sa cathode. [...] Il développe une batterie au lithium de... 4 volts ! Le tout sans ajouter au poids du système. Un pas décisif vers l'électronique sans fil.

Mais il faut attendre 1985 pour qu'A. Yoshino propose une solution au problème du lithium métallique toujours utilisé pour fabriquer les anodes. Il le remplace par du coke de pétrole, un sous-produit de l'industrie du pétrole. Ce matériau carboné présente, comme l'oxyde métallique, des couches dans l'intervalle desquelles les ions lithium peuvent se loger. C'est ainsi que naît la toute première batterie lithium-ion commercialisable : une batterie légère, résistante et qui peut être chargée des centaines de fois sans que ses performances ne se détériorent trop.

www.futura-sciences.com, Nathalie Mayer, 9 octobre 2019

1. Par convention, la cathode est l'électrode + lors de la décharge de la batterie au lithium.

Doc 2 L'extraction du lithium menace le plus grand désert de sel du monde

Ces dernières années, le salar de Uyuni, en Bolivie, est devenu une véritable attraction touristique. 90 % des habitants de la région de ce désert de sel de 10 000 km^2 vivent aujourd'hui grâce à cette activité.

Mais des dizaines de bassins d'évaporation, certains longs d'environ 1 km, émaillent aujourd'hui son paysage. Ils servent à l'extraction du lithium[1]. Et le gouvernement bolivien compte bien ouvrir encore de nombreuses mines[2], ce qui pourrait freiner l'afflux de visiteurs. Sous le plus vaste désert de sel du monde gît 17 % du lithium planétaire. Le « triangle du lithium » compte aussi le Chili et l'Argentine, traversé par le plateau andin de l'Altiplano-Puna, dans lequel se concentrent les ressources. Le métal est en passe de devenir plus précieux que le pétrole. [...] Sa consommation mondiale a été d'environ 40 000 t en 2017, soit une augmentation de 10 % par an depuis 2015. En seulement trois ans, le prix du lithium a presque triplé.

Extrait de « La ruée vers l'or blanc », *National Geographic* (n° 233), février 2019.

1. Métal contenu notamment dans des saumures (solutions aqueuses d'un sel).
2. Bassin minier.

À partir de l'analyse des documents et de vos connaissances :

1. Présenter sous la forme d'un schéma annoté la batterie au lithium.
2. Discuter des points forts et des points faibles de ce choix technologique.

▶▶▶ LA FEUILLE DE ROUTE

1. Mobiliser ses connaissances et exploiter les informations d'un document

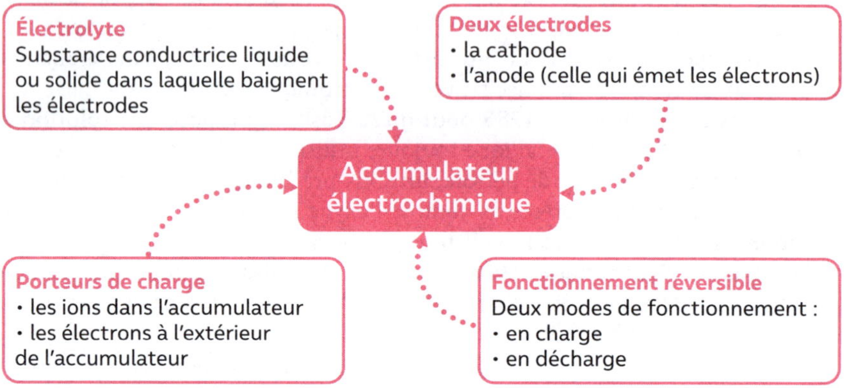

■ Repérez dans le document 1 la nature et la structure de chaque électrode puis ce qui conduit le courant électrique d'une électrode à l'autre.

■ Réalisez un schéma soigné avec une légende précise.

2. Exploiter les informations d'un document

■ Explicitez, à l'aide des documents, les différents avantages de la pile au lithium-ions, et les conséquences environnementales de son extraction.

■ Rédigez l'argumentation en complétant à l'aide de vos connaissances.

CORRIGÉS

SE TESTER QUIZ

1 La production d'électricité sans combustion

1. Réponses b et c.

L'affirmation a. est fausse, car l'électricité n'est pas une source primaire d'énergie comme peuvent l'être, par exemple, les énergies hydraulique, éolienne et solaire. Il s'agit d'une énergie secondaire utilisée comme vecteur énergétique.

L'affirmation d. est fausse, car l'alternateur n'est pas présent dans les panneaux photovoltaïques ou la pile à combustible, par exemple.

2. Réponses b, c et e.

Les affirmations a. et d. sont fausses, car l'électricité est obtenue dans un cas par conversion de l'énergie radiative solaire dans une centrale photovoltaïque et dans l'autre par conversion d'énergie chimique dans une pile à combustible.

2 La face cachée de l'électricité bas-carbone

Réponse c.

L'affirmation a. est fausse, car les terres rares utilisées dans la fabrication des dispositifs éolien et solaire sont globalement abondantes dans la croûte terrestre ; tout comme le sont les métaux usuels et précieux.

L'affirmation b. est fausse, car le fonctionnement de ces dispositifs se fait sans combustion.

L'affirmation d. est fausse, car le recyclage des métaux usuels et précieux se fait bien. Et si les terres rares ne sont encore que très peu recyclées, leur recyclage est possible.

3 Le stockage de l'électricité

1. Réponses a et c.

La réponse b. est fausse, car en dehors des stations de transfert d'énergie par pompage (STEP), le stockage de l'électricité est encore coûteux et pas toujours efficace.

À NOTER

Certaines technologies sont à l'état de recherches ; on peut citer la mise au point de matériaux capables d'emmagasiner la chaleur à haute température (céramiques, déchets amiantés vitrifiés…) ou de fixer l'hydrogène.

2. Réponses b et d.

Les réponses a. et c. sont fausses, car ces formes servent pour le stockage stationnaire d'électricité et non pour une application liée à la mobilité (téléphone, ordinateur, voiture, etc.). La technologie de stockage électromagnétique reste essentiellement à l'état de recherche pour le moment.

S'ENTRAÎNER

4 Réviser le cours en 8 questions flash

1. L'énergie électrique peut être obtenue sans recourir à une combustion en convertissant de l'énergie mécanique, radiative ou chimique.

2. Oui. Les panneaux photovoltaïques ou les piles à combustible sont des dispositifs qui produisent de l'électricité sans utiliser de turbine ni d'alternateur.

3. Une centrale nucléaire qui possède un rendement de 34 % convertit 34 % de l'énergie nucléaire contenue dans l'uranium en électricité.

4. Les sources d'énergie intermittentes sont des sources d'énergie renouvelables qui ne sont pas disponibles en continu (le vent par exemple).

5. On peut citer les terres rares présentes dans certains panneaux solaires et dans les éoliennes.

6. On stocke l'électricité pour conserver l'équilibre à chaque instant entre la production et la consommation électriques.

7. On stocke l'électricité sous forme d'**énergie mécanique** (STEP), **chimique** (accumulateur) ou **électrique** (supercondensateur).

8. C'est une installation hydroélectrique composée de **deux bassins** situés à des **altitudes différentes** et qui permet de **stocker de l'énergie**.

5 La chaîne énergétique d'une centrale thermique

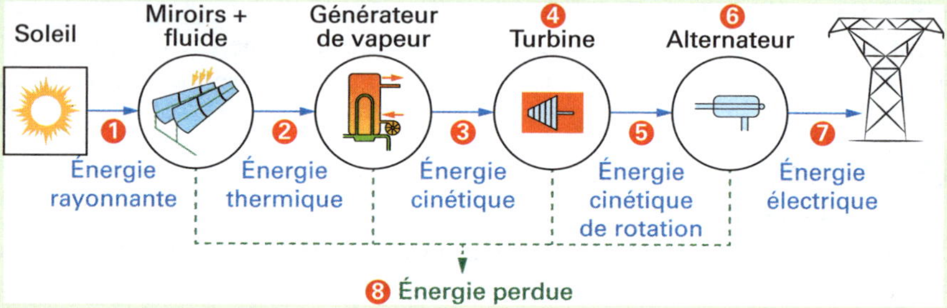

À NOTER

L'énergie perdue est en fait de l'énergie inutilisée (thermique, etc.).

6 Un parc éolien : de la production électrique au stockage

1. Le vent est la source d'**énergie cinétique** indispensable à la rotation des pales.

2. Sous l'action du vent, les pales de l'éolienne entraînent la rotation de l'**alternateur** qui produit alors un courant électrique.

3. Une éolienne convertit l'**énergie mécanique** de **manière directe** en **énergie électrique** ; il n'y a aucune conversion en chaleur.

4. La **chaîne énergétique** d'une éolienne se schématise ainsi :

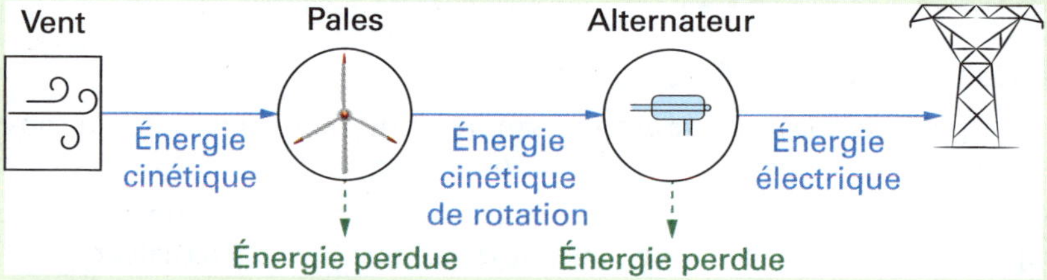

5. Les **avantages** : une éolienne produit de l'énergie sans émettre de CO_2 ; l'énergie est inépuisable et très présente en France ; le fonctionnement ne génère aucune dégradation de la qualité de l'air, de l'eau ou des sols.
Les **inconvénients** : la gêne paysagère, les surfaces occupées, la fluctuation de la production, l'utilisation de ressources géologiques spécifiques (terres rares, etc.).

6. Comme la **puissance** P est exprimée en MW, on convertit l'**énergie** E en MWh :
$E = 230$ GWh $= 230\ 000$ MWh.
La relation $E = P \times t$ permet alors de déterminer le temps de fonctionnement de l'éolienne.

En effet $t = E/P = 230\,000/60 = 3\,833{,}33$.
Soit un temps t de fonctionnement de **3 833 heures** (quasiment **160 jours entiers**).

7. Le moyen de stockage de l'énergie le plus approprié pour 230 GWh est le stockage par **STEP**. Il s'agit d'un dispositif de grande capacité parfaitement adapté à un **stockage stationnaire de l'électricité** (électricité raccordée à un réseau).

À NOTER
Dans le monde, les STEP représentent 97 % des capacités de stockage de l'électricité raccordée au réseau.

8. L'énergie électrique produite par une éolienne en une année est de 2,3 GWh. En effet, on sait que l'installation de 100 éoliennes produit une énergie électrique de 230 GWh.
Par définition, le rendement global de l'éolienne correspond au rapport entre l'énergie électrique produite et l'énergie incidente issue du vent.
On a donc $\eta = 2{,}3/6{,}6 = 0{,}35$, c'est-à-dire un **rendement de 35 %.**

7 Vocabulaire

1. L'**alternateur** n'est pas un dispositif de stockage de l'électricité.

2. Les **réactions d'oxydoréduction** sont à la base du fonctionnement des accumulateurs mais elles n'ont, contrairement aux autres éléments cités, aucun rôle dans les stations de transfert d'énergie par pompage.

OBJECTIF BAC

8 Du lithium dans nos batteries

1. La batterie lithium-ion est un système qui transforme de manière réversible l'énergie chimique en énergie électrique → FICHE 20.

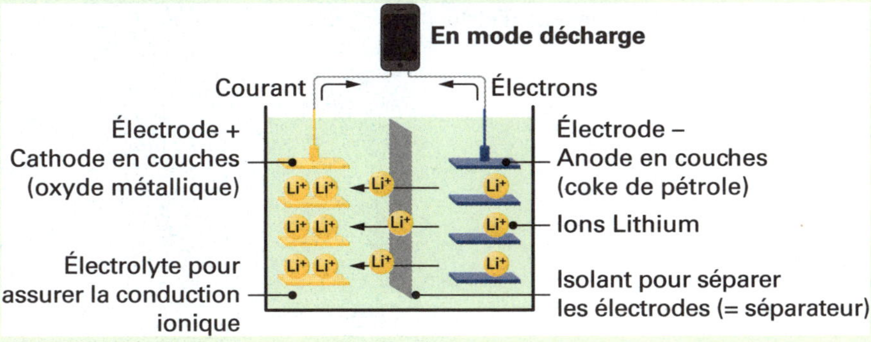

À NOTER
Par convention, les électrons sortent toujours de l'anode. Ce qui fait que lors de la décharge, l'électrode + est la cathode, alors que lors de la charge, cette même électrode + est l'anode.

2. La batterie lithium-ion est utilisée dans l'industrie électronique et automobile car elle présente de nombreux avantages.

• Sa capacité de stockage n'a pas cessé de s'améliorer depuis 1970 ; elle est bien meilleure que celle des batteries de générations précédentes.

• Sa petite taille, sa légèreté et sa grande résistance permettent une utilisation dans les appareils électroniques portatifs (téléphone, appareil photographique, ordinateur, etc.) ainsi que dans les véhicules électriques.

• Sa durée de vie est importante. Avec une capacité de plusieurs centaines de cycles en conservant la majeure partie de ses performances initiales, la batterie lithium-ion s'ouvre un grand nombre d'applications.

• Sa compatibilité avec le réseau électrique permet une utilisation dans le stockage de l'électricité issue d'énergies renouvelables intermittentes (éolien et photovoltaïque).

La fabrication de ces batteries nécessite du lithium, métal contenu dans des saumures (eaux fortement chargées en éléments solides dissous). L'exploitation minière du lithium implique donc de disposer de surfaces importantes et plates pour implanter les bassins d'évaporation. D'importants impacts environnementaux négatifs peuvent en découler.

• Sur les paysages du fait des grandes excavations de surface. L'attrait touristique de certaines régions (comme le salar de Uyuni – Bolivie) peut être remis en cause.

• Sur la biodiversité. Des espèces animales et végétales (flamants roses, lamas, etc.) peuvent être directement menacées.

• Sur la ressource en eau (risque d'assèchement) et sa qualité (contamination des nappes souterraines, modification des écoulements, etc.).

D'autre part, une fois extrait, le lithium doit être traité et purifié ; ce qui amène la consommation de produits chimiques souvent toxiques, d'eau et d'énergie, la production de déchets et le rejet d'effluents.

7 L'optimisation du transport de l'électricité

Les lignes à très haute tension permettent de **transporter de grandes puissances sur de grandes distances**. Dans un monde de plus en plus électrique, et dans lequel les moyens de production se diversifient, le transport de l'électricité est un enjeu majeur.

21 Transporter l'électricité

En bref *Les réseaux électriques, via les lignes à haute tension, ont à la fois un rôle de transport de l'électricité vers le consommateur final et un rôle d'échange entre grandes régions et entre pays.*

I Les lignes, voies de transport de l'électricité

■ Pour pouvoir circuler entre une source (centrale électrique) et une ou des charges (utilisateurs), le courant électrique a besoin d'un **circuit fermé**. Une ligne électrique doit donc être constituée d'au moins deux **câbles conducteurs**. Toutefois, pour faciliter la production et optimiser le poids des lignes, on utilise le plus souvent un système de tensions et de courants **alternatifs triphasés**, c'est-à-dire possédant trois conducteurs ou trois groupes de câbles conducteurs par circuit.

Doc 1 Transport de l'électricité en triphasé

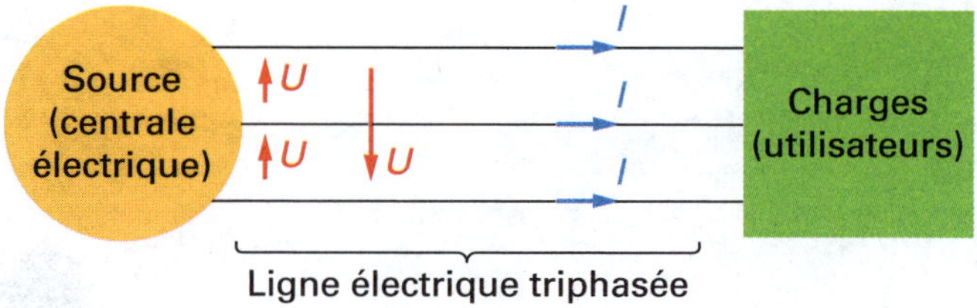

■ **La tension** de la ligne est la tension électrique efficace U présente entre les câbles conducteurs.

La tension U se mesure **en volts** (symbole : V).

Pour un bon fonctionnement du réseau, cette tension, imposée par la source en amont, doit avoir une valeur quasiment constante, quelle que soit la puissance transportée par la ligne. En France, les lignes à haute tension ont une tension comprise entre 63 000 et 400 000 V.

> **MOTS CLÉS**
> • La **tension** est la différence de potentiel électrique entre deux points d'un circuit, permettant de mettre en mouvement les électrons.
> • L'**intensité** correspond au flux (au débit) d'électrons dans le circuit.

■ **L'intensité** efficace du courant électrique I parcourant chaque conducteur est déterminée par la consommation des utilisateurs en aval. Contrairement à la tension U, l'intensité I est donc, à priori, variable.

L'intensité I se mesure **en ampères** (symbole : A).

■ **La puissance électrique** se mesure **en watts** (symbole : W).
La puissance P transportée par une ligne électrique aérienne est fonction de la tension U et de l'intensité I :
• dans le cas d'une **ligne monophasée** (2 câbles), $P = U \times I$;
• dans le cas d'une **ligne triphasée** (3 câbles), $P = U \times I \times \sqrt{3}$.

II Les réseaux en France métropolitaine

■ Le réseau électrique français de métropole est architecturé selon deux niveaux :
• le réseau de transport, dont le rôle est d'acheminer la production des grandes centrales vers les grands centres urbains, d'interconnecter les régions et de permettre les échanges avec les pays limitrophes ;
• le réseau de distribution, dont le rôle est d'amener l'électricité à l'échelle locale vers chaque utilisateur final.

Doc 2 Réseau de grand transport en France

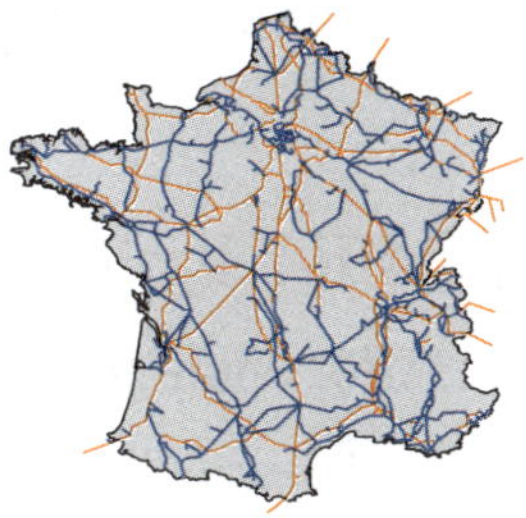

■ Le **réseau de transport** français est constitué de plus de 100 000 km de **lignes à très haute tension** (400 kV, 225 kV, 90 kV et 63 kV), qui permettent d'acheminer de grandes puissances sur de longues distances avec des pertes minimales → FICHE 22.

À NOTER
Dans certains pays où l'électricité est transportée sur de très longues distances, on peut trouver des lignes à 800 000 V, voire à 1 100 000 V.

Il comprend également plus de 2 700 **postes électriques**, dont le rôle est d'aiguiller la puissance sur le réseau en fonction de la production et des besoins, et de convertir la tension d'une valeur à une autre entre deux lignes si nécessaire.

Le réseau de transport français est développé, entretenu et opéré par un gestionnaire unique : RTE (Réseau de transport d'électricité).

■ Le **réseau de distribution** est constitué de plus de 600 000 km de **lignes à moyenne tension** (20 kV), de plus de 700 000 km de **lignes à basse tension** (230/400 V), et de plus de 700 000 **postes de distribution**.

Le réseau de distribution appartient aux collectivités locales. Il est opéré pour très grande partie par Enedis.

zoom

Une liaison France-Irlande à l'horizon 2026

■ « Celtic Interconnector » est un projet de ligne électrique sous-marine entre la France et l'Irlande.

■ D'une capacité d'échange de 700 MW, cette première liaison entre l'Irlande et le continent européen présente un caractère particulièrement stratégique pour l'île dans le contexte du Brexit.

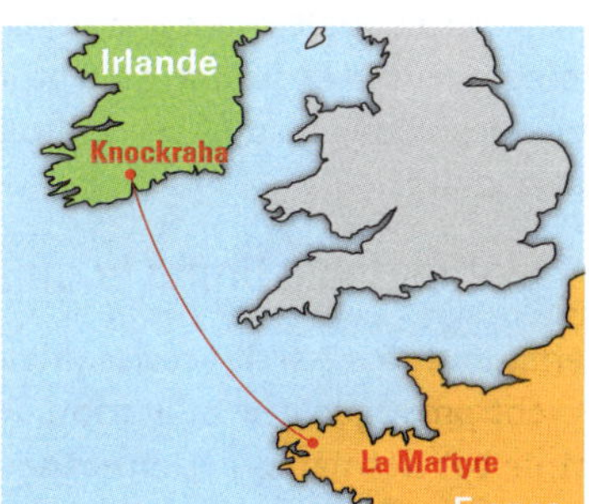

22 Limiter les pertes en ligne par échauffement

En bref *Réduire l'échauffement des câbles lors du transport de l'électricité est un enjeu économique, mais aussi technique, car l'échauffement est une limite à la puissance transportée.*

I L'effet Joule, à l'origine des échauffements

1 L'effet Joule provoque une perte de puissance

- **La résistance** d'un conducteur électrique au passage du courant se mesure **en ohms** (symbole : Ω). La résistance d'un câble de ligne électrique est très faible, mais pas totalement nulle. Il en résulte un **échauffement** lorsque le courant circule dans le câble : c'est **l'effet Joule**.
- La puissance électrique convertie en puissance thermique par effet Joule P_J (puissance perdue), dans un conducteur de résistance R, parcouru par une intensité de courant I, a pour expression : $P_J = R \times I^2$.

À NOTER
Les pertes Joule P_J sont proportionnelles au carré de l'intensité du courant transporté : doubler l'intensité multiplie l'échauffement – et donc les pertes – par 4.

Doc Schéma électrique simplifié d'une ligne à haute tension

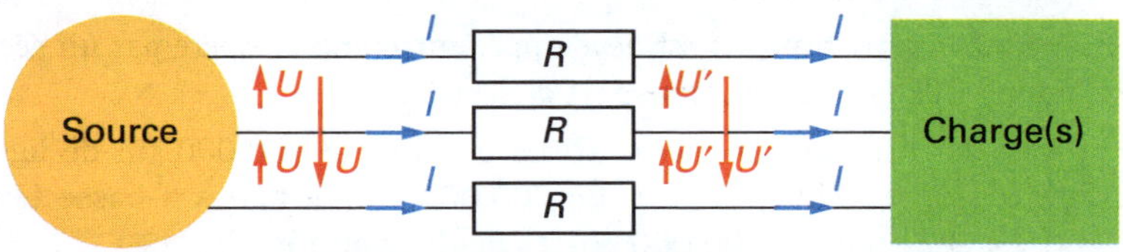

- L'**intensité** du courant électrique est **conservative** : elle reste la même d'un bout à l'autre de la ligne indépendamment de la résistance des câbles. En revanche, la **puissance perdue** par effet Joule (ici, $P_J = 3 \times R \times I^2$ pour les trois câbles) provoque une légère **chute de tension** entre le départ et l'arrivée ($U > U'$).
- Les pertes Joule ont donc un coût financier et écologique, car la source doit produire une puissance légèrement supérieure à celle consommée par la charge.

À NOTER
En France, les pertes par effet Joule représentent un peu moins de 10 % de la puissance totale.

2 L'effet Joule limite la puissance maximale des lignes

L'effet Joule a aussi des conséquences physiques néfastes pour les lignes. L'échauffement provoque une dilatation des matériaux et un **allongement des câbles** ; les points bas des lignes aériennes se rapprochent alors trop du sol entre les pylônes. Sur les lignes enterrées, l'échauffement cause un **vieillissement accéléré de l'isolant.**

II L'influence de la tension sur l'échauffement

■ Partons de la puissance transportée : $P = U \times I \times \sqrt{3} \Leftrightarrow I = \dfrac{P}{U \times \sqrt{3}}$

Pour une ligne à trois conducteurs, les pertes Joule sont :

$$P_J = 3 \times R \times I^2 = 3 \times R \times \left(\frac{P}{U \times \sqrt{3}}\right)^2 = \frac{R}{U^2} \times P^2$$

■ L'expression ci-dessus montre que les **pertes Joules P_J** sont **inversement proportionnelles au carré de la tension U** (doubler la tension divise les pertes par 4). Il est donc particulièrement intéressant de choisir une forte valeur de tension de ligne pour diminuer les pertes et l'échauffement.

Cependant, pour une ligne aérienne, une tension plus élevée impose d'espacer les câbles et de les placer plus loin du sol pour éviter le risque d'**arc électrique**, ce qui signifie, en contrepartie, des pylônes plus grands et moins facilement acceptés.

À NOTER
Les choix de tensions utilisées sur le réseau → FICHE 21 résultent de compromis, en fonction de la distance à franchir et de la puissance à transporter.

Par ailleurs, les **lignes souterraines ou sous-marines** en courant alternatif sont limitées en tension et en longueur. Pour contourner ce problème, on peut utiliser du **courant continu**, mais il faut alors des installations de conversion à chaque extrémité de la ligne, qui engendrent d'autres types de pertes.

■ Certains matériaux, dits « **supraconducteurs** », ont une résistance totalement nulle au-dessous d'une certaine température, et permettent de fabriquer des lignes électriques sans pertes Joule, mais il faut les refroidir à l'azote liquide.

À encombrement égal, ce type de lignes peut transporter cinq fois plus de puissance qu'une ligne classique. Elles pourraient être utilisées en environnement urbain, lorsqu'une grande puissance doit être transportée dans un espace restreint, par exemple pour alimenter en sous-sol des bornes de recharge automobiles.

zoOm

Les dangers de l'arc électrique

Quand un câble conducteur sous haute tension et le sol sont trop proches, un arc électrique peut jaillir. Le phénomène est similaire à la foudre, en miniature. Il peut endommager les lignes ou même provoquer un incendie, comme ce fut le cas à Big Bend en Californie en 2018.

23 Optimiser les réseaux de transport

En bref *Dans un contexte de transition vers les énergies renouvelables et de croissance du parc de véhicules électriques, les opérateurs de réseaux doivent faire face à une production fluctuante et à de nouveaux besoins.*

I La modélisation du réseau

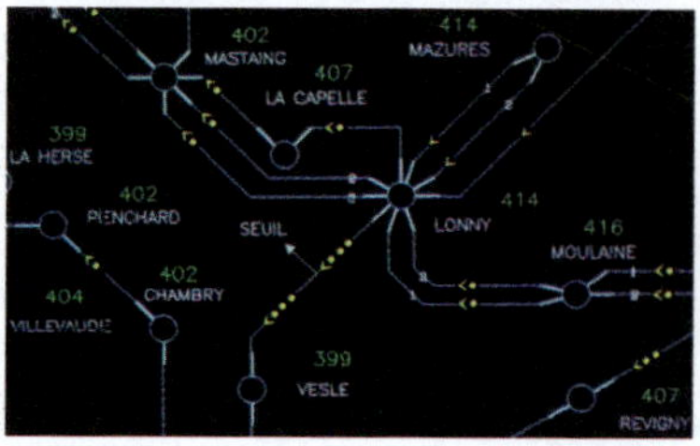

■ Un graphe de transport (ou graphe de flot) est composé d'un ensemble de sommets (représentés par des cercles sur le doc.), reliés par des arêtes (ou arcs).

Un sommet auquel aboutissent plusieurs arêtes est aussi appelé nœud (cercle vert sur le doc.).

Pour un réseau électrique, les sommets représentent :
- les sources, c'est-à-dire les installations de production de l'énergie électrique ;
- les postes électriques, installations de commutation et d'aiguillage ;
- les cibles destinatrices, c'est-à-dire les sites de consommation ou les passerelles vers d'autres réseaux.

Doc Graphe de transport d'un réseau électrique simple

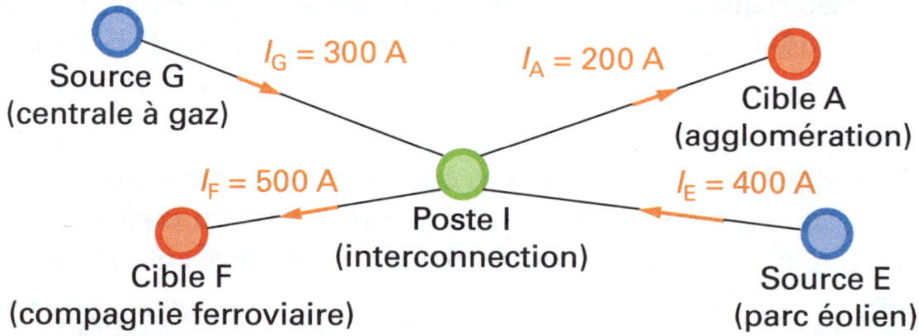

■ Les arêtes entre les sommets représentent les lignes électriques qui les relient. La valeur de l'intensité empruntant une ligne à un instant donné peut être indiquée. Le sens des transferts est indiqué par des flèches.

> **À NOTER**
> Contrairement au schéma électrique, le graphe de transport symbolise les trois câbles de la ligne électrique par une arête unique.

■ Le graphe doit être réaliste du point de vue de la physique. Ainsi :
- la somme des intensités sortant d'une source correspond à sa production ;
- la somme des intensités entrant dans une cible correspond à sa consommation ;
- à tension inchangée, la somme des intensités entrant dans un poste électrique doit être égale à la somme des intensités qui en ressortent ;
- la production totale des sources doit équilibrer à chaque instant la consommation totale des cibles, car l'électricité ne peut pas être stockée en tant que telle.

II Rendre égales la production et la consommation

■ Historiquement, les gestionnaires de réseaux ont toujours plutôt adapté la production à la consommation, ce qui nécessite d'avoir des centrales électriques **pilotables**, c'est-à-dire dont on peut ajuster la production facilement.

■ À l'heure où l'essor des véhicules électriques engendre une consommation supplémentaire, une part de plus en plus importante d'énergies renouvelables (**EnR**) solaire et éolienne est introduite dans le réseau. Ces productions, qui dépendent de l'heure et de la météo, sont **intermittentes** et **non-pilotables**.

Pour en intégrer une proportion croissante dans le **mix électrique**, il faudra donc désormais pouvoir agir aussi sur les consommations, car l'équilibrage ne peut plus se faire par la régulation des seuls moyens de production.

> **À NOTER**
> On qualifie de « fatales » les sources d'énergie qui dépendent de facteurs extérieurs non maîtrisables, comme le solaire et l'éolien (à rapprocher de l'anglais *fate*, dans le sens de « destin »).

■ Ainsi, un **réseau électrique intelligent** (**REI** ou « **smart grid** ») peut, en cas de besoin, « **effacer** » les consommations de certains équipements industriels ou domestiques (par exemple ballons d'eau chaude, chargeurs de véhicules électriques, électro-ménager lourd, etc.). Cela consiste à commander à distance ces équipements, afin d'en décaler le fonctionnement dans le temps ou même de le supprimer pour les utilisateurs qui l'autorisent. Cette ingérence est rendue acceptable par une contrepartie financière (tarif attractif).

De plus, un tel réseau peut gérer au mieux la répartition de la puissance, de façon à minimiser les pertes en ligne par effet Joule.

zoOm

Smart Grids : des réseaux en partie réversibles

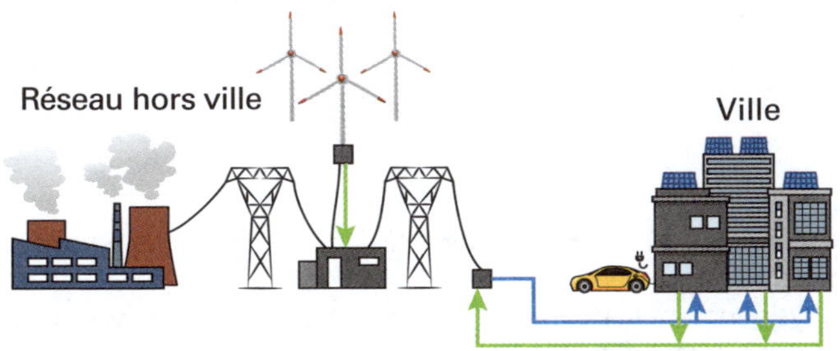

Pour intégrer la production d'électricité renouvelable et décentralisée, un réseau intelligent doit permettre la circulation de l'électricité dans les deux sens. De tels réseaux sont actuellement testés en France à Lyon et à Grenoble.

MÉMO VISUEL

L'OPTIMISATION DU TRANSPORT

Lignes électriques

Puissance transportée

- **Monophasé** (2 câbles) : $P = U \times I$

matière $\times 1{,}5$ — puissance $\times 1{,}73$

- **Triphasé** (3 câbles) : $P = U \times I \times \sqrt{3}$

U dimensionne les pylônes (h et H)
I dimensionne le diamètre des câbles (D)

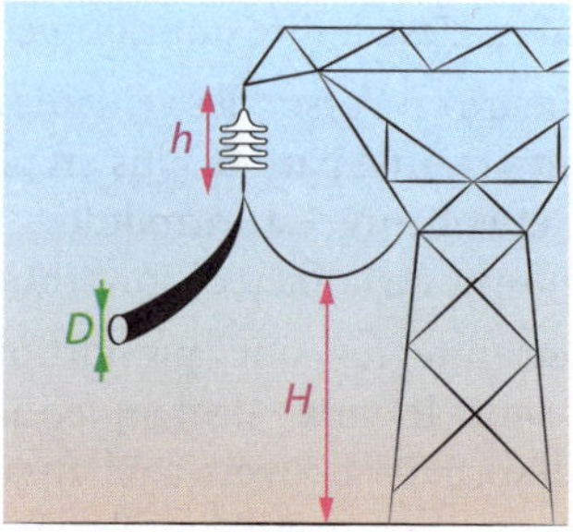

Modèle électrique d'une ligne à haute tension

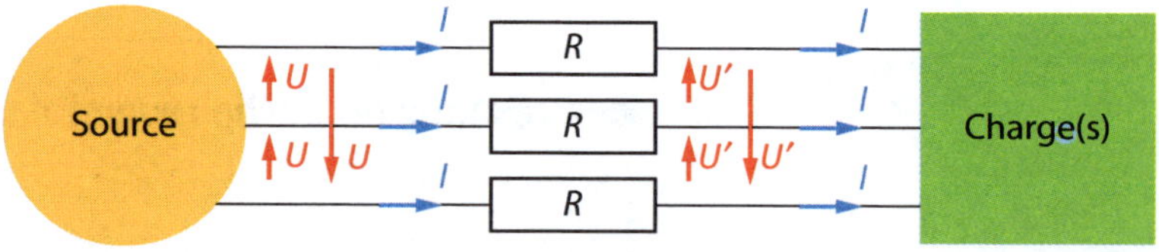

Pertes en ligne par effet Joule

- L'effet Joule produit un **échauffement** dû à la circulation du courant dans les fils et :
- provoque une **perte d'énergie** ;
- **limite** physiquement **la puissance** transportée par une ligne, sous peine de dégâts dus à l'échauffement.
- Les **pertes d'énergie** pour une ligne à 3 câbles ont pour expression :

$$P_J = 3 \times R \times I^2$$

Augmenter U permet de diminuer I, et donc de limiter P_J

Modèle topologique d'un réseau électrique

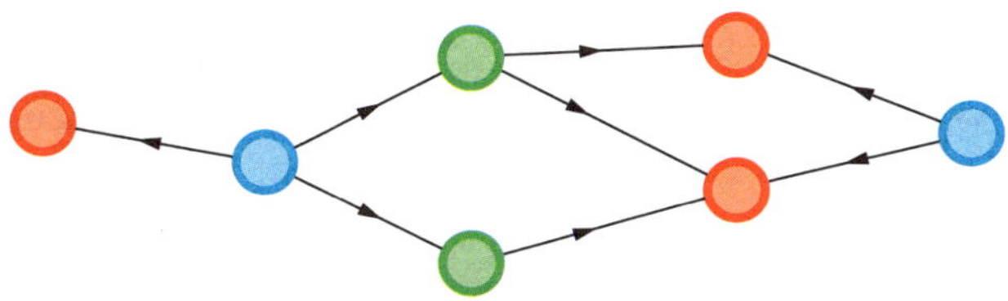

- Les **nœuds** représentent les sources distributrices, les postes électriques intermédiaires et les cibles destinatrices.
- Les **arêtes entre les nœuds** représentent les **lignes de transport**.
- Les **flèches** sur les arêtes représentent le **sens de circulation de l'énergie**.

DE L'ÉLECTRICITÉ

Réseaux de transport

Gestion du réseau

Objectif principal : assurer l'équilibre production-consommation.

Moyens d'action

Productions

Fatales

Pilotables

Consommations

Effaçables

Non Effaçables

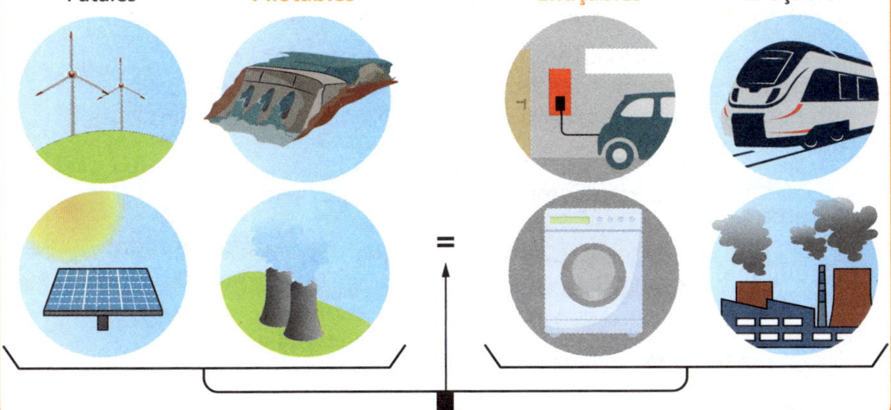

SE TESTER QUIZ

Vérifiez que vous avez bien compris les points clés des **fiches 21 à 23**.

1 Transporter l'électricité

→ FICHE 21

1. Pour une ligne triphasée de tension U, dont chaque conducteur est parcouru par une intensité I, quelle est l'expression de la puissance P transportée ?

☐ **a.** $P = U \times I$; ☐ **b.** $P = U \times I \times \sqrt{3}$; ☐ **c.** $P = U \times I \times 3$.

2. Quelles tensions sont utilisées sur les lignes du réseau de transport français ?

☐ **a.** $U = 20\,000$ V ; ☐ **b.** $U = 90\,000$ V ; ☐ **c.** $U = 400\,000$ V.

2 Limiter les pertes en ligne par échauffement

→ FICHE 22

1. Pour une ligne triphasée, où chaque conducteur possède une résistance R et est parcouru par une intensité I, quelle est l'expression des pertes par effet Joule P_J ?

☐ **a.** $P_J = U \times I \times \sqrt{3}$; ☐ **b.** $P_J = R \times I^2$; ☐ **c.** $P_J = 3 \times R \times I^2$.

2. À puissance transportée égale, les pertes par effet Joule sur une ligne électrique sont-elles :

☐ **a.** proportionnelles à la tension U ?
☐ **b.** inversement proportionnelles à la tension U ?
☐ **c.** inversement proportionnelles au carré de la tension U ?

3 Optimiser les réseaux de transport

→ FICHE 23

1. Le graphe ci-dessous modélise un réseau électrique. À tension inchangée, la somme des intensités produites par les sources est-elle :

☐ **a.** égale à la somme des intensités consommées par les cibles ?
☐ **b.** supérieure à la somme des intensités consommées par les cibles ?
☐ **c.** inférieure à la somme des intensités consommées par les cibles ?

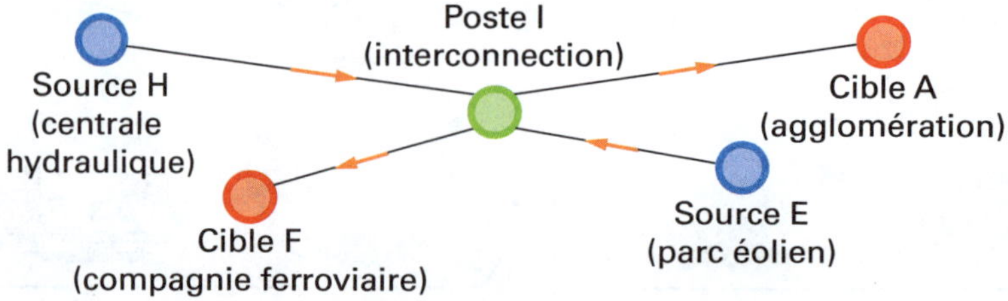

S'ENTRAÎNER

4 Réviser le cours en 8 questions flash

→ FICHES 21 à 23

1. Combien de câbles conducteurs sont nécessaires pour une ligne électrique ?
2. En France métropolitaine, quel est le rôle du réseau électrique de transport ?
3. Quelles sont les conséquences de l'effet Joule pour le transport de l'électricité ?
4. Dans quelles situations utilise-t-on des lignes de transport à courant continu ?
5. À quels changements les opérateurs de réseaux doivent-ils se préparer ?
6. Dans un graphe de transport modélisant un réseau électrique, que représentent les sommets ?
7. Pourquoi qualifie-t-on de « fatales » les productions d'électricité solaire et éolienne ?
8. Que signifie « effacer » une consommation électrique ?

5 Les unités électriques

→ FICHES 21 et 22

Associer chaque grandeur physique avec son unité dans le Système International.

intensité •	• ohm
tension •	• watt
résistance •	• ampère
puissance •	• volt
énergie •	• joule

6 Le pilotage des réseaux électriques

→ FICHE 23

Compléter le texte avec les mots ou groupes de mots suivants.

effacer • mix électrique • *smart grid* • fatales • consommation • pilotables • fluctuantes • nucléaires • production

L'équilibre d'un réseau électrique repose sur la correspondance en temps réel entre .... et .... électriques.

La consommation étant très variable, il faut, pour adapter la production aux besoins des utilisateurs, disposer de centrales ...., comme par exemple des barrages hydrauliques, des centrales thermiques à combustible ou des centrales ....

Or, la transition énergétique apportant dans le .... une part croissante d'énergies .... (c'est-à-dire non-pilotables) et .... (dépendantes de la météo), il devient nécessaire d'adapter aussi la consommation à la production. Ainsi, un réseau électrique intelligent (ou ....) sera capable d'.......................... certaines consommations d'utilisateurs, par exemple en les décalant dans le temps.

7 Courant monophasé ou triphasé ?

→ FICHE 21

Pour transporter de l'électricité, on compte utiliser des pylônes pouvant porter six câbles conducteurs.

Intensité admissible dans chaque câble : $I = 1\,000$ A.
Tension entre câbles : $U = 225\,000$ V.

1. Quelle est la puissance maximale que pourra transporter cet ensemble s'il est utilisé en monophasé, c'est-à-dire comme trois lignes en parallèle de deux conducteurs chacune ?

2. Même question si cet ensemble est utilisé en triphasé, c'est-à-dire comme deux lignes en parallèle de trois conducteurs chacune ?

3. Que peut-on en conclure sur la façon optimale de transporter l'électricité ?

8 Optimiser les pertes par répartition temporelle

→ FICHE 22

Un réseau de distribution dessert une rue dans laquelle se trouvent trois maisons.

Chacune d'elles est équipée d'un chauffe-eau électrique à accumulation, conçu pour chauffer une réserve d'eau pendant les heures creuses du réseau, la nuit, par exemple, et pour la restituer à volonté le jour suivant. Lors de la chauffe, un chauffe-eau consomme pendant 2 heures une puissance $P = 2\,300$ W.

Les maisons sont alimentées en monophasé (deux fils) ; la tension est $U = 235$ V.

Chaque conducteur du réseau d'alimentation possède une résistance $R = 0{,}2\ \Omega$.

On suppose qu'il n'y a pas d'autres consommations que les trois chauffe-eau.

1. a. Calculez la puissance perdue par effet Joule, sur le réseau, dans le cas où les trois chauffe-eau se mettent en marche simultanément.

b. Calculez l'énergie perdue correspondante, grâce à la relation :
énergie perdue = puissance perdue × durée.

2. a. Calculez la puissance perdue sur le réseau dans le cas où les trois chauffe-eau se mettent en marche consécutivement, l'un après que l'autre a terminé.

b. Calculez l'énergie perdue correspondante.

3. Que peut-on en conclure sur la façon optimale de gérer la consommation des utilisateurs dans le temps ?

9 Supprimer des lignes peut (parfois) augmenter les pertes Joule

→ FICHE 22

Deux lignes identiques parallèles relient une usine à un poste électrique.
Un photographe, gêné par les fils, avance : « on pourrait bien supprimer l'une des deux lignes ; ainsi, la vue serait moins gâchée, et en plus les pertes en ligne seraient divisées par deux ».

En utilisant uniquement l'expression des pertes Joule et sans poser d'autres calculs, expliquez pourquoi il se trompe.

OBJECTIF BAC

10 Pertes Joule : faut-il les minimiser ou les optimiser ?

60 min

Dans cet exercice, on étudie l'optimisation des pertes par effet Joule dans un réseau très simple, confronté à plusieurs situations de contraintes.

LE SUJET

Le réseau électrique étudié comprend :

- une source G, pouvant produire une intensité I_G comprise entre 0 et 1 000 A ;
- une source E, produisant une intensité I_E pouvant atteindre 1 200 A lorsque les conditions de vent sont très favorables ;
- une cible A, consommant une intensité I_A variable, égale ici à 400 A ;
- une cible F, consommant une intensité I_F sensiblement constante, égale à 500 A ;
- un poste électrique P permettant d'alimenter chaque cible avec une part variable de chaque source ;
- quatre lignes électriques, dont les résistances sont indiquées ci-dessous.

Doc Graphe de transport du réseau étudié

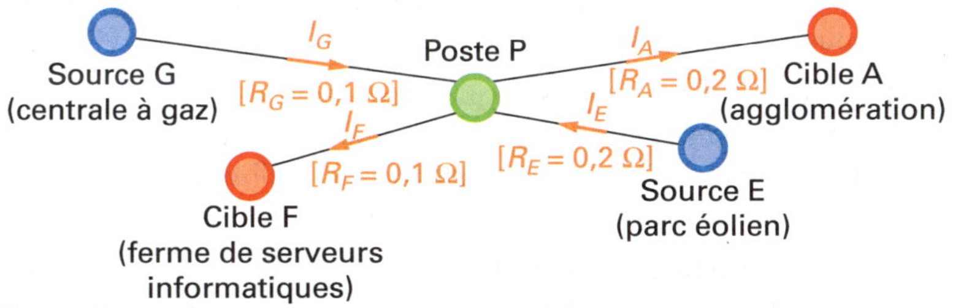

1. Situation 1 : le vent est nul.

a. Traduire les contraintes du système en relations mathématiques.

b. Dans cette situation, sur quelle(s) variable(s) le gestionnaire du réseau peut-il agir pour minimiser les pertes Joule totales (s'il le peut) ?

c. Calculer les valeurs numériques correspondantes, et les pertes Joule obtenues.

2. Situation 2 : le vent est très favorable.

a. b. c. Répondre aux mêmes questions que pour la situation 1.

3. Situation 2 bis : dans la réalité, le gestionnaire du réseau fait appel en priorité à la source ayant le plus faible coût marginal de production ; or, ce coût est beaucoup plus faible pour un parc éolien que pour une centrale à gaz.

a. Dans la réalité, comment le gestionnaire du réseau va-t-il partager la consommation des cibles entre les sources pour optimiser les coûts ?

b. Calculer les pertes Joule correspondantes, et comparez-les à celles du 2.

c. La règle du plus faible coût marginal optimise-t-elle les pertes ?

LIRE LE SUJET

Dans cet exercice, les grandeurs relatives aux lignes portent en indice la lettre désignant la source ou la charge correspondante.

Par exemple, I_E représente l'intensité fournie par le parc éolien E et P_{JA} représente les pertes Joule de la ligne desservant l'agglomération A.

LA FEUILLE DE ROUTE

1. a. Exprimer les contraintes du système

Repérez les éléments numériques dans l'énoncé, puis écrivez-les sous forme d'égalités ou d'inégalités.

Pensez également à exprimer la règle des intensités au niveau d'un nœud. → FICHE 23

b. Identifier les grandeurs inconnues

À partir de la question précédente, faites l'inventaire des inconnues du problème. S'il n'y a qu'une solution, calculez-la. Interprétez sa signification par une phrase.

c. Utiliser l'expression des pertes Joule

Rappelez l'expression des pertes Joule pour une ligne triphasée, puis calculez successivement les pertes des quatre lignes, puis faites la somme. → FICHE 22

2. a. Identifier les changements

Repérez les nouveautés ou les changements par rapport à la situation précédente. Écrivez-les sous forme d'égalité ou d'inégalités.

b. Identifier les éléments variables du problème

Exprimez l'unique degré de liberté du système et les variables associées.

Choisissez l'une d'entre elles comme variable de travail et identifiez les pertes dépendantes.

c. Formuler, puis résoudre le problème

Exprimez la quantité à minimiser par une fonction de la variable choisie précédemment, puis trouvez la valeur de la variable qui minimise la fonction.

La fonction est ici du second degré, de forme $a \times x^2 + b \times x + c$, avec a > 0 ; le minimum d'une telle fonction est obtenu pour $x = \frac{-b}{2 \times a}$

3. a. Interpréter l'énoncé

Énoncez le choix que fait le gestionnaire du réseau, puis calculez les valeurs des intensités correspondant à ce choix.

b. Utiliser l'expression des pertes Joule

Procédez comme au 1. c.

c. Comprendre la notion d'optimum

Demandez-vous, dans cette situation, ce que deviendrait l'énergie « économisée » si on parvenait à réduire les pertes de la ligne E desservant le parc éolien.

CORRIGÉS

SE TESTER QUIZ

1 Transporter l'électricité

1. Réponse b.

L'expression a. correspondrait à la puissance transportée par une ligne à deux conducteurs, et non par une ligne triphasée, à trois conducteurs.
L'expression c. correspondrait à la puissance transportée conjointement par trois lignes à deux conducteurs chacune.

2. Réponses b et c.

L'affirmation a. indique une tension de 20 000 V, utilisée sur le réseau de distribution, mais pas sur le réseau de transport.
Le réseau de transport utilise des tensions de 90 000 V (affirmation b.) et 400 000 V (affirmation c.), et également 63 000 V et 225 000 V.

2 Limiter les pertes en ligne par échauffement

1. Réponse c.

L'expression a. correspond à la puissance transportée par la ligne, et non aux pertes Joule.
L'expression b. correspond aux pertes Joule, mais dans un conducteur unique.
La ligne comportant trois conducteurs, il faut tripler la valeur, ce qui donne l'expression c.

2. Réponse c.

Dans l'expression des pertes Joule $P_J = \frac{R}{U^2} \times P^2$, la tension U figure au dénominateur, et elle est au carré ; P_J est donc inversement proportionnelle au carré de U.

3 Optimiser les réseaux de transport

Réponse a.

L'électricité ne peut pas se stocker. Il en résulte que la somme des intensités produites par les sources est égale à la somme des intensités consommées par les cibles. Cela est vrai en termes d'intensités, et à tension inchangée ; en termes de puissances, il faudrait tenir compte des pertes par effet Joule.

À NOTER

L'énergie électrique ne se stocke pas directement. Il faut préalablement la transformer en une autre forme d'énergie (énergie chimique pour les batteries, énergie potentielle pour les stations de pompage), et réaliser la transformation inverse au moment où on veut utiliser l'énergie stockée. Ces deux transformations engendrent également des pertes (de l'ordre de 10 à 20 %).

S'ENTRAÎNER

4 Réviser le cours en 8 questions flash

1. La grande majorité des lignes électriques transportent du **courant alternatif triphasé** ; pour ces lignes, **trois conducteurs sont nécessaires.**
(Pour les lignes à courant continu, deux conducteurs sont nécessaires).

2. Le réseau électrique de transport a pour rôle d'**acheminer la production** des grandes centrales vers les grands centres urbains, d'**interconnecter les régions** et de permettre les **échanges avec les pays limitrophes.**

3. L'effet Joule se traduit par un échauffement, qui conduit à :
- une **perte d'énergie** ;
- un **vieillissement accéléré des matériaux** ;
- un **allongement des câbles entre les pylônes**, et donc un rapprochement du sol.

4. Le courant continu est utilisé **pour les lignes sous-marines ou souterraines de longueurs importantes.** Dans ces situations, le courant alternatif produirait de trop fortes pertes par induction dans le milieu conducteur avoisinant la ligne.

5. Les opérateurs de réseaux doivent se préparer à **une part croissante d'électricité fluctuante** d'origine éolienne et solaire, et doivent également prévoir une **augmentation de la consommation** engendrée par les véhicules électriques.

6. Les sommets représentent :
- **les installations de production du courant** ;
- **les installations de commutation et d'aiguillage** ;
- **les sites de consommation** ou les passerelles vers d'autres réseaux.

7. Les productions d'électricité solaire et éolienne sont dites « fatales » car elles sont à la fois **fluctuantes et non-modulables.** En effet, elles dépendent fortement de la météo et, pour le solaire, de l'alternance jour-nuit.

8. L'effacement de consommation consiste à **supprimer** ou à **décaler dans le temps les consommations de certains utilisateurs**, pour mettre en adéquation la consommation totale et la production totale.

5 Les unités électriques

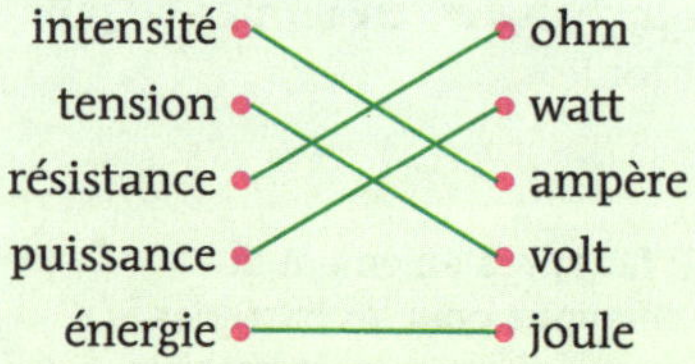

À NOTER
L'unité officielle du Système International pour quantifier l'énergie électrique est le joule, mais les énergéticiens utilisent plutôt le watt-heure (Wh).
Un watt-heure est égal à 3 600 joules.

6 Le pilotage des réseaux électriques

L'équilibre d'un réseau électrique repose sur la correspondance en temps réel entre **production** et **consommation** électriques.
La consommation étant très variable, il faut, pour adapter la production aux besoins des utilisateurs, disposer de centrales **pilotables**, comme par exemple des barrages hydrauliques, des centrales thermiques à combustible ou des centrales **nucléaires**. Or, la transition énergétique apportant dans le **mix électrique** une part croissante d'énergies **fatales** (c'est-à-dire non-pilotables) et **fluctuantes** (dépendantes de la météo), il devient nécessaire d'adapter aussi la consommation à la production. Ainsi, un réseau électrique intelligent (ou ***smart grid***) sera capable d'**effacer** certaines consommations d'utilisateurs, par exemple en les décalant dans le temps.

7 Courant monophasé ou triphasé ?

1. En monophasé, chaque ligne peut transporter une puissance : $P = U \times I$,
soit en tout : $3 \times P = 3 \times 225\,000 \times 1\,000 = 675\,000\,000$ W = **675 MW**.

2. En triphasé, chaque ligne peut transporter une puissance : $P = U \times I \times \sqrt{3}$,
soit en tout : $2 \times P = 2 \times 225\,000 \times 1\,000 \times \sqrt{3}$ = **779 MW**.

3. Le **transport** de l'électricité en **triphasé** est **optimal**, car il permet de véhiculer plus de puissance qu'en monophasé avec la même installation.

8 Optimiser les pertes par répartition temporelle

1. a. Chaque chauffe-eau consomme une intensité $I_{CE} = \frac{P}{U} = \frac{2\,300}{230} = 10$ A.
L'intensité consommée sur le réseau est :

$$I = 3 \times I_{CE} = 3 \times 10 = 30 \text{ A}.$$

Pour chaque conducteur du réseau, les pertes sont :

$$P_J = R \times I^2 = 0{,}2 \times 30^2 = 180 \text{ W},$$

soit 360 W pour 2 fils conducteurs.
b. On perd cette puissance pendant une durée de 2 heures, ce qui représente une **énergie perdue de 360 × 2 = 720 Wh.**

2. a. En décalant les fonctionnements des chauffe-eau, la consommation sur le réseau n'est plus que de 10 A et les pertes sont :

$$P_J = 0{,}2 \times 10^2 = 20 \text{ W},$$

soit 40 W pour 2 fils conducteurs.
b. On perd cette puissance pendant une durée de 6 heures, ce qui représente une **énergie perdue de 40 × 6 = 240 Wh.**

3. Du point de vue des seules pertes en ligne, la **façon optimale de gérer les consommations** est de les **répartir équitablement dans le temps.**

9 Supprimer des lignes peut (parfois) augmenter les pertes Joules

Supprimer une ligne aboutira à **doubler l'intensité sur l'autre ligne**, puisque l'usine consommera toujours autant. Or l'expression $P_J = R \times I^2$ montre que les pertes sont fonction du carré de l'intensité. Supprimer une ligne aboutira donc à **quadrupler les pertes de l'autre ligne**, et à finalement **doubler les pertes totales**.

OBJECTIF BAC

10 Pertes Joule : minimiser ou optimiser ?

1. a. La source G peut produire au maximum 1 000 A : $0 \leqslant I_G \leqslant 1\,000$ A ;
Au poste P, la règle des intensités : $I_G + I_E = I_A + I_F$.
L'énoncé donne $I_A = 400$ A et $I_F = 500$ A.
Contrainte supplémentaire de la situation 1 : le vent est nul : $I_E = 0$ A.
b. La seule valeur inconnue est l'intensité I_G, et elle découle des autres valeurs :
$I_G = I_A + I_F = 500 + 400 = 900$ A.
Le système n'a qu'une solution, et **le gestionnaire n'a aucun degré de liberté**, car le parc éolien n'est pas disponible.
La centrale à gaz doit, à elle seule, alimenter le réseau.
c. Pour chaque ligne, les pertes Joules valent $P_J = 3 \times R \times I^2$.
On a donc :
$P_{JA} = 3 \times 0{,}2 \times 400^2 = 96\,000$ W ; $P_{JF} = 3 \times 0{,}1 \times 500^2 = 75\,000$ W ;
$P_{JG} = 3 \times 0{,}1 \times 900^2 = 243\,000$ W ; $P_{JE} = 3 \times 0{,}2 \times 0^2 = 0$ W ;
Soit, pour les quatre lignes, **un total de 414 000 W.**

2. a. Le vent est favorable ; la contrainte sur I_E devient $0 \leqslant I_E \leqslant 1\,200$ A.
b. Le gestionnaire a un seul degré de liberté, et peut choisir par exemple la valeur de **l'intensité I_G** (I_E en découle).
Les pertes associées sont P_{JG} et P_{JE}.
c. Au niveau du poste, $I_G + I_E = I_A + I_F = I_{tot} \Rightarrow I_E = I_{tot} - I_G$

$$P_{JG} + P_{JE} = 3 \times R_G \times I_G^2 + 3 \times R_E \times I_E^2 = 3 \times R_G \times I_G^2 + 3 \times R_E \times (I_{tot} - I_G)^2$$

$$P_{JG} + P_{JE} = 3 \times R_G \times I_G^2 + 3 \times R_E \times I_{tot}^2 - 6 \times R_E \times I_{tot} \times I_G + 3 \times R_E \times I_G^2$$

$$P_{JG} + P_{JE} = 3 \times (R_G + R_E) \times I_G^2 - 6 \times R_E \times I_{tot} \times I_G + 3 \times R_E \times I_{tot}^2$$

Les pertes s'expriment sous forme d'un polynôme du second degré en I_G.

Le minimum des pertes est obtenu pour $I_G = \dfrac{-b}{2a}$, soit $I_G = \dfrac{R_E}{R_G + R_E} \times I_{tot}$

Application numérique : $I_G = \dfrac{0{,}2}{0{,}1 + 0{,}2} \times 900 = 600$ A ;

$P_{JG} = 3 \times 0{,}1 \times 600^2 = 108\,000$ W ;
$I_E = 900 - 600 = 300$ A ; $P_{JE} = 3 \times 0{,}2 \times 300^2 = 54\,000$ W.
P_{JA} et P_{JF} n'ont pas changé.
Pour les quatre lignes, **le total vaut 333 000 W.**

3. a. Le gestionnaire va utiliser **en priorité le parc éolien**, car son coût marginal est plus faible. La centrale à gaz ne sera pas sollicitée du tout, car le parc éolien peut assurer la totalité de la production à lui seul.
On aura : $I_E = 900$ A et $I_G = 0$ A.
b. $P_{JG} = 3 \times 0{,}1 \times 0^2 = 0$ W ; $P_{JE} = 3 \times 0{,}2 \times 900^2 = 486\,000$ W ;
P_{JA} et P_{JF} n'ont pas changé.
Pour les quatre lignes, **le total vaut 657 000 W.**
c. Les pertes sont ici optimales, bien que plus élevées qu'au 2., car l'énergie éolienne disponible serait perdue, de toutes façons, si on ne l'utilisait pas.
Il vaut donc mieux l'utiliser, même avec de fortes pertes Joule.

8 Les choix énergétiques et leurs impacts sur les sociétés

Le fabricant néerlandais Port Liner a développé des barges de transport de marchandises 100 % électriques.

L'électrification du secteur des transports devrait permettre de limiter les émissions de gaz à effet de serre, à condition que l'électricité correspondante soit décarbonée.

24 Les critères de choix d'un mix énergétique

En bref *La composition d'un mix énergétique traduit des arbitrages à différents niveaux (États, industriels, consommateurs) en fonction de nombreux critères et paramètres.*

I La disponibilité des ressources énergétiques

1 L'exploitation des ressources naturelles locales

■ L'autonomie énergétique est un enjeu majeur pour chaque territoire.
Les ressources disponibles localement sont donc exploitées en priorité : gisements (charbon, pétrole, gaz), terres agricoles (agrocarburants), ressources liées au climat (vent, ensoleillement), hydrographie, ressources géothermiques…
En 2018, le Canada, qui possède de nombreux cours d'eau a par exemple produit 59 % de son électricité (soit un peu plus de 10 % de son **mix énergétique**) grâce à l'énergie hydraulique.

MOTS CLÉS
- Le **mix énergétique** désigne la répartition des différentes sources d'énergie consommées dans une zone géographique donnée.
- Le **mix électrique** désigne la répartition des différentes sources d'électricité. Il est donc inclus dans le mix énergétique.

■ Lorsque le contexte géographique et géopolitique le permet, des ressources énergétiques sont importées, tantôt par nécessité, tantôt pour réduire les coûts. À l'inverse, l'excédent peut être exporté et devenir une source de revenus.

2 Le stockage des ressources intermittentes

■ Certaines énergies renouvelables sont intermittentes → FICHE 20. Elles ont une production variable et non programmable, car dépendante des conditions météorologiques et du cycle jour/nuit.

■ Pour assurer l'équilibre entre l'offre et la demande → FICHE 23, il faut stocker l'énergie et piloter les réseaux et les installations. Des solutions sont à l'étude comme le stockage de chaleur ou encore l'utilisation du dihydrogène fabriqué à partir de l'électrolyse de l'eau comme vecteur intermédiaire de stockage.
L'Islande possède des bus de transport public à hydrogène depuis 2003.

II Les coûts de production

Les coûts de production varient d'une technologie à une autre.
Pour l'électricité, un indicateur appelé LCOE (Levelized Cost of Energy) permet de les comparer.
Il prend en compte les coûts : d'acquisition, de construction, de rénovation du système ; d'opérations et de maintenance (main-d'œuvre et matériel) ; d'achats de carburant (inexistants dans le cas d'une énergie renouvelable).

III L'anticipation des impacts et la gestion des risques

1 Les impacts écologiques

En plus de contribuer au dérèglement climatique → FICHE 25, la production et la consommation d'énergie peuvent nuire directement aux écosystèmes.

Les barrages hydroélectriques provoquent la fragmentation de l'habitat des espèces aquatiques → FICHE 29. L'extraction du gaz de schiste ou celle du charbon polluent les nappes phréatiques.

Doc Une excavatrice dans la mine de Garzweiler, en Allemagne (2019)

Produire des biocarburants (ou agrocarburants) a non seulement un impact sur les sols, les nappes phréatiques et la biodiversité, mais aussi sur les émissions de CO_2. La culture de canne à sucre pour produire du bioéthanol a provoqué par exemple une déforestation majeure au Brésil. → FICHE 4.

2 Les impacts sanitaires

- En polluant l'air ou l'eau, la production et la consommation d'énergie peuvent provoquer de nombreuses maladies. → FICHE 13.
- La production d'énergie peut aussi être à l'origine de catastrophes industrielles, comme en 2014 lors d'une explosion suivie d'un incendie dans la mine de charbon de Soma, en Turquie, qui a fait 300 victimes.

zoOm

Quand l'Islande se chauffe grâce aux volcans

L'Islande, une des zones tectoniques les plus actives du globe, compte plus de 200 volcans. Ce contexte géologique particulier permet d'utiliser de l'eau qui a circulé en profondeur, et s'est réchauffée au contact des roches, pour chauffer les habitations (plus de 90 % des logements sont chauffés par l'énergie géothermique) et pour produire de l'électricité.

Les eaux de la station thermale du Lagon bleu proviennent de la centrale géothermique de Svartsengi, en Islande

25 La transition énergétique face à l'urgence climatique

En bref *Dans le contexte du dérèglement climatique, il est urgent de basculer au niveau mondial vers des énergies décarbonées et d'abandonner la production d'énergies polluantes, ce qui nécessite d'innover.*

I Favoriser la transition énergétique

1 Au niveau national

- Un état peut décider de développer des infrastructures (voies de transport en commun, par exemple), de mettre en place différents types de mesures (réglementaires, financières ou fiscales) pour promouvoir des sources d'énergie émettant moins de GES. Il peut aussi sensibiliser les particuliers et les entreprises.
- Il est également possible de réguler au niveau national les industries polluantes, par exemple en fermant des centrales à charbon.

2 Au niveau mondial

Les émissions de CO_2 par habitant varient d'un pays à l'autre. La plupart des pays à hauts revenus polluent plus que la plupart des pays à bas revenus. Les COP sont l'occasion de négociations sur le soutien au développement et la réduction des émissions de GES → FICHE 14, de transferts de technologies et d'aides à la transition énergétique.

II Innover au service du développement durable

1 Améliorer le stockage de l'électricité

- En dix ans, le prix des batteries lithium-ion → FICHE 20 a été divisé par neuf, grâce à de nombreuses innovations qui ont permis d'améliorer leurs performances et leur durée de vie, de réduire leur temps de charge.
- Ces innovations rendent de plus en plus compétitif le couplage entre une source d'énergie intermittente et une batterie. De plus, elles facilitent l'électrification d'autres domaines, comme les transports, jusqu'alors tributaires des hydrocarbures.

2 Valoriser les alternatives au charbon et capturer le carbone

- Le charbon apparaît aujourd'hui comme l'ennemi numéro un dans la lutte contre le réchauffement climatique. Les énergies nucléaire et renouvelables sont décarbonées, et le gaz naturel émet quant à lui significativement moins de GES que le charbon. Aux États-Unis, la baisse de 2 % des émissions de CO_2 en 2019 est principalement attribuée au déclin du charbon dans le mix électrique.

■ À plus long terme, les recherches s'orientent vers la capture du CO_2 – soit lors de son émission, soit lorsqu'il est déjà dans l'atmosphère –, puis vers sa séquestration dans le sous-sol terrestre, ce qui n'est pas encore au point.

III L'inertie des systèmes, l'urgence de l'action

■ La transition d'une énergie vers une autre implique une **transformation du secteur d'activité** associé, et donc la suppression de certains métiers pour lesquels une **reconversion** n'est pas toujours envisageable.

■ Fermer toutes les centrales à charbon sans en ouvrir de nouvelles irait dans le sens de l'accord de Paris sur le climat. Toutefois, leur durée d'amortissement de plusieurs décennies peut retarder le déploiement de technologies plus respectueuses du climat, de l'environnement et de la santé humaine.

Doc La centrale à charbon de Glen Lyn (États-Unis), fermée en 2015 après avoir fonctionné 71 ans

■ En parallèle de la production, les consommateurs d'énergie sont également soumis à une certaine inertie. Par exemple, une entreprise de transport amortit ses camions sur de nombreuses années, ce qui ralentit l'électrification du secteur. De la même manière, les pompes à chaleur représentent une alternative moins carbonée aux chaudières pour le chauffage, mais représentent un investissement lourd.

zoOm

Une expérience de capture du CO_2 dans l'atmosphère

Climeworks capture du CO_2 dans l'air en le fixant à un filtre et le revend à des entreprises agroalimentaires (pour fabriquer des sodas) ou à des serres (le CO_2 permet la photosynthèse).

Cette technologie gourmande en énergie n'est actuellement pas rentable mais pourrait utiliser l'excédent d'électricité produit par des panneaux solaires et des éoliennes.

Séquestration du CO_2 de l'atmosphère par Climeworks, à Zurich, en Suisse

26 Le nucléaire, un exemple de choix énergétique

En bref *Le nucléaire est une source d'énergie décarbonée mais dont les installations sont coûteuses à sécuriser.*

I Les caractéristiques du nucléaire en France

1 Des coûts de construction en hausse

- La **compétitivité** du nucléaire français s'appuie sur l'existence de **réacteurs déjà construits**.
Aucun nouveau réacteur n'a été mis en service depuis 2002.
Le délai maximal de démarrage de l'EPR de Flamanville (réacteur de troisième génération), dont le chantier a commencé en 2007, a été repoussé à 2024.

Doc 1 La piscine du réacteur de l'EPR de Flamanville, mai 2018

- La fission nucléaire consomme de l'**uranium**, extrait au **Canada**, au **Kazakhstan** et au **Niger**.
C'est un **combustible peu coûteux**, car une petite quantité suffit : la fission de l'uranium libère environ 2 millions de fois plus d'énergie que la combustion du charbon pour la même masse nette de combustible.

2 Une production stable d'électricité

- Les centrales nucléaires ne sont pas intermittentes. En revanche, moduler la puissance d'un réacteur est délicat et coûteux. Un réacteur est destiné à fonctionner **en continu** et **à charge constante**, sauf lors de sa maintenance.
- Les installations nucléaires en service permettent à la France de produire de manière constante une grande quantité d'électricité à faible coût, ce qui fait de notre pays le **premier exportateur d'électricité de l'Union européenne**.

3 Un faible impact climatique et sanitaire

- Le nucléaire est une énergie **non renouvelable** mais **peu carbonée** : son impact sur le climat est négligeable. En l'absence d'accident industriel, elle ne provoque pas de maladies respiratoires chez les populations, et les accidents sont rares.
- Toutefois, la fission nucléaire produit des **déchets radioactifs** issus du **retraitement des combustibles usés**. Certains de ces déchets sont très dangereux pour le vivant et doivent être confinés jusqu'à des centaines de milliers d'années pour ceux dont la période radioactive est longue.

II Les perspectives d'évolution du nucléaire français

1 Les petits réacteurs modulaires (*Small modular reactors*)

- Les centrales nucléaires sont de gros projets qui nécessitent des **investissements lourds** avec un cycle de production sur le **temps long**. La durée de vie d'une centrale peut dépasser 40 ans.

- La fabrication en série de **mini-réacteurs** nucléaires, au **cycle de production court**, impliquant une **prise de risque plus faible** en cas de problème, permettrait de tester de nombreuses **innovations**. Des start-ups de la Silicon Valley et des acteurs majeurs de l'énergie (en France, EDF et le CEA) travaillent sur le sujet.

2 La fusion nucléaire

- Alors que la **fission nucléaire**, processus actuellement industrialisé, consiste à **casser des noyaux atomiques** pour produire de l'énergie, la **fusion nucléaire** est le processus inverse par lequel des noyaux atomiques fusionnent en un noyau plus lourd. La fusion est **plus sûre** que la fission (**pas d'emballement** de la réaction) et elle ne génère **pas de déchets radioactifs de haute activité à vie longue**.

- Quand on parviendra à la contrôler, la fusion nucléaire pourra libérer une **énergie quatre fois supérieure à celle de la fission** nucléaire.
C'est l'objectif du projet Iter, fruit de la collaboration de 35 pays. Même si toutes les étapes du projet se déroulent avec succès, la première centrale à fusion ne pourra pas être construite avant 2050.

Doc 2 Le réacteur Iter, en 2019

zoOm

L'arche de confinement de la centrale de Tchernobyl

Le réacteur numéro 4 de la centrale de Tchernobyl a explosé en avril 1986.

En 2018 a été achevée une structure mesurant 108 mètres de haut et pesant 36 000 tonnes, destinée à remplacer l'ancienne et à assurer la sécurité du site pour les 100 ans à venir.

Cette arche de confinement a été conçue par un groupe d'entreprises majoritairement françaises.

MÉMO VISUEL

Le mix énergétique et le mix électrique

- Le **mix énergétique** est la répartition, par source, de l'énergie primaire consommée dans une zone géographique donnée.
- Le **mix électrique** est la partie du mix énergétique concernant spécifiquement la production d'électricité.

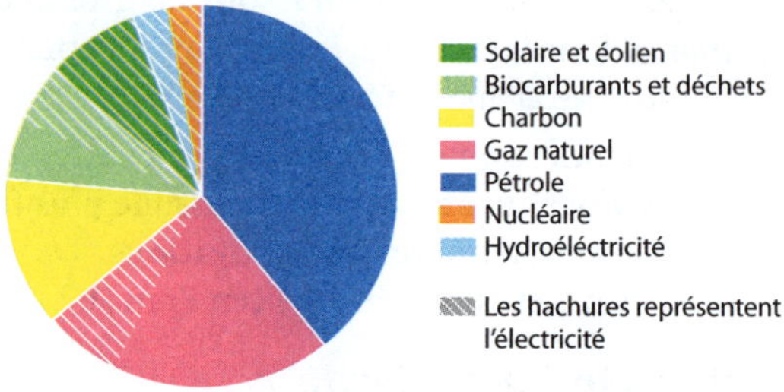

La quantité d'énergie produite

La quantité d'énergie produite ne correspond pas à la quantité d'énergie consommée, notamment parce qu'il est difficile de **produire à la demande**.

- Une part de l'énergie consommée peut être **importée**.
- L'**énergie excédentaire** produite peut être **exportée**.
- Ces ajustements ne sont pas possibles dans les **zones non interconnectées** (ZNI), insulaires ou à très faible densité de population.

Les paramètres d'évaluation des choix énergétiques

LES CHOIX ÉNERGÉTIQUES

La quantité d'énergie consommée et l'empreinte carbone

- Le mix énergétique doit être confronté à la quantité de CO_2 produite.
- L'empreinte carbone d'un pays peut être nuancée en la confrontant à l'empreinte carbone par habitant.

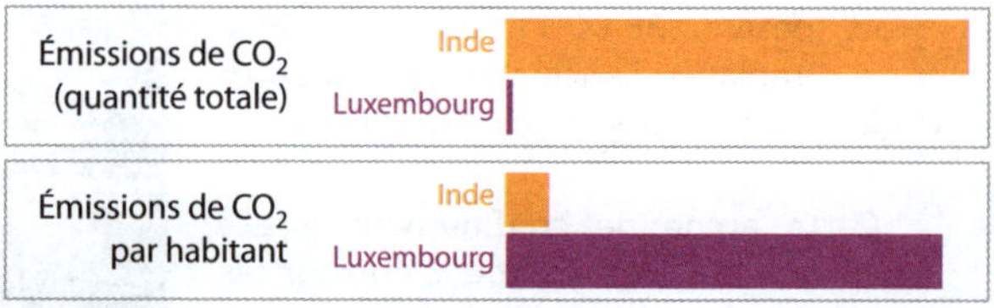

Les critères de choix d'un mix énergétique

La disponibilité des ressources
Les **ressources naturelles disponibles localement** sont exploitées en priorité : gisements (charbon, pétrole, gaz), terres agricoles (agrocarburants), ressources liées au climat (vent, ensoleillement, hydrographie), ressources géothermiques…

Les coûts de production
Produire de l'énergie implique des coûts d'investissement (**acquisition** ou **construction, rénovation**) et des coûts de fonctionnement (**achat de combustible**, de matériel, **maintenance**…).

Le contexte économique, géographique, géopolitique
- De bonnes relations diplomatiques entre les pays favorisent les échanges commerciaux, l'**interconnexion des grilles électriques et le partage de brevets**.
- Les zones isolées, non interconnectées, doivent être plus autonomes.

Les possibilités de stockage
À l'exception de l'hydroélectricité, les énergies renouvelables sont **intermittentes** et difficiles à stocker malgré les innovations apportées aux **batteries lithium-ion**.

ET LEURS IMPACTS SUR LES SOCIÉTÉS

Les impacts négatifs de la production d'énergie

Des impacts climatiques, environnementaux, économiques
Tous les systèmes de production d'énergie ont des **conséquences néfastes** :
- sur le climat, ce qui explique l'urgence de basculer vers des **énergies décarbonées** ;
- sur les **écosystèmes** (réduction et fragmentation des habitats, pollution de l'air, des eaux, des sols…) ;
- sur la **santé** (maladies) ;
- sur l'**économie** (catastrophes industrielles, destruction d'emplois…)

SE TESTER QUIZ

Vérifiez que vous avez bien compris les points clés des **fiches 24 à 26**.

1 Les critères de choix d'un mix énergétique

→ FICHE 24

1. Quels sont les freins au développement de l'énergie éolienne ?

☐ **a.** l'intermittence de cette ressource
☐ **b.** la performance des éoliennes face aux différents régimes du vent
☐ **c.** son impact sur la pollution de l'air

2. Comment une source d'énergie peut-elle impacter l'environnement ?

☐ **a.** en augmentant l'activité volcanique
☐ **b.** en détruisant des écosystèmes
☐ **c.** en émettant des gaz à effet de serre dans l'atmosphère

2 La transition énergétique face à l'urgence climatique

→ FICHE 25

1. Quels sont les pays qui émettent le plus de CO_2 par habitant ?

☐ **a.** les pays à hauts revenus
☐ **b.** les pays à bas revenus

2. Pour quelle raison le charbon est-il encore utilisé comme ressource ?

☐ **a.** parce qu'il émet moins de GES que les ressources alternatives
☐ **b.** parce que c'est une ressource intermittente
☐ **c.** parce que la filière est installée depuis le milieu du XIXe siècle

3 Le nucléaire, un exemple de choix énergétique

→ FICHE 26

1. Parmi ces propositions, laquelle est vraie ?

☐ **a.** Construire et gérer une centrale nucléaire est un projet à long terme.
☐ **b.** Le nucléaire est une source d'énergie émettant beaucoup de CO_2.
☐ **c.** Le nucléaire n'a aucun impact environnemental.

2. Quels sont les avantages de la fusion nucléaire ?

☐ **a.** Elle permet de capturer le carbone de l'air.
☐ **b.** Elle ne rejette pas de déchets radioactifs de haute activité à vie longue.
☐ **c.** La réaction de fusion ne provoque pas d'emballement du réacteur.

S'ENTRAÎNER

4 Réviser le cours en 8 questions flash

→ FICHES 24 à 26

1. Quelle est la différence entre un mix énergétique et un mix électrique ?

2. Citer au moins trois critères déterminants dans le choix d'un mix énergétique.

3. Quelle est la différence entre une énergie renouvelable et une énergie décarbonée ?

4. Pourquoi les biocarburants produisent-ils du CO_2 ?

5. Le gaz naturel est-il une ressource plus ou moins carbonée que le charbon ?

6. Citer au moins deux avantages et deux inconvénients de la fission nucléaire.

7. Quel est l'intérêt des petits réacteurs nucléaires modulaires ?

8. Pourquoi n'utilise-t-on pas encore la fusion nucléaire pour produire de l'électricité ?

5 Les caractéristiques des principales ressources énergétiques

→ FICHES 24 à 26

Associer chaque ressource énergétique à ses caractéristiques.

charbon •	• décarbonée
éolien •	
fission nucléaire •	• fossile
gaz naturel •	
hydraulique •	• intermittente
pétrole •	
solaire •	• renouvelable

6 Les critères d'évaluation de choix énergétiques

→ FICHES 24 et 25

Complétez le texte avec les mots suivants.

carbone • CO_2 • impacts • local • mondial • ressource énergétique • coûts

Pour évaluer des choix énergétiques au niveau .... et leurs impacts au niveau ...., il est nécessaire de prendre en compte le bilan .... (émissions de ....) de chaque .... utilisée dans la zone géographique étudiée.

Il faut également considérer les ...., les .... sanitaires et environnementaux à long terme, et les impacts sur l'économie et sur l'emploi.

7 En République démocratique du Congo : des mini-grids

→ FICHES 24 et 25

En République démocratique du Congo, 56 % de la population vit en milieu rural et seulement 9 % de la population a accès à l'électricité. 99 % de l'électricité actuellement produite dans le pays provient des installations hydrauliques. Dans la capitale, Kinshasa, 100 000 foyers produisent leur propre énergie solaire pour subvenir à leurs besoins en électricité.

1. Pourquoi les centrales hydrauliques ne permettent-elles pas d'approvisionner un plus grand nombre de personnes en électricité ?

2. Pourquoi est-il pertinent d'opter pour des mini-grids (mini-réseaux de distribution d'électricité) fonctionnant à l'énergie solaire plutôt que pour une grille nationale interconnectée en République démocratique du Congo ?

8 Au Costa Rica : vers une neutralité carbone

→ FICHES 24 et 25

Petit État d'Amérique centrale, le Costa Rica fait partie des pays les plus vulnérables au monde face au dérèglement climatique du fait de sa position géographique. Le 24 février 2019, le président Carlos Alvarado a lancé un plan national ayant pour objectif d'atteindre la neutralité carbone d'ici 2050.

1. À l'aide du document, présenter les avantages et les inconvénients du mix énergétique du Costa Rica.

2. Émettre des hypothèses pour expliquer ce mix énergétique.

3. Proposer une piste de réflexion pour diminuer son impact climatique.

Doc Le mix énergétique du Costa Rica

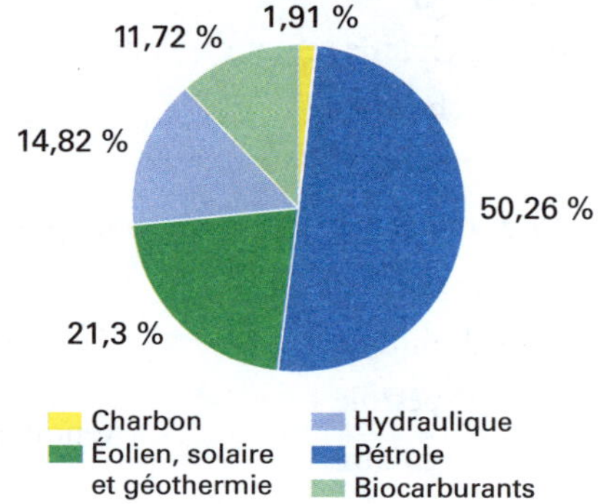

Source : IEA, 2017

9 En Nouvelle-Zélande : un mix énergétique insulaire

→ FICHES 24 et 25

La Nouvelle-Zélande est constituée de deux îles principales reliées par le détroit de Cook :
- l'île du Nord compte de nombreux volcans ;
- l'île du Sud se caractérise par une forte pluviométrie.

L'interconnexion entre l'île Nord et l'île Sud est assurée par une ligne à haute tension à courant continu sous-marine.

1. Citer deux sources d'énergie renouvelables qui doivent logiquement figurer dans le mix énergétique de la Nouvelle-Zélande.

2. À quelle difficulté est-elle confrontée du fait de sa nature insulaire ?

OBJECTIF BAC

10 La transition énergétique au niveau mondial

60 min

Cet exercice va vous permettre d'étudier à différentes échelles (mondiale ou nationale, globale ou par habitant) l'évolution des émissions de CO_2 puis de réfléchir à des actions destinées à les réduire. → FICHES 24 et 25

LE SUJET

Face aux enjeux démographiques et climatiques, la transition énergétique doit s'envisager mondialement.

Toutefois, les décisions sur les choix énergétiques se font localement.

Pour mieux décrypter ces choix et identifier les principaux leviers d'action qui permettraient de décarboner le mix énergétique mondial, il est nécessaire d'analyser finement l'augmentation des émissions de CO_2, en regardant son évolution par habitant, selon le pays ou encore selon la source d'énergie.

Doc 1a Les émissions de CO_2 dans le monde

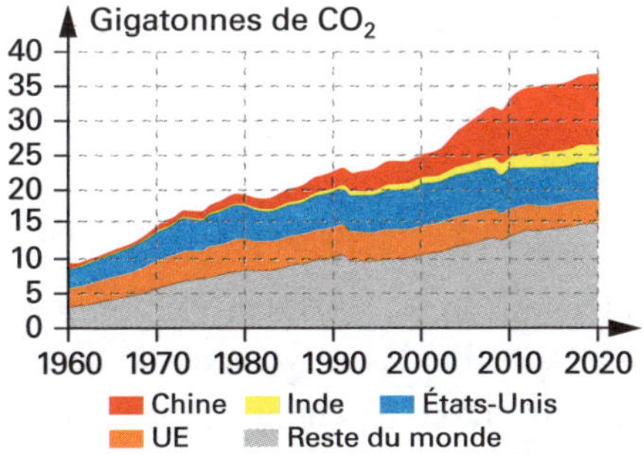

Doc 1b Les émissions de CO_2 mondiales par habitant

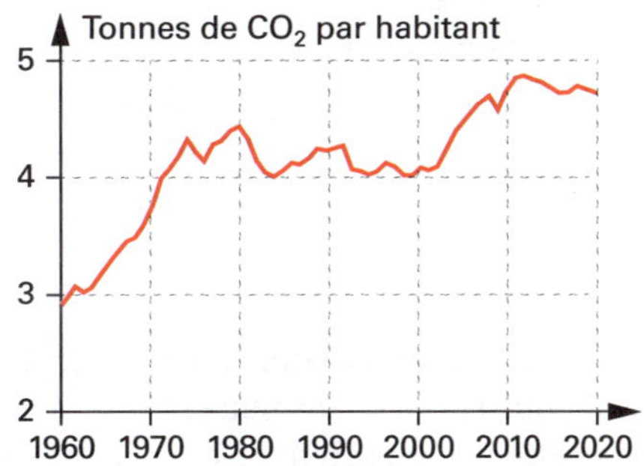

Doc 1c **Les variations annuelles des émissions de CO_2 par régions du monde (2016-2019)**

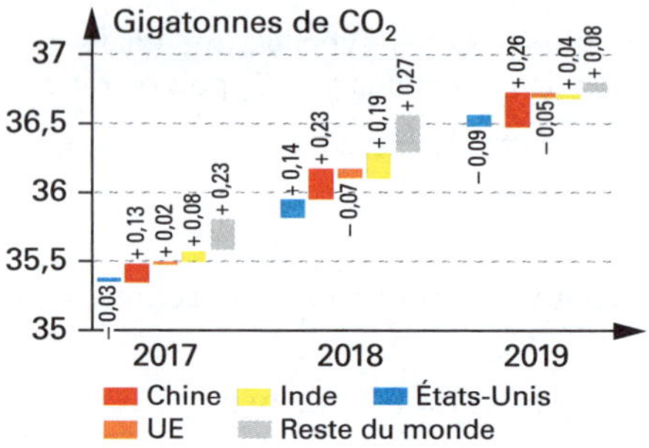

Doc 1d **Les variations annuelles des émissions de CO_2 par sources (2016-2019)**

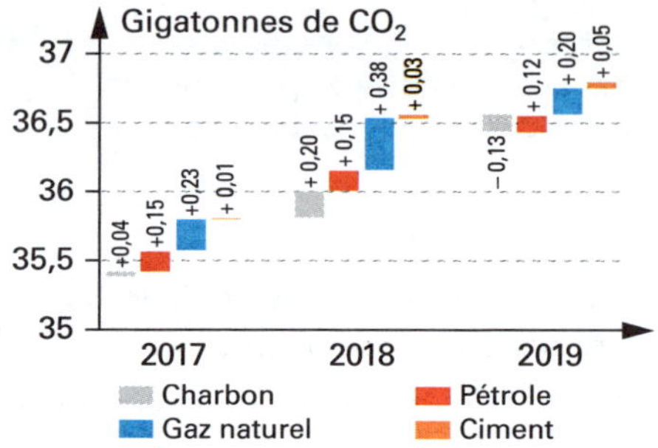

Source : Global Carbon Project.

Doc 2 **La population et le PIB des États-Unis, de la Chine et de l'Inde en 2018**

Pays	Nombre d'habitants (en millions)	PIB (en milliards de dollars/an)
États-Unis	327	20 494
Inde	1 353	2 716
Chine	1 393	13 407

Source pour le PIB : Fonds monétaire international

1. Expliquer pourquoi les émissions globales de CO_2 au niveau mondial (doc 1a) et les émissions par habitant (doc 1b) n'évoluent pas de la même façon.

2. a. D'après les documents 1a et 1c, comment évoluent les émissions de CO_2 chez les trois plus gros émetteurs de CO_2 ?
b. Donner des arguments qui justifient le fait que les émissions ne sont pas proportionnelles au nombre d'habitants (document 2) ?

3. Quels choix énergétiques semblent avoir été faits ces dernières années (doc 1d) ?

4. À l'aide de vos connaissances, expliquer quels choix énergétiques locaux pourraient avoir un impact positif sur la réduction des émissions de CO_2 au niveau mondial.

▶▶▶ LA FEUILLE DE ROUTE

1. Imaginer un scénario d'évolution possible à partir de données passées
Décrivez et interprétez chaque courbe, puis relisez l'introduction du sujet. Déduisez-en la raison pour laquelle les deux courbes n'évoluent pas à l'identique.

2. Croiser des données scientifiques avec des données géographiques

a. Repérez les trois pays qui ont émis le plus de CO_2 en 2019. Nuancez en précisant l'évolution de leurs émissions (forte augmentation, faible baisse, etc.).

b. Croiser le document 1a et le document 2 pour analyser la différence entre Chine, Inde et États-Unis.

3. Mettre en relation l'étude de documents avec vos connaissances

Repérez la source d'énergie fossile dont les émissions de CO_2 augmentent le plus depuis 2016 et celle dont les émissions de CO_2 ont diminué en 2019 ? Confrontez ces données à ce que vous savez des efforts faits pour réduire les émissions de CO_2.

4. Imaginer des solutions pour l'avenir à partir de données actuelles

En tenant compte des tendances actuelles et des leviers d'action possible, ainsi que de vos connaissances en histoire-géographie, imaginez ce qui pourrait aller dans le sens de la neutralité carbone.

CORRIGÉS

SE TESTER QUIZ

1 Les critères de choix d'un mix énergétique

1. Réponses a et b.

L'énergie éolienne est tributaire du vent, donc intermittente. La quantité de vent n'étant pas la même en tout point du globe, l'efficacité des éoliennes dépend de l'endroit où elles sont installées et des régimes de vent. La construction des éoliennes pollue, mais pas leur fonctionnement ; la réponse c est donc fausse.

2. Réponses b et c.

Aucune source d'énergie n'a la moindre influence sur l'activité volcanique ; la réponse a est donc fausse.

2 La transition énergétique face à l'urgence climatique

1. Réponse a.

Si les pays à bas revenus peuvent émettre parfois plus de CO_2 en valeur absolue que les pays à haut revenus, une fois rapporté à la population le classement s'inverse.

2. Réponse c.

Le charbon est un combustible qui peut être stocké ; la réponse b est donc fausse. C'est l'un des combustibles qui émet le plus de CO_2, loin devant le gaz, et plus loin encore devant le nucléaire et les énergies solaires et éoliennes ; la réponse a est donc fausse. Mais la filière du charbon est déployée dans le monde entier depuis 1850 et cette ressource est abondante, ce qui explique une certaine inertie.

3 Le nucléaire, un exemple de choix énergétique

1. Réponse a.
La construction d'une centrale nucléaire peut prendre plus de 10 ans, tandis que son exploitation peut dépasser 40 ans. Bien qu'étant une énergie décarbonée (réponse b fausse), le nucléaire n'est pas sans impact environnemental. Certains déchets peuvent rester radioactifs pendant des centaines de milliers d'années et le refroidissement des centrales impacte les écosystèmes en provoquant une augmentation de la température des cours d'eau en aval ; la réponse c. est donc fausse.

2. Réponses b et c.
Lors de la fusion nucléaire, deux noyaux d'hydrogène « s'assemblent » pour former un noyau plus lourd. Cette réaction est difficile à maintenir dans le temps, ce qui a l'avantage d'éviter tout emballement du réacteur. Aucun déchet de haute activité à vie longue n'est rejeté, car il ne s'agit pas de briser de gros atomes. Par contre, la fusion ne permet pas de capturer le carbone de l'air ; donc la réponse a est fausse.

S'ENTRAÎNER

4 Réviser le cours en 8 questions flash

1. Le **mix énergétique** désigne la **répartition** des différentes **sources d'énergie primaire consommées**. Le mix électrique désigne la part des différentes sources d'énergie dans la production d'éléctricité.

2. On peut citer la **disponibilité** de la ressource, son **coût** de revient, ses **impacts** sur la **santé**, sur l'**environnement** et sur l'**emploi**.

3. Une énergie renouvelable n'exploite pas directement une ressource épuisable. Une énergie **décarbonée** n'émet **pas de CO_2** dans l'atmosphère. Une énergie renouvelable n'est pas forcément décarbonée et réciproquement.

4. La production de **biocarburants** peut provoquer une **extension** des **terres agricoles** et engendrer une **déforestation** qui produit du CO_2.

5. Le **gaz naturel** est un hydrocarbure (composé de carbone et d'hydrogène), mais il rejette nettement **moins de carbone** que le **charbon** pour produire la même quantité d'énergie.

6. Avantages : la **fission nucléaire** est une énergie **décarbonée non intermittente**. Inconvénients : la fission nucléaire produit des **déchets radioactifs** et présente des **risques industriels**.

7. Les **petits réacteurs nucléaires modulaires** permettent d'**accélérer** le cycle d'**innovation**, de **réduire** les **aléas** propres aux grands projets et les conséquences des **accidents** éventuels.

8. Aujourd'hui, la **fusion nucléaire** n'est pas **encore suffisamment maîtrisée** pour être exploitée. Elle fait encore aujourd'hui l'objet de recherches et de développements.

5 Les caractéristiques des principales ressources énergétiques

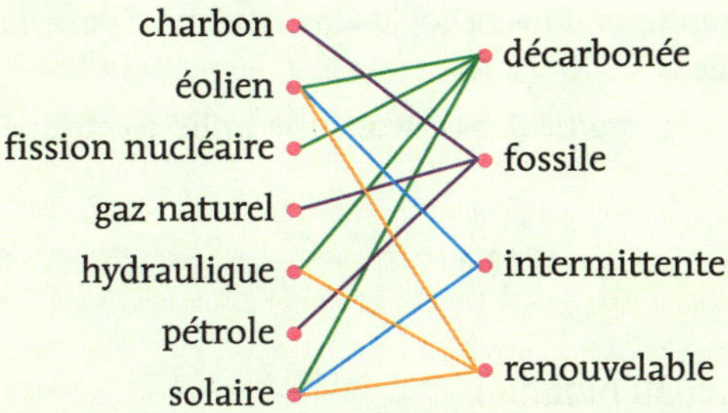

6 Les critères d'évaluation de choix énergétiques

Pour évaluer des choix énergétiques au niveau **local** et leurs impacts au niveau **mondial**, il est nécessaire de prendre en compte le bilan **carbone** (émissions de CO_2) de chaque **ressource énergétique** utilisée dans la zone géographique étudiée. Il faut également considérer les **coûts**, les **impacts** sanitaires et environnementaux à long terme, et les impacts sur l'économie et sur l'emploi.

7 En République démocratique du Congo : des mini-grids

1. Au-delà de la **production d'électricité**, **insuffisante** pour subvenir aux besoins de la population, le **réseau** électrique de la République démocratique du Congo **ne couvre pas tout le territoire** (« seulement 9 % de la population a accès à l'électricité »), car il s'agit d'un **pays faiblement urbanisé** (« 56 % de la population vit en milieu rural »). Il faudrait créer des infrastructures importantes de transport et de distribution de l'électricité pour alimenter de petits villages éloignés les uns des autres.

2. Étendre la grille électrique demande un investissement centralisé coûteux et difficile à réaliser, alors qu'un mini-grid, plus modeste, est plus facile à réaliser. L'énergie solaire est plus accessible que l'énergie hydraulique et de petites installations sont possibles.

8 Au Costa Rica : vers une neutralité carbone

1. Le **mix énergique** du Costa Rica a l'avantage d'être **en grande partie renouvelable (près de 48 %)**. En revanche, si le charbon est seulement résiduel, c'est un pays encore **dépendant à plus de 50 % du pétrole**.

2. Les énergies renouvelables servant avant tout à générer de l'électricité, on peut supposer que le **mix électrique** du Costa Rica est **décarboné à presque 100 %**. Sa **transition énergétique** est donc **bien amorcée**. On peut supposer par ailleurs que le **pétrole** est essentiellement utilisé dans le secteur des **transports**.

3. Afin de rendre ce mix énergétique moins émetteur en CO_2, il conviendrait de développer les **véhicules électriques pour les transports en commun et pour les particuliers**.

9 En Nouvelle-Zélande : un mix énergétique insulaire

1. Les **énergies géothermique** et **hydraulique** doivent logiquement figurer dans le mix énergétique de la Nouvelle-Zélande.

2. La Nouvelle-Zélande étant une île, elle ne peut pas avoir une grille électrique interconnectée avec d'autres pays.

OBJECTIF BAC

10 La transition énergétique au niveau mondial

1. Le document 1a montre que les émissions de CO_2 n'ont cessé d'augmenter depuis 1960. Ces dernières années, elles augmentent proportionnellement plus en Chine et en Inde que dans le reste du monde, surtout depuis les années 2000.
Le document 1b présente quant à lui l'évolution des émissions de CO_2 par habitant. Depuis 1970, celles-ci restent stables, en dehors d'une parenthèse dans la décennie 2000-2010 où elles ont augmenté.
Ce découplage entre **stabilité des émissions de CO_2 par habitant** et **augmentation du total des émissions** est **lié à l'augmentation de la population mondiale** : à émission individuelle constante, elle entraîne une hausse finale.

2. a. Les **trois pays émettant le plus de CO_2** sont, dans l'ordre, la **Chine**, les **États-Unis** et l'**Inde**. Si les émissions des États-Unis sont restées stables ces vingt dernières années, celles de la Chine – et de l'Inde dans une moindre mesure – ont augmenté.
b. Le document 2 indique que :
– la Chine et l'Inde sont à peu près aussi peuplées l'une que l'autre, et bien plus peuplées que les États-Unis ;
– le PIB de l'Inde est très faible par rapport à ceux de la Chine et des États-Unis.
Si la population d'un pays déterminait la quantité d'émissions de CO_2, alors l'Inde devrait émettre autant de CO_2 que la Chine, et près de trois fois plus que les États-Unis. Or ce n'est pas le cas, notamment parce qu'**un grand nombre de personnes vivent sous le seuil d'extrême pauvreté en Inde et consomment donc très peu d'énergie**.

3. D'après le document 1d, les émissions de CO_2 liées au gaz naturel et au pétrole augmentent, alors que celles liées au charbon diminuent.
Cela traduit le **recul du charbon dans les pays à hauts revenus**, qui le remplacent par du gaz naturel (moins polluant) et des énergies renouvelables.
On peut expliquer l'augmentation des émissions de CO_2 liées au pétrole par l'augmentation du nombre de véhicules.

4. Un pays souhaitant réduire ses émissions de CO_2 pourrait :
- électrifier son secteur des transports ;
- produire son électricité à partir d'énergies renouvelables (solaire, éolienne, géothermie) ;
- remplacer les centrales au charbon par des centrales au gaz naturel, moins carboné.

9 La biodiversité et son évolution

Zone d'orpaillage illégal dans la forêt amazonienne (Guyane).

La forêt tropicale est un véritable réservoir de biodiversité : plus de 5 000 espèces s'y côtoient. L'orpaillage illégal impacte cet écosystème, en fragmentant et en détruisant la surface disponible pour les espèces qui y vivent.

27 L'estimation de la biodiversité

En bref *La Terre est habitée par une grande diversité d'êtres vivants, dont seule une faible proportion est réellement connue.*
On peut estimer la biodiversité à l'aide de plusieurs méthodes.

I L'estimation par échantillonnage

■ La biodiversité est mesurée grâce à des techniques d'**échantillonnage** (spécimens ou ADN). On peut obtenir des échantillons lors de sorties de terrain ou d'explorations scientifiques.

MOT CLÉ
Un **échantillonnage** est le prélèvement d'une petite partie d'un ensemble, que l'on va examiner et qui permettra d'obtenir des informations sur la totalité de l'ensemble.

■ Plusieurs méthodes permettent d'estimer la biodiversité à partir d'échantillons :
– la **méthode du quadrat** offre une estimation de la **richesse spécifique** (nombre d'espèces) et de l'**abondance** (nombre d'individus) d'une population, d'une espèce ou d'un plus grand taxon sur une **surface délimitée** ;
– la **méthode du transect** permet de réaliser les mêmes estimations le long d'une **ligne virtuelle**.

II L'estimation par capture-marquage-recapture

■ Lorsque l'échantillonnage d'une surface délimitée n'est pas envisageable, il est possible d'estimer un effectif grâce à la **méthode de capture-marquage-recapture (CMR)**, qui repose sur le **principe de proportionnalité**. En écologie, cette méthode est souvent utilisée pour estimer l'**abondance de populations**.

C'est d'ailleurs cette méthode que le zoologiste britannique Robert Kettlewell (1907-1979) utilisa pour la phalène du bouleau, un papillon de nuit clair ou sombre qui se repose sur le tronc des bouleaux, et dont la part d'individus sombres de sa population a augmenté depuis la révolution industrielle.

Doc 1a Phalènes du bouleau sur un tronc sombre

■ Lors de la méthode de capture-marquage-recapture, un grand nombre de phalènes des deux formes sont capturées, marquées au niveau du ventre puis relâchées à la fois dans une zone boisée non polluée et dans une zone polluée. Quelques jours plus tard, une nouvelle campagne de capture est menée.

Doc 1b Un résultat de l'expérience menée par Kettlewell (1955)

Zone boisée non polluée	Forme blanche
Nombre d'individus capturés, marqués, relâchés (M)	496
Nombre d'individus recapturés (n)	121
Nombre d'individus recapturés marqués (m)	62

■ Les formes claires recapturées sont plus nombreuses dans les régions boisées, non polluées, où elles peuvent se camoufler sur les troncs clairs et donc échapper aux oiseaux. Elles sont moins nombreuses dans les régions polluées, où les formes claires sont plus visibles sur les troncs d'arbres recouverts de suie.

■ On peut faire une **estimation** de la taille N de la population de phalènes à l'aide de **l'indice de Lincoln-Peterson**. On fait l'hypothèse que la proportion d'individus marqués dans l'échantillon est égale à la proportion d'individus marqués dans la population, c'est-à-dire $\frac{m}{n} = \frac{M}{N}$; alors $N = M \times \frac{n}{m}$.

Avec les données précédentes, on obtient : $N = 496 \times \frac{121}{62}$, soit $N = 968$.

III L'estimation par intervalle de confiance

■ On peut aussi évaluer la proportion d'individus qui portent un caractère donné dans la population à l'aide d'un **intervalle de confiance**, élaboré à partir d'un échantillon. Plus la taille de l'échantillon est grande, plus l'intervalle de confiance est réduit, et donc plus l'estimation est **précise**.

■ Un intervalle de confiance est toujours associé à un **niveau de confiance**, souvent de 95 %. Il permet d'établir la « marge d'erreur » entre les données recueillies dans l'échantillon et les données de la population totale.

zoOm

Cap sur les coraux du Pacifique

Les récifs coralliens du Pacifique sont étudiés le long d'un transect. Cette cartographie permet aux chercheurs de comprendre les capacités d'adaptation des coraux face aux changements climatiques et environnementaux.

Échantillonnage de coraux en Papouasie-Nouvelle Guinée (expédition Tara Pacific)

28 La composition génétique d'une population

En bref *La composition génétique d'une population évolue au fil des générations. Le modèle de Hardy-Weinberg, central en génétique, prévoit une stabilisation rapide de cette composition sous certaines conditions.*

I Le principe du modèle de Hardy-Weinberg

■ Pour étudier la composition génétique d'une population, on considère un gène pour lequel il existe deux allèles, et une **population « idéale »** au sein de laquelle les individus possèdent deux allèles pour ce gène.

Cette population « idéale » doit vérifier certaines conditions :
– une grande taille, théoriquement une **taille « infinie »** ;
– **pas de mutation**, de **sélection**, de **dérive génétique**, et **pas de migration** ;
– **pas de croisements entre générations**.

> **À NOTER**
> Les cellules des individus de cette population sont **diploïdes** : leurs chromosomes sont présents par paires, donc elles possèdent deux allèles pour chaque gène.

On suppose que les gamètes se rencontrent de manière aléatoire (**panmixie**).

■ Le mathématicien britannique G. H. Hardy (1877-1947) et le médecin allemand W. Weinberg (1862-1937) ont établi en 1908, indépendamment l'un de l'autre, une loi qui affirme que, quelle que soit la distribution initiale des allèles dans une population idéale (génération 0), supposée identique chez les hommes et les femmes, les **fréquences alléliques** restent constantes à partir de la génération 1. Les fréquences **génotypiques** s'en déduisent et restent également constantes. On parle d'**équilibre de Hardy-Weinberg.**

> **À NOTER**
> Le **génotype** d'un individu est l'ensemble de ses allèles.

II Le modèle mathématique

■ A et a sont les deux allèles du gène étudié. Un individu peut donc présenter l'un des trois génotypes : AA, Aa, aa.
On note respectivement p_0, q_0 et r_0 les fréquences initiales de ces trois génotypes, et, pour tout entier $n \geqslant 1$, p_n, q_n et r_n leurs fréquences à la génération n.

> **À NOTER**
> Pour tout entier naturel n : $p_n + q_n + r_n = 1$.

■ On montre que $p_0 - r_0 = p_1 - r_1 = p_2 - r_2 = \ldots = p_n - r_n = \alpha$ pour tout entier naturel n et que les fréquences des génotypes au fil des générations sont :

• $p_1 = \left(\dfrac{1+\alpha}{2}\right)^2$; $p_2 = \left(\dfrac{1+\alpha}{2}\right)^2$; $p_3 = \left(\dfrac{1+\alpha}{2}\right)^2 \ldots$

• $r_1 = \left(\dfrac{1-\alpha}{2}\right)^2$; $r_2 = \left(\dfrac{1-\alpha}{2}\right)^2$; $r_3 = \left(\dfrac{1-\alpha}{2}\right)^2 \ldots.$

• $q_1 = \dfrac{1-\alpha^2}{2}$; $q_2 = \dfrac{1-\alpha^2}{2}$; $q_3 = \dfrac{1-\alpha^2}{2} \ldots.$

Si on note respectivement F et f les fréquences des allèles A et a à partir de la génération 1, alors pour $n \geqslant 1$: $F = \dfrac{2p_n + q_n}{2}$ et $f = \dfrac{2r_n + q_n}{2}$, et les fréquences génotypiques attendues sont : $p_n = F^2$; $q_n = 2Ff$; $r_n = f^2$

À NOTER

On peut toujours calculer les fréquences alléliques à partir des fréquences génotypiques. Le calcul inverse n'est possible que pour une population **à l'équilibre de Hardy-Weinberg**.

III Les écarts par rapport au modèle de Hardy-Weinberg

On considère toujours un gène à deux allèles, et une population d'individus possédant tous deux allèles pour ce gène.

Pour savoir si cette population est « à l'équilibre de Hardy-Weinberg » :
- on relève les effectifs et on calcule la fréquence de chaque génotype ;
- on calcule les fréquences alléliques F et f correspondantes ;
- on calcule les fréquences génotypiques attendues à partir des fréquences alléliques F et f.

Si les écarts entre les fréquences génotypiques observées et les fréquences génotypiques attendues sont importants, alors la population n'est pas « à l'équilibre de Hardy-Weinberg ».

Ces écarts s'expliquent notamment par les effets de forces évolutives modifiant la fréquence des allèles, comme les mutations, sélections, dérives génétiques et migrations.

zoOm

Le facteur Rhésus

Chaque être humain possède deux allèles, identiques ou différents, du gène rhésus, Rh+ et/ou Rh–.

Comme seul l'allèle Rh+, dominant, s'exprime, il est difficile de savoir si le génotype d'un individu est Rh+/Rh+ ou Rh+/Rh–.

Si une population est à l'équilibre de Hardy-Weinberg, on peut, connaissant la fréquence d'individus Rh+, déterminer une approximation de la fréquence de chacun des deux allèles dans la population.

Le facteur Rhésus doit son nom au macaque rhésus qui a servi d'animal d'expérience dans des recherches sur le sang.

29 L'impact des activités humaines sur la biodiversité

En bref *Les activités humaines perturbent le fonctionnement des écosystèmes, aboutissant à une perte de la biodiversité. Des solutions doivent être trouvées afin de permettre une gestion durable des écosystèmes.*

I Les activités humaines et la biodiversité

- Les activités humaines (pollution, destruction des écosystèmes, surexploitation des espèces, etc.) impactent **la biodiversité**, entraînant un **déclin de l'abondance de certaines populations** et parfois l'**extinction de certaines espèces**.

- La **déforestation**, par exemple, entraîne une **perte d'habitat** à l'échelle locale pour de nombreux êtres vivants, ainsi qu'une **dégradation de l'habitat** à l'échelle globale. En perturbant le cycle du carbone, la déforestation contribue en effet au **dérèglement climatique** et à la destruction de nombreux habitats.

- La **fragmentation des habitats**, qui divise un écosystème en plusieurs parcelles de taille réduite et isolées spatialement, constitue la **principale cause d'extinction des espèces** à l'échelle planétaire. Les routes qui traversent les forêts, par exemple, représentent une barrière pour de nombreuses espèces.

- La fragmentation d'une population en plusieurs échantillons de faible effectif entraîne, par **dérive génétique**, un **appauvrissement de sa diversité génétique**.

MOT CLÉ

La **dérive génétique** est la modification aléatoire de la fréquence des allèles au sein d'une population, d'une génération à la suivante. Elle est d'autant plus importante que l'effectif de la population est faible.

Doc **Illustration de la fragmentation de l'habitat des amphibiens**

D'après J. Muratet, Ecodiv

Au cours de leur cycle de vie, les amphibiens doivent effectuer des migrations entre habitat aquatique et terrestre qui sont indispensables à leur reproduction.

La construction de routes, en fragmentant leur habitat, va isoler certaines populations d'amphibiens et peut causer leur extinction à plus ou moins long terme.

II La gestion durable des écosystèmes

■ Les humains exploitent les écosystèmes de la planète afin de subvenir à leurs besoins mais subissent aussi les conséquences de leurs dégradations. Nous sommes en effet en **interaction permanente** avec les écosystèmes et notre santé en dépend puisque l'environnement nous procure, entre autres, nourriture et médicaments. Une **gestion raisonnée des ressources exploitables**, grâce à une approche **écologique**, est indispensable pour limiter les impacts des activités humaines.

> **À NOTER**
> L'**écologie** est l'étude des interactions des êtres vivants entre eux et avec leur environnement.

■ Des techniques d'**ingénierie écologique** peuvent limiter les impacts écologiques des aménagements humains et restaurer des écosystèmes dégradés, permettant d'y **préserver la biodiversité**.

zoOm

Attention ! Amphibiens à protéger

Des étudiants en écologie ont réalisé puis déposé des panneaux d'information à l'entrée des blockhaus de Saint Nazaire (Loire Atlantique) afin de demander aux jeunes qui réalisent des tags d'emporter avec eux leurs bombes de peinture. Si elles restent près des blockhaus, les solvants des peintures détruisent de nombreuses espèces d'amphibiens qui y vivent (crapauds, grenouilles, tritons, salamandres).

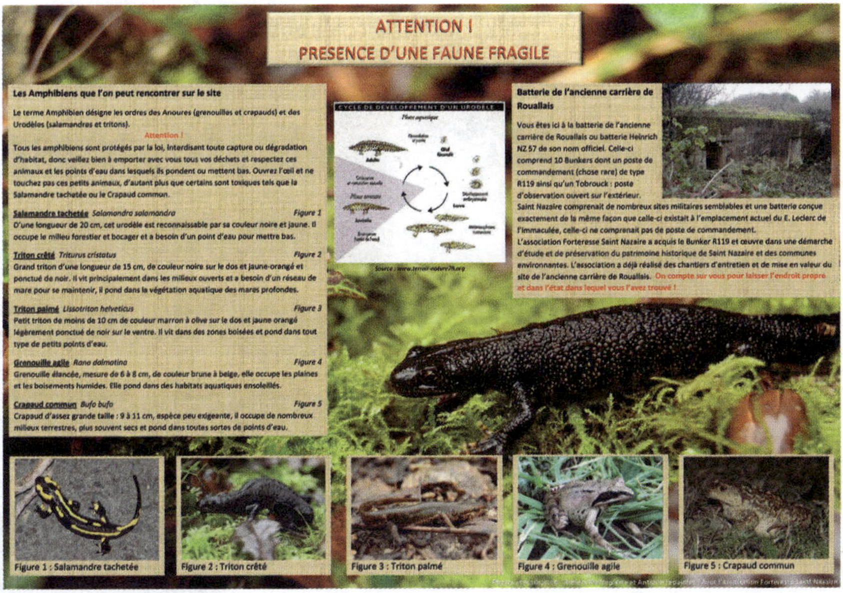

Estimation de la biodiversité

Estimer le nombre d'espèces et l'abondance de chaque taxon

- Résultats d'échantillonnage
- Méthode de capture-marquage-recapture
- Intervalle de confiance

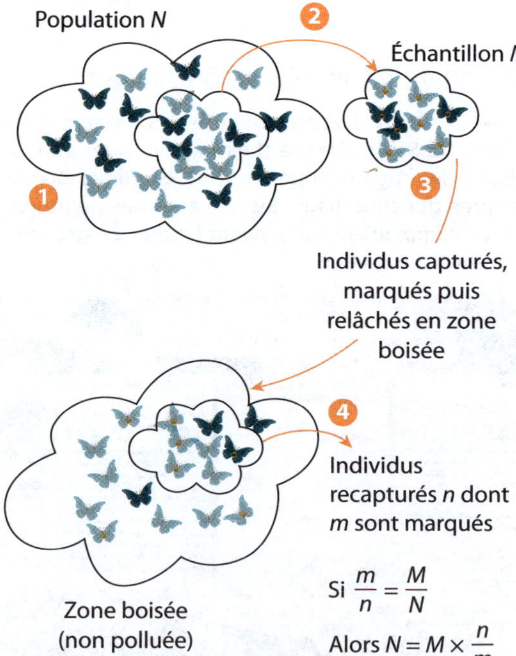

Si $\frac{m}{n} = \frac{M}{N}$

Alors $N = M \times \frac{n}{m}$

Activités humaines

Perturbation des écosystèmes
- Destruction et fragmentation des habitats
- Perte de biodiversité
- Extinction d'espèces

Femelle koala et son petit dans une forêt australienne

Gestion durable des écosystèmes
- Gestion des ressources exploitables
- Préservation de la biodiversité

Composition génétique des populations d'une espèce

Modèle de Hardy-Weinberg
- Stabilisation de la fréquence des allèles dans une population
- Action des forces évolutives (mutation, sélection, dérive, etc.)

ET SON ÉVOLUTION

SE TESTER QUIZ

Vérifiez que vous avez bien compris les points clés des **fiches 27, 28 et 29**.

1 L'estimation de la biodiversité

→ FICHE 27

1. Parmi les méthodes permettant d'étudier la biodiversité, on trouve :

☐ **a.** le transect, qui permet d'estimer la biodiversité sur une surface délimitée
☐ **b.** le quadrat, qui permet d'estimer la biodiversité sur un parcours défini
☐ **c.** la méthode de capture-marquage-recapture, qui permet d'estimer un effectif

2 La composition génétique d'une population

→ FICHE 28

1. Comment doit être une population « idéale » dans le modèle de Hardy-Weinberg ?

☐ **a.** La population doit avoir une taille limitée.
☐ **b.** La population ne doit présenter ni mutation ni dérive génétique.
☐ **c.** La population ne doit pas présenter de croisements entre générations.

2. Parmi les affirmations suivantes, lesquelles sont vraies ?

☐ **a.** On calcule la fréquence de chaque génotype après avoir relevé l'effectif de la population.
☐ **b.** On calcule les fréquences alléliques attendues à partir des fréquences génotypiques.
☐ **c.** On considère toujours un gène ayant au minimum deux allèles.

3 L'impact des activités humaines sur la biodiversité

→ FICHE 29

1. Quelles sont les conséquences des activités humaines ?

☐ **a.** Une transformation de l'écosystème mais un maintien de la biodiversité.
☐ **b.** Une fragmentation de l'habitat pour de nombreuses espèces.
☐ **c.** Une contribution, à l'échelle globale, au dérèglement climatique.

2. Parmi les affirmations suivantes, lesquelles sont vraies ?

☐ **a.** La dérive génétique est d'autant plus importante que l'effectif de la population est élevé.
☐ **b.** L'écologie est l'étude de la dégradation de l'environnement.
☐ **c.** La fragmentation d'une population entraîne, par dérive génétique, un appauvrissement de sa diversité génétique.

S'ENTRAÎNER

4 Réviser le cours en 8 questions flash

→ FICHES 27 à 29

1. Comment mesure-t-on la biodiversité ?
2. Que permet d'estimer la méthode de Lincoln-Peterson ?
3. Qu'est-ce que la panmixie ?
4. Qu'est-ce que l'équilibre de Hardy-Weinberg ?
5. Quelles sont les conséquences de la déforestation ?
6. Qu'est-ce que la fragmentation d'un habitat ?
7. Quelles sont les conséquences de la fragmentation d'une population ?
8. En quoi notre santé dépend-elle des écosystèmes ?

5 Quelques définitions importantes

→ FICHE 27

Associer chaque mot à sa définition :

échantillonnage •	• nombre d'espèces sur une surface délimitée
abondance •	• prélèvement d'une petite partie d'un ensemble
biodiversité •	• nombre d'individus d'une population sur une surface délimitée
richesse spécifique •	• diversité des êtres vivants dans un milieu donné

6 Activités humaines et gestion durable des écosystèmes

→ FICHE 29

Compléter le texte avec les mots ou expressions suivants.

fragmentation • biodiversité • isolement • extinction • diversité • écosystèmes • interaction • dérive • raisonnée • impacts

Les activités humaines perturbent le fonctionnement des .... , ce qui a pour conséquence une perte de la .... et conduit parfois à l'.......................... d'espèces. À l'échelle planétaire, la principale cause d'extinction des espèces est la .... de l'habitat. Dans un paysage fragmenté, il y a .... des populations, ce qui peut entraîner, par .... génétique, un appauvrissement de la .... génétique.

Les êtres humains sont en .... avec les écosystèmes de la planète, mais il est nécessaire de réaliser une gestion .... des ressources afin de limiter les .... des activités humaines.

7 Le modèle de Hardy-Weinberg

→ FICHE 28

Les deux questions de cet exercice sont indépendantes.

1. On considère un gène à deux allèles, notés A et a, et une population « idéale » où tous les individus possèdent deux allèles, identiques ou différents, pour ce gène.

On note respectivement p_0, q_0 et r_0 les fréquences initiales des génotypes *AA*, *Aa*, *aa* et, pour tout entier $n \geqslant 1$, p_n, q_n et r_n leurs fréquences à la génération *n*.

On admet que $p_1 = p_0^2 + p_0q_0 + \frac{1}{4}q_0^2$ et que $r_1 = r_0^2 + r_0q_0 + \frac{1}{4}q_0^2$.

À NOTER

Pour établir ces relations, on utilise des probabilités. De la même façon, pour tout entier positif *n*, on a : $p_{n+1} = p_n^2 + p_nq_n + \frac{1}{4}q_n^2$ et $r_{n+1} = r_n^2 + r_nq_n + \frac{1}{4}q_n^2$.

Montrer que $p_1 - r_1 = p_0 - r_0$.

2. Chez le chinchilla, la couleur du pelage est déterminée par un gène à deux allèles *A* (couleur grise) et *a* (couleur beige).

On étudie un élevage de 613 chinchillas. On obtient la répartition suivante :

Pelage (génotype)	gris (*AA*)	gris-beige (*Aa*)	beige (*aa*)
Effectif	180	303	130

Tous les résultats numériques seront arrondis au millième.

a. Calculer la fréquence de chaque génotype.
b. Calculer les fréquences alléliques *F* (allèle *A*) et *f* (allèle *a*).
c. Calculer les fréquences génotypiques attendues à partir des fréquences alléliques *F* et *f* calculées à la question précédente.
d. En comparant les résultats des questions **a.** et **c.**, montrer que la population étudiée est « à l'équilibre de Hardy-Weinberg ».

OBJECTIF BAC

8 Le crapaud sonneur

60 min

On cherche ici, entre autres, à estimer la taille d'une population de crapauds sonneurs, sur un site délimité, par la méthode de capture-marquage-recapture.

LE SUJET

Le crapaud sonneur à ventre jaune est une espèce protégée d'amphibien, mesurant entre 4 et 5 cm, qui vit dans des petites surfaces d'eau stagnante, exposées au soleil. Il affectionne particulièrement les mares peu profondes, et les flaques d'eau piétinées et remodelées régulièrement, dans lesquelles il se nourrit de moustiques, lombrics et limaces.

De nombreux crapauds sonneurs ont élu domicile dans une mare et des petits points d'eau situés au sein d'une prairie pâturée par un troupeau de vaches ; ils se reproduisent à la belle saison à proximité de la mare.

Des gestionnaires d'espaces naturels souhaitent estimer l'effectif de la population de crapauds sonneurs sur ce site. Dans une première étude, ils comptent les crapauds entre 2015 et 2019 (doc. 1). Dans une seconde étude, ils capturent et marquent 22 individus en 2019 (en photographiant les tâches du ventre des crapauds), puis les relâchent. En 2020, ils en recapturent 16, et trouvent 11 crapauds marqués.

Par ailleurs, ils apprennent qu'en 2022 il est prévu d'assécher le terrain afin de permettre la construction d'une voie ferrée. Mécontents, ils demandent à rencontrer le maire de la commune afin de lui expliquer pourquoi ils s'opposent à la destruction de la prairie pâturée.

Doc 1 Nombre de crapauds sonneurs dénombrés sur le site entre 2015 et 2019

Année	2015	2016	2017	2018	2019
Nombre de crapauds sonneurs	35	30	33	34	31

Doc 2 Répartition des mâles matures (en bleu) et femelles (en jaune) en 2019

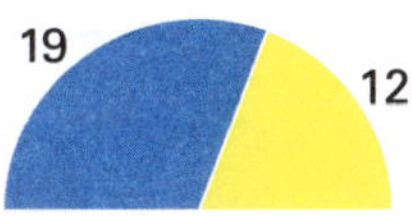

À partir des documents, et en utilisant vos connaissances, répondre aux questions suivantes :

1. Expliquer l'installation de la population de crapauds sonneurs à proximité d'un troupeau de vaches.

2. Estimer la taille de la population de crapauds sonneurs sur le site considéré en 2020. Après avoir réalisé la moyenne du nombre de crapauds sonneurs entre 2015 et 2020, peut-on considérer que la population est en déclin sur ce site ?

3. *Pour cette question, les résultats numériques seront, si nécessaire, arrondis au millième.*

a. Calculer le sex-ratio dans la population de crapauds sonneurs sur ce site en 2019.

b. Calculer la fréquence f de femelles dans cette population en 2019.

c. En considérant que la population de crapauds sonneurs du site constitue un échantillon représentatif de la population de crapauds sonneurs de la région où ils se trouvent, déterminer un intervalle de confiance au niveau de confiance de 95 % de la proportion p de femelles dans la population de crapauds sonneurs en 2019.

> **LIRE LE SUJET**
>
> **3. a.** Le sex-ratio est un indice biologique qui représente le rapport du nombre de mâles et du nombre de femelles au sein d'une espèce à un moment donné.
>
> **3. b.** La fréquence d'individus possédant un caractère donné dans une population est le rapport entre le nombre d'individus possédant ce caractère et l'effectif total de la population.

À NOTER

- On admet que si f est la fréquence d'individus possédant un certain caractère dans un échantillon de taille n, alors $\left[f - \frac{1}{\sqrt{n}} ; f + \frac{1}{\sqrt{n}}\right]$ est un **intervalle de confiance** au niveau de confiance de 95 % de la proportion p d'individus possédant ce caractère dans l'ensemble de la population.
- Si le niveau de confiance est de 95 %, le **risque** est de 5 %, c'est-à-dire que la probabilité que l'intervalle de confiance ne contienne pas la valeur réelle est inférieure ou égale à 0,05.

d. En déduire un encadrement du sex-ratio dans la population de crapauds sonneurs de la région en 2019.

4. Quelle lettre, argumentée, les gestionnaires des espaces naturels pourraient écrire au maire pour empêcher l'installation de la voie ferrée ?

▶▶▶ LA FEUILLE DE ROUTE

1. Analyser le sujet

Tâches à accomplir
- On estime un effectif
- On utilise une méthode mathématique

À connaître
- Indice de Lincoln-Peterson
- Intervalle de confiance

Estimer la taille d'une population de crapauds par la méthode de CMR

Deux domaines de connaissances
- Mathématiques
- SVT

Compétences travaillées
- Utiliser des outils pour apprendre
- Communiquer en exerçant son sens critique
- Adopter un comportement éthique et responsable

2. Utiliser une formule mathématique connue

Identifiez les variables proposées et effectuez un calcul simple.

3. Déterminer et utiliser un intervalle de confiance

a. Utilisez la définition du sex-ratio.

b. Considérez le nombre de femelles et le nombre total d'individus en 2019.

c. Utilisez la formule donnée. On a ici $n = 31$.

d. Établissez une relation entre la proportion de femelles et le sex-ratio, en remarquant que la somme des proportions de femelles et de mâles est égale à 1.

4. Argumenter et exercer son sens critique

Mobilisez vos connaissances et sélectionnez dans le texte tout ce qui vous semble utile pour argumenter en faveur d'une protection de cet écosystème.

CORRIGÉS

SE TESTER QUIZ

1 L'estimation de la biodiversité

1. Réponse c.

Les réponses a et b sont fausses : le transect et le quadrat sont bien des méthodes permettant d'estimer la biodiversité, mais sur un parcours défini pour le transect et sur une surface délimitée pour le quadrat, et non l'inverse.

2 La composition génétique d'une population

1. Réponses b et c.

La réponse a est fausse, la taille d'une population idéale doit, au contraire, être illimitée.

2. Réponse a.

La réponse b est fausse, on calcule les fréquences génotypiques attendues à partir des fréquences alléliques, et non l'inverse.

La réponse c est fausse, on considère toujours un gène ayant deux allèles, et pas plus.

3 L'impact des activités humaines sur la biodiversité

1. Réponses b et c.

La réponse a est fausse, car si les activités humaines impactent bien l'écosystème, elles aboutissent également à une dégradation de la biodiversité.

2. Réponse c.

La réponse a est fausse, c'est l'inverse : la dérive génétique est d'autant plus importante que l'effectif de la population est faible.

La réponse b est fausse, l'écologie est l'étude de l'environnement en général, plus précisément des interactions des êtres vivants entre eux et avec leur environnement.

S'ENTRAÎNER

4 Réviser le cours en 8 questions flash

1. On mesure la biodiversité grâce à des techniques d'échantillonnage, les échantillons étant obtenus lors d'explorations scientifiques ou de sorties sur le terrain.

2. L'indice de Lincoln-Peterson permet d'estimer la taille de la totalité d'une population à partir d'une expérience de capture-marquage-recapture.

3. La panmixie est la rencontre aléatoire des gamètes.

4. L'équilibre de Hardy-Weinberg stipule que, quelle que soit la distribution initiale des allèles au sein de la génération 0, les fréquences alléliques et les fréquences génotypiques qui en dérivent restent constantes.

5. La déforestation entraîne une perte d'habitat pour de nombreux êtres vivants, et, à l'échelle globale, elle contribue au dérèglement climatique.

6. La fragmentation d'un habitat est la **transformation**, par l'action humaine, d'un **écosystème en plusieurs parcelles** de taille réduite et **isolées spatialement**.

7. La **fragmentation** d'une **population** entraîne un **appauvrissement** de la **diversité génétique** de cette population, par le phénomène de **dérive génétique**, et peut causer son extinction.

8. Notre santé dépend des écosystèmes, car ceux-ci nous procurent notamment de la **nourriture** et des **médicaments**.

5 Quelques définitions importantes

Chaque mot est associé à sa définition :

échantillonnage	prélèvement d'une petite partie d'un ensemble
abondance	nombre d'individus d'une population sur une surface délimitée
biodiversité	diversité des êtres vivants dans un milieu donné
richesse spécifique	nombre d'espèces sur une surface délimitée

6 Activités humaines et gestion durable des écosystèmes

Les activités humaines perturbent le fonctionnement des **écosystèmes**, ce qui a pour conséquence une perte de la **biodiversité** et conduit parfois à l'**extinction** d'espèces. À l'échelle planétaire, la principale cause d'extinction des espèces est la **fragmentation** de l'habitat. Dans un paysage fragmenté, il y a **isolement** des populations, ce qui peut entraîner, par **dérive** génétique, un appauvrissement de la **diversité** génétique.
Les êtres humains sont en **interaction** avec les écosystèmes de la planète, mais il est nécessaire de réaliser une gestion **raisonnée** des ressources afin de limiter les **impacts** des activités humaines.

7 Le modèle de Hardy-Weinberg

1. $p_1 - r_1 = \left(p_0^2 + p_0q_0 + \frac{1}{4}q_0^2\right) - \left(r_0^2 + r_0q_0 + \frac{1}{4}q_0^2\right)$,
donc $p_1 - r_1 = p_0^2 - r_0^2 + p_0q_0 - r_0q_0$,
donc $p_1 - r_1 = (p_0 + r_0)(p_0 - r_0) + q_0(p_0 - r_0)$.
On met en facteur $p_0 - r_0$: $p_1 - r_1 = (p_0 - r_0)(p_0 + r_0 + q_0)$.
Or $p_0 + q_0 + r_0 = 1$, donc $\mathbf{p_1 - r_1 = p_0 - r_0}$.

2. a. Les fréquences p, q et r des différents génotypes sont :
$p = \frac{180}{613}$; $q = \frac{303}{613}$; $r = \frac{130}{613}$, soit, en arrondissant au millième :
$\mathbf{p = 0{,}294}$ (génotype **AA**) ; $\mathbf{q = 0{,}494}$ (génotype **Aa**) ; $\mathbf{r = 0{,}212}$ (génotype **aa**)

À NOTER
Cela signifie qu'environ 29,4 % des chinchillas de l'élevage ont un pelage gris, 49,4 % un pelage gris-beige et 21,2 % un pelage beige.

b. $F = \dfrac{2 \times 180 + 303}{2 \times 613} = 0{,}541$; $f = \dfrac{2 \times 130 + 303}{2 \times 613} = 0{,}459$

En effet, le **nombre total d'allèles** est **2 × 613** puisque chaque individu en possède deux ; chaque individu de génotype *AA* possède deux allèles *A*, chaque individu de génotype *Aa* possède un allèle *A* et un allèle *a*.

c. On note p', q' et r' les fréquences attendues des différents génotypes.

$p' = F^2$, donc $p' = 0{,}293$

$q' = 2Ff$, donc $q' = 0{,}497$

$r' = f^2$, donc $r' = 0{,}211$

d. Les fréquences attendues p', q' et r' calculées à la question précédente sont très proches des fréquences observées des différents génotypes. On peut donc considérer que **la population est « à l'équilibre de Hardy-Weinberg »**.

OBJECTIF BAC

8 Le crapaud sonneur

1. On nous dit dans le texte que cette espèce d'amphibien affectionne particulièrement les points d'eau piétinés et remodelés régulièrement. Il se trouve que les vaches, **en piétinant le sol avec leurs sabots**, créent un **environnement favorable** à l'installation des crapauds sonneurs.

2. On utilise l'**indice de Lincoln-Peterson** pour calculer la taille de la population en 2020, sachant que 22 individus ont été capturés et marqués en 2019, et que 16 individus ont été recapturés en 2020 dont 11 étaient marqués.

On a donc $N = \dfrac{22 \times 16}{11}$, soit **32 individus estimés**.

Il y a donc un individu de plus que l'année précédente.

Par ailleurs, la moyenne du nombre de crapauds sonneurs entre 2015 et 2020 est $\dfrac{35 + 30 + 33 + 34 + 31 + 32}{6} = \dfrac{195}{6}$, soit environ **32 individus**. Donc la population n'est **pas en déclin**.

3. a. Le sex-ratio dans la population de crapauds sonneurs en 2019 est $\dfrac{19}{12}$, soit **environ 1,583**. En d'autres termes, il y a environ 1,6 fois plus de mâles que de femelles.

b. La fréquence f de femelles sur le site en 2019 est $\dfrac{12}{31}$, soit **environ 0,387**.

À NOTER
Ce résultat signifie qu'il y a environ 38,7 % de femelles dans la population de crapauds sonneurs.

c. D'après la formule donnée, l'**intervalle de confiance au niveau de confiance de 95 % de la proportion p de femelles dans la population de crapauds sonneurs de la région, en 2019**, est $\left[\dfrac{12}{31} - \dfrac{1}{\sqrt{31}} ; \dfrac{12}{31} + \dfrac{1}{\sqrt{31}}\right]$.

Après calculs, on obtient l'intervalle de confiance $[0{,}207 ; 0{,}567]$.

À NOTER

Cela signifie que l'on peut estimer, avec un niveau de confiance de 95 %, que la proportion de femelles dans la population de crapauds sonneurs de la région en 2019 est comprise entre 20,7 % et 56,7 %. L'estimation n'est pas très précise car la taille de l'échantillon ($n = 31$) est faible.

d. Si on note r le sex-ratio et p' la proportion de mâles dans la population de crapauds sonneurs de la région en 2019,

on a $r = \frac{p'}{p}$,

c'est-à-dire $r = \frac{1-p}{p}$,

soit finalement $r = \frac{1}{p} - 1$.

Or on a établi que $0{,}207 \leqslant p \leqslant 0{,}567$.

D'après les propriétés des inégalités, on en déduit :

$$\frac{1}{0{,}567} - 1 \leqslant r \leqslant \frac{1}{0{,}207} - 1,$$

d'où **$0{,}763 \leqslant r \leqslant 3{,}831$**.

4. Monsieur le Maire, notre rôle est de **protéger les écosystèmes**, c'est pourquoi nous nous opposons à la construction d'une voie ferrée sur le site prévu. En effet, une population de crapauds sonneurs a élu domicile dans la prairie pâturée. Si celle-ci est asséchée, **ces animaux vont mourir**, car ils ont besoin de petits points d'eau dans lesquels ils trouvent leur nourriture.

Ils **ne pourront plus se reproduire**, car au sein de cette prairie se trouve une mare, indispensable pour leur reproduction.

Et même si quelques-uns d'entre eux réussissent à trouver des points d'eau un peu plus loin, la voie ferrée va **fragmenter leur habitat**, formant une barrière qui causera **l'extinction** de cette espèce, qui est, de surcroît, une **espèce protégée**.

10 L'évolution comme grille de lecture du monde

Les demoiselles arborent des yeux composés (à facettes). Certaines structures anatomiques complexes, comme ici les yeux, témoignent de l'évolution des espèces. D'autres caractéristiques peuvent voir leur évolution influencée par les pratiques humaines.

30 Quand l'anatomie révèle son histoire évolutive

En bref *Les concepts de biologie évolutive permettent de comprendre que des structures anatomiques comme celle de l'œil, à travers leurs particularités, sont le résultat d'une longue histoire évolutive.*

I L'œil, une structure résultant de l'évolution

1 | Des pigments photosensibles aux véritables yeux

■ L'œil est une **structure sensorielle** dédiée à la détection de la lumière.

Le **premier « œil »**, caractérisé par un simple amas de pigments permettant de détecter la lumière et de générer des rythmes circadiens (jour/nuit) et saisonniers, serait apparu il y a 600 millions d'années.

■ Au Cambrien (–540 à –490 Ma), deux types d'yeux plus complexes apparaissent :

• des **yeux composés** dits « à facettes », comme chez les insectes, formés de la répétition d'éléments identiques, les **ommatidies**, chacune captant une partie du champ visuel ;

• des **yeux camérulaires**, comme chez les vertébrés, dont le fonctionnement est apparenté à celui d'une chambre noire où l'image captée est projetée sur une rétine formée de **cellules photosensibles** ou **photorécepteurs**.

Doc 1a Œil composé

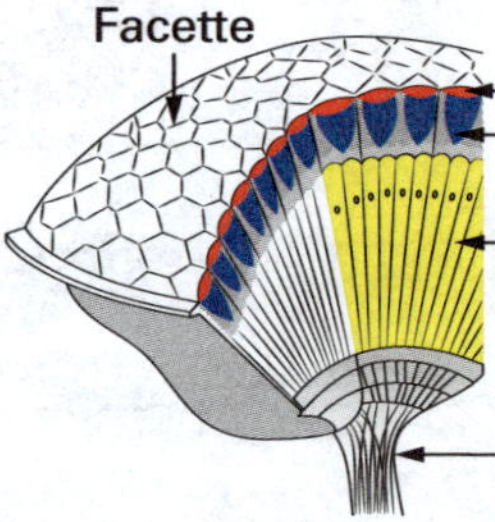

Doc 1b Œil camérulaire

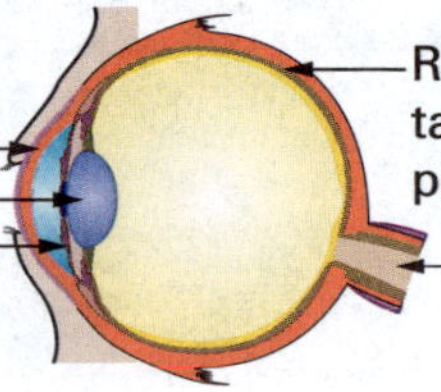

2 | Mieux voir et mieux survivre

■ L'apparition de ces structures nouvelles peut s'expliquer par un ensemble de **phénomènes évolutifs** liés au **hasard** : **duplications** de gènes, succession de **mutations** notamment au niveau de **gènes du développement**, etc.

■ Comme les yeux apportent aux individus un **avantage sélectif** dans leur **milieu de vie** en augmentant leurs chances de survie (détection des obstacles, des prédateurs et des proies), ils ont été conservés par **sélection naturelle** au cours de l'évolution. Les **yeux composés** sont avantageux pour les petits animaux (grand angle de vue) et les **yeux camérulaires** sont avantageux pour les grands animaux (bon traitement nerveux des informations, champ visuel important *via* la mobilité des yeux, visions colorées, diurne et/ou nocturne).

II Exemples anatomiques issus d'héritages évolutifs

1 La crosse aortique, un héritage historique

Les organes se mettent en place au cours du développement embryonnaire. La crosse aortique, présente chez les vertébrés adultes, résulte ainsi d'une transformation du quatrième arc aortique gauche de l'embryon.

Cette caractéristique, contrôlée par des gènes communs à tous les vertébrés, est le résultat d'un héritage historique de l'ancêtre commun des vertébrés.

2 Le téton masculin, une contrainte de construction

- Lors des six premières semaines de son développement, l'embryon humain est asexué. Durant cette période, le plan d'organisation des mammifères, et notamment la fabrication des tétons, se met en place.
- L'homme possède des tétons mais ces derniers, en l'absence d'hormones féminines, ne se transformeront pas en seins. C'est ici une caractéristique anatomique sans utilité, héritée d'une contrainte de construction embryonnaire.

3 Les difficultés obstétriques, un compromis sélectif

- L'acquisition de la bipédie chez l'être humain est associée à une modification de la forme du bassin. Cela peut poser des problèmes, lors de l'accouchement, pour le passage de la tête de l'enfant.

À NOTER
Pour 3 à 6 % des accouchements dans le monde, le bébé ne peut passer par les voies naturelles, ce qui implique la réalisation d'une césarienne afin d'éviter la mort de l'enfant et/ou de la mère.

- Il s'agit d'un compromis sélectif entre l'avantage lié à la bipédie et la taille du bassin nécessaire à la pérennité de l'espèce.

zoOm

Vers une disparition des dents de sagesse

De plus en plus de personnes naissent sans dents de sagesse. Cette régression pourrait s'expliquer par une diminution de la taille des mâchoires au cours de l'évolution, et la consommation d'aliments plus mous que dans le passé.

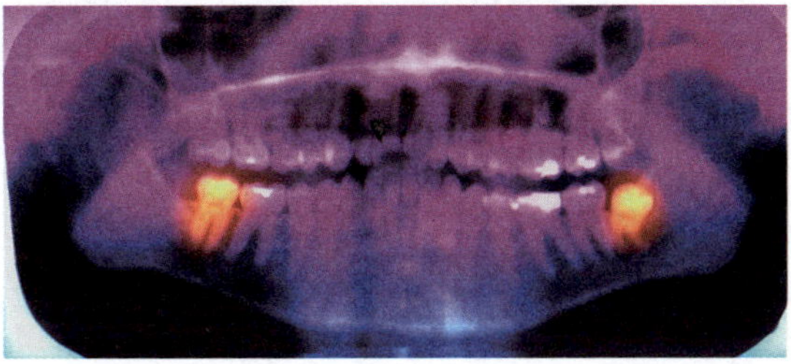

31 La santé et l'agriculture face à l'évolution

En bref *Les concepts de variation et de sélection naturelle sont applicables aux pratiques humaines médicales et agricoles, et permettent de porter un regard critique sur certaines de leurs conséquences.*

I Regard évolutif sur la résistance microbienne

1 Le développement de résistances chez les microbes

- Les microorganismes pathogènes peuvent évoluer très rapidement et devenir résistants aux traitements médicamenteux conventionnels.
- Dans le cas d'une infection bactérienne, on utilise des antibiotiques pour éliminer les bactéries. Ils agissent en bloquant la multiplication des bactéries.
- Des mutations interviennent constamment – et de manière aléatoire – dans le génome bactérien. Certaines de ces mutations peuvent amener une bactérie, et toutes ses descendantes, à développer une résistance à une famille d'antibiotiques. On parle de souche de bactéries résistantes.
- La résistance peut également être acquise par transfert de matériel génétique, le plus souvent par un plasmide, porteur d'un ou de plusieurs gènes de résistance. Il peut ainsi se former des souches multi-résistantes à de nombreuses familles d'antibiotiques.

MOT CLÉ
Les **plasmides** sont des éléments génétiques distincts du chromosome bactérien, que les bactéries peuvent s'échanger.

Doc Transfert de gène(s) de résistance entre deux bactéries

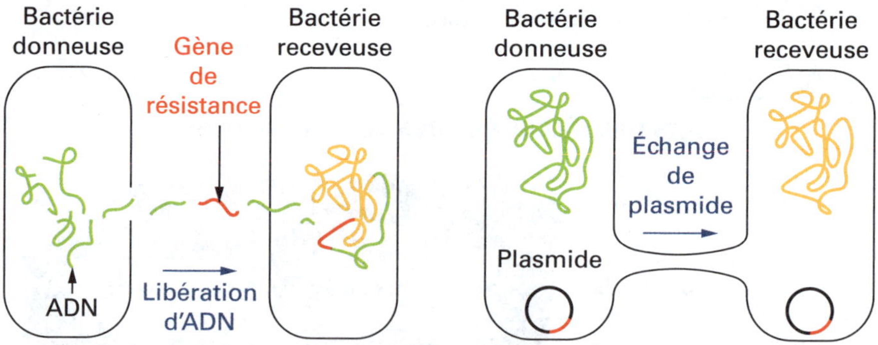

- L'utilisation d'un antibiotique conduit à la mort des bactéries sensibles, tandis que les bactéries résistantes survivent et se multiplient. Les antibiotiques exercent donc une pression de sélection sur les populations bactériennes, favorisant le développement des souches résistantes. On parle de sélection naturelle.

2 | Les mesures pour limiter l'usage des antibiotiques

■ Des souches résistantes à de multiples antibiotiques sont apparues au XXe siècle, en raison de l'usage massif d'antibiotiques et de leur mauvaise utilisation (posologie ou durée des traitements inadaptées, etc.).

■ Plusieurs mesures permettent de limiter l'apparition de souches résistantes :
- adopter un usage plus raisonné des antibiotiques ;
- favoriser des **mesures prophylactiques** efficaces, comme la désinfection des mains et des surfaces en milieu hospitalier ;
- développer de nouveaux vaccins, même si des résistances au vaccin peuvent aussi se développer…

À NOTER
Une vaccination de tous les enfants contre le pneumocoque – responsable de pneumonies, méningites et infections ORL – permettrait d'éviter 11 millions de journées de traitements aux antibiotiques par an dans le monde.

II Regard évolutif sur les pratiques agricoles

■ La révolution agricole s'est accompagnée de la modification des pratiques agricoles, afin d'obtenir de meilleurs rendements dans les cultures.

■ La domestication des plantes sauvages puis le développement de plantes hybrides ont conduit au développement de variétés cultivées présentant de multiples avantages pour l'agriculteur. Il s'agit ici d'une sélection artificielle.
Mais ces pratiques agricoles sélectives conduisent aussi à une uniformisation des cultures et donc à une chute de la biodiversité végétale au sein des agrosystèmes.

■ De même, l'usage de produits phytosanitaires élimine de manière peu sélective de multiples insectes, ravageurs ou non des cultures, dans les champs. Cela se traduit par une chute de la biodiversité animale dans les agrosystèmes et tend à sélectionner les ravageurs qui développent des résistances aux pesticides.

zoOm

Vers un appauvrissement de la biodiversité ?

Des études récentes, réalisées à proximité de champs en culture conventionnelle (avec produits phytosanitaires qui éradiquent herbes, insectes et vers), montrent que le pipit farlouse, qui se nourrit d'insectes et de vers, a perdu 68 % de sa population en une vingtaine d'années.

Pipit farlouse avec une chenille

MÉMO VISUEL

L'ÉVOLUTION COMME GRILLE

L'œil, une structure résultant de l'évolution

Structure sensorielle
- **Yeux composés** : à facettes, dotés d'ommatidies
- **Yeux camérulaires** : avec chambre noire, dotés de cellules photosensibles

Apparition des innovations (mécanismes liés au hasard)
- Duplication (agrandit le génome)
- Mutations, notamment au niveau des gènes du développement (diversifications du génome)

Avantage sélectif de l'œil (sélection naturelle)
- Meilleure perception de l'environnement
- Yeux composés, avantageux pour les organismes de petite taille
- Yeux camérulaires, avantageux pour les organismes de grande taille

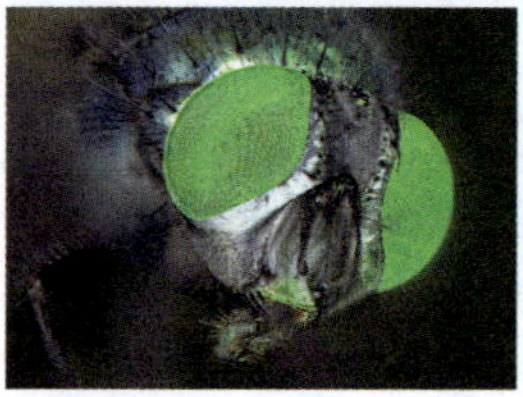
Mouche

Épervier

Des exemples d'héritages évolutifs

Héritage historique lié au développement embryonnaire
Exemple de la crosse aortique du groupe des vertébrés

Contrainte de construction embryonnaire
Exemple du téton masculin des mammifères

Compromis sélectif
Exemple de la bipédie et de l'accouchement chez l'homme

Régression évolutive
Exemple de la perte des dents de sagesse

Regard évolutif sur la résistance microbienne

Apparition de résistances (mécanisme lié au hasard)
- Mutations de gènes dont la protéine associée est initialement ciblée par les antibiotiques
- Transfert de gènes de résistance entre bactéries *via* plasmide

Avantage sélectif des bactéries résitantes (sélection naturelle)
- Élimination des bactéries sensibles aux antibiotiques
- Multiplication des bactéries résistantes

Perspectives en santé publique
- Usage modéré des antibiotiques
- Mesures prophylactiques (désinfection des surfaces et des mains)
- Développement de vaccins (risque de résistance également)

DE LECTURE DU MONDE

Regard évolutif sur les pratiques agricoles

Une sélection artificielle
- Domestication des plantes sauvages (sélection des caractères avantageux pour l'homme)
- Hybridation des variétés (accélération de la sélection)

Des impacts pour le milieu agricole
- Perte de biodiversité végétale et animale des milieux agricoles
- Développement de résistances aux pesticides

SE TESTER QUIZ

Vérifiez que vous avez bien compris les points clés des **fiches 30 et 31**.

1 Quand l'anatomie révèle son histoire évolutive

→ FICHE 30

1. De quoi dépend l'apparition de nouvelles structures anatomiques ?

☐ **a.** de mutations et de la sélection naturelle
☐ **b.** de duplications et de mutations
☐ **c.** de duplications et de la sélection naturelle

2. Qu'est-ce qui explique la conservation des yeux au cours de l'évolution ?

☐ **a.** la sélection naturelle
☐ **b.** le hasard

3. De quoi le téton masculin chez les mammifères est-il le résultat ?

☐ **a.** d'une contrainte de construction
☐ **b.** d'un compromis sélectif
☐ **c.** de duplications et de la sélection naturelle

2 La santé et l'agriculture face à l'évolution

→ FICHE 31

1. Comment la résistance bactérienne aux antibiotiques apparaît-elle ?

☐ **a.** par mutation
☐ **b.** par sélection naturelle
☐ **c.** par transfert de plasmide

2. Que peut-on expliquer par la sélection naturelle concernant les populations bactériennes ?

☐ **a.** la multiplication de souches sensibles aux antibiotiques
☐ **b.** la multiplication de souches résistantes aux antibiotiques
☐ **c.** l'existence de souches multi-résistantes

S'ENTRAÎNER

3 Réviser le cours en 8 questions flash

→ FICHES 30 et 31

1. Quels sont les deux principaux types d'yeux apparus au cours de l'évolution ?
2. Quel est le principe de la sélection naturelle ?
3. Comment une mutation génère-t-elle de la diversité génétique ?
4. Pourquoi les yeux se sont-ils généralisés au cours de l'évolution ?
5. En quoi certaines césariennes résulteraient-elles d'un compromis sélectif ?
6. Que permet l'échange de matériel génétique entre bactéries ?
7. Quelle est la différence entre sélection artificielle et sélection naturelle ?
8. Comment limiter l'apparition de bactéries multi-résistantes ?

4 Origine des transformations anatomiques

→ FICHE 30 et 31

Associer chaque phénomène à son origine évolutive.

apparition de nouvelles formes d'organes •	• hasard
généralisation des yeux camérulaires •	
propagation des bactéries résistantes •	• sélection naturelle
apparition de la crosse aortique •	
duplication et mutation •	• contrainte évolutive

5 Des structures issues de l'évolution

→ FICHE 30

Compléter le texte avec les mots suivants.
mammifères • héritage • contraintes • organes • aortique • compromis • anatomiques • embryonnaire

Au cours de l'évolution, les structures .... se transforment. De nouvelles formes d'.......................... apparaissent. Certaines structures résultent d'un .... évolutif lié au développement .... comme la crosse .... Le téton masculin est quant à lui le résultat de .... de construction embryonnaire liées à l'héritage évolutif du groupe des .... Enfin des difficultés peuvent apparaître à l'accouchement en raison de l'existence d'un .... évolutif.

6 La rentabilité des variétés hybrides

→ FICHE 31

Les producteurs de graines agricoles ont développé deux nouvelles techniques afin de produire des semences dites « hybrides », issues du croisement de plusieurs variétés possédant des caractères avantageux : la technique des hybrides doubles (1937) et la technique des hybrides simples (1956).

Montrez l'intérêt que présentent les semences hybrides pour les agriculteurs.

Doc Les rendements des variétés de maïs depuis 1866

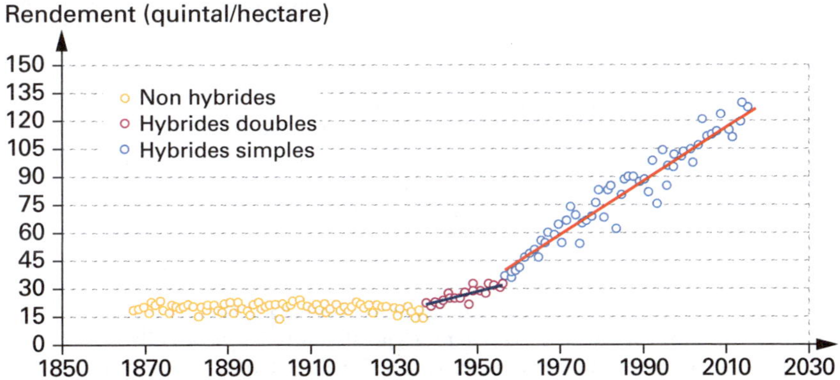

OBJECTIF BAC

7 Lutter contre le pneumocoque

60 min

Cet exercice permet de travailler la mise en relation des données extraites de documents et des connaissances afin de comprendre le problème des résistances du pneumocoque aux antibiotiques.

LE SUJET

En 2001, un plan national pour préserver l'efficacité des antibiotiques est mis en place afin de lutter contre l'apparition de souches résistantes chez des bactéries comme les pneumocoques.

Doc 1 Pneumocoque et pathologies

Le pneumocoque est un pathogène majeur pouvant être responsable de sinusites, d'otites, de pneumonies et de méningites. Cette bactérie cause 1 million de décès par an dans le monde chez les enfants. En France, on relève 2 millions de cas par an d'otites, plus de 125 000 cas de pneumonies avec 14 % de mortalité et un millier de cas de méningite avec une mortalité de 10 %.

Doc 2 Variation du pourcentage de pneumocoques résistants à la pénicilline, un antibiotique, en France entre 1994 et 2017

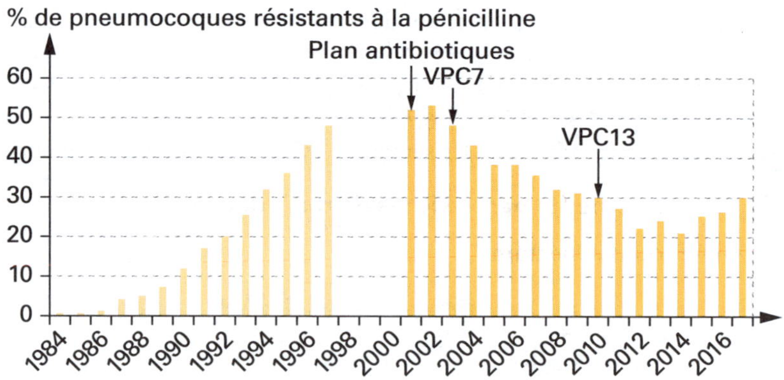

VPC7 = introduction du vaccin anti-pneumococcique heptavalent
VPC13 = remplacement du VPC7 par le vaccin 13-valent

À NOTER
- Aucune donnée n'est disponible pour les années 1998 à 2000.
- Un vaccin heptavalent est un vaccin protégeant contre 7 souches différentes de bactéries de la même espèce, et un vaccin 13-valent contre 13 souches.

Doc 3 **Évolution de l'incidence (notée TI) des maladies à pneumocoques par groupe d'âge et en fonction de la couverture vaccinale en France 2001-2017**

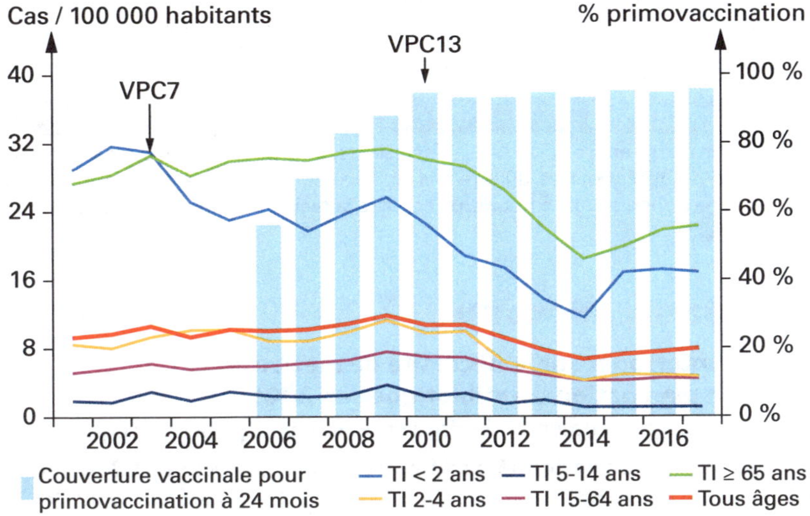

À NOTER
Les recommandations vaccinales ont conduit à la vaccination des enfants de moins de 2 ans à partir de 2003 avec le VPC7, puis des enfants de moins de 2 ans et des adultes de plus de 65 ans à partir de 2010 avec le VPC13.

Doc 4 **Évolution de l'incidence des pneumocoques résistants pour 4 antibiotiques distincts dans les infections aux pneumocoques de 2001-2017**

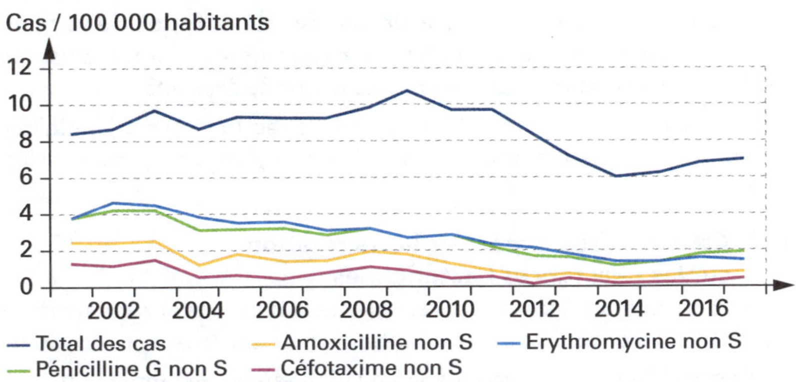

Pré-VPC7 = période précédant l'introduction du vaccin PCV7 (voir document 2)
Non S = germe résistant à l'antibiotique indiqué

D'après Epibac et CNR des pneumocoques

À l'aide des documents et de vos connaissances, montrez :

• en quoi les résultats précédant l'année 2001 prouvent qu'il est nécessaire de mettre en place un plan national antibiotiques ;

• en quoi la vaccination contre le pneumocoque apporte une réponse à ce problème de santé publique (une attention particulière sera portée à l'étude de la couverture vaccinale chez les moins de 2 ans).

LIRE LE SUJET

Il s'agit ici de comprendre, à l'aide des documents, pourquoi un plan concernant l'efficacité des antibiotiques a dû être mis en place et comment la vaccination constitue une bonne solution pour lutter contre la résistance du pneumocoque aux antibiotiques.

▶▶▶ LA FEUILLE DE ROUTE

Étape 1 S'interroger sur la nécessité de mettre en place un plan national antibiotiques en 2001

■ Repérez, dans le document 1, le risque présenté par le pneumocoque.

■ Remarquez, à l'aide de données chiffrées extraites du document 2, la variation de pourcentage des bactéries résistantes à la pénicilline en France avant 2003.

■ Introduisez la notion de sélection naturelle.

Étape 2 Relier ces observations aux incidences des maladies et des résistances aux antibiotiques

■ Repérez, dans le document 3, l'incidence des groupes de populations les plus touchés par les infections à pneumocoques.

■ Reliez les données de 2001 du document 4 avec les informations extraites des documents 2 et 3 pour généraliser l'observation.

Étape 3 Repérer l'effet de l'introduction des deux types de vaccins

■ Précisez les dates d'introduction des deux types de vaccination ainsi que le pourcentage de couverture vaccinale chez les moins de deux ans.

■ Précisez, à l'aide du document 3, l'impact de la vaccination sur les différentes classes d'âge, en détaillant plus précisément la ou les classes d'âge concernées par cette vaccination.

Étape 4 Comprendre l'impact de la vaccination sur les résistances bactériennes

■ Décrivez, à l'aide des documents 2 et 4, les variations de pourcentage de résistance des pneumocoques à la suite de l'introduction des deux types de vaccins.

■ Déduisez-en l'intérêt de la vaccination quant à l'usage des antibiotiques.

CORRIGÉS

SE TESTER QUIZ

1 Quand l'anatomie révèle son histoire évolutive

1. Réponse b.

L'apparition de nouvelles structures anatomiques dépend de duplications et de mutations. Les réponses a et c sont fausses, car la sélection naturelle n'est en rien responsable de l'apparition de nouvelles structures anatomiques. La sélection naturelle agit sur une diversité qui existe déjà et conduit à des variations de la fréquence des caractères dans un milieu donné.

MOTS CLÉS

- La **mutation** est la modification de la séquence de nucléotides d'un gène.
- La **duplication** est l'apparition d'une copie d'un gène qui agrandit la taille du génome.

2. Réponse a.

La réponse b est fausse, car le hasard ne peut pas expliquer la conservation d'un organe présent dans autant de groupes et d'espèces vivantes, d'autant plus que cet organe confère un avantage aux individus qui le possèdent.

3. Réponse a.

La réponse b est fausse, car le téton masculin ne présente aucun avantage sélectif. Il ne peut donc pas être le résultat d'un compromis sélectif.

La réponse c est fausse, car il n'y a pas de différences génétiques concernant le téton entre une femelle et un mâle de la même espèce de vertébrés. De plus, il ne confère aucun avantage aux mâles.

2 La santé et l'agriculture face à l'évolution

1. Réponses a et c.

La réponse b est fausse, car la sélection naturelle ne fait pas apparaître de nouveaux caractères et n'agit que sur une diversité déjà existante.

2. Réponses b et c.

La réponse c est vraie car plus une souche est résistante plus son avantage sélectif est fort et plus elle est susceptible d'être avantagée dans le cadre de la sélection naturelle.

La réponse a est fausse, car la sélection naturelle conduit à éliminer les bactéries sensibles aux antibiotiques, qui n'y résistent donc pas.

S'ENTRAÎNER

3 Réviser le cours en 8 questions flash

1. On distingue des **yeux composés** (à facettes, comme chez les insectes) et les **yeux camérulaires** (même principe qu'une chambre noire, comme chez les vertébrés).

2. La sélection naturelle repose sur le fait que les individus disposant d'un **caractère avantageux** vont avoir **plus de chances de survivre**, et vont ainsi davantage transmettre le caractère héréditaire à l'origine de cet avantage.

3. Une mutation est source de **diversité** car la modification de la séquence de nucléotides d'un gène conduit à un **nouvel allèle**.

4. Les yeux sont un **caractère avantageux**, ils ont donc été conservés au cours de l'évolution par **sélection naturelle**.

5. Certaines difficultés lors de l'accouchement par césariennes résulteraient de l'acquisition de la **bipédie**, cette dernière étant associée à une **modification** de la forme du **bassin**.

6. Les échanges génétiques entre bactéries leur permettent d'acquérir de **nouvelles compétences** comme la **résistance aux antibiotiques**.

7. Une **sélection artificielle** est réalisée par l'**homme** dans son propre intérêt, alors que la **sélection naturelle** est liée à la modification d'un paramètre de l'environnement **non géré par l'homme**.

8. Afin de limiter l'apparition des bactéries multi-résistantes, il convient de **limiter** l'usage des **antibiotiques**, de multiplier les **mesures prophylactiques** et l'usage des **vaccins**.

4 Origine des transformations anatomiques

- apparition de nouvelles formes d'organes • — • hasard
- généralisation des yeux camérulaires • — • sélection naturelle
- propagation des bactéries résistantes • — • sélection naturelle
- apparition de la crosse aortique • — • contrainte évolutive
- duplication et mutation • — • hasard

5 Des structures issues de l'évolution

Au cours de l'évolution, les structures **anatomiques** se transforment. De nouvelles formes d'**organes** apparaissent. Certaines structures résultent d'un **héritage** évolutif lié au développement **embryonnaire** comme la crosse **aortique**. Le téton masculin est quant à lui le résultat de **contraintes** de construction embryonnaire lié à l'héritage évolutif du groupe des **mammifères**. Enfin des difficultés peuvent apparaître à l'accouchement en raison de l'existence d'un **compromis** évolutif.

6 La rentabilité des variétés hybrides

On constate une stagnation des rendements jusqu'en 1937 avec 20 quintaux par hectare.
L'introduction des hybrides doubles en 1937 se traduit par une augmentation des rendements qui atteignent 30 quintaux par hectare en 1955.
Le développement des hybrides simples, de 1955 jusqu'à aujourd'hui, est également associé à une très forte augmentation des rendements qui passent de 30 à 130 quintaux par hectare. Le coefficient directeur de la droite traduit une augmentation plus forte des rendements que celle de la période précédente (avant 1955).
L'intérêt des semences hybrides, et surtout des hybrides simples, pour les agriculteurs est donc une forte augmentation des rendements.

OBJECTIF BAC

7 Lutter contre le pneumocoque

La nécessité d'un plan antibiotiques

Le pneumocoque, responsable d'infections parfois graves (pneumonies, méningites), cause la mort d'1 million d'enfants par an.
C'est un véritable problème de santé publique (document 1).

Par ailleurs, on constate qu'avant la mise en œuvre du plan antibiotiques, le pourcentage de pneumocoques résistants à un antibiotique de type pénicilline est passé de 0 % en 1984 à plus de 50 % en 2001 (document 2).
Il y a ainsi une forte recrudescence des résistances du pneumocoque au traitement antibiotique (à la pénicilline notamment).

On constate ici que les antibiotiques, en éliminant les bactéries qui y étaient sensibles, ont favorisé la sélection de bactéries résistantes qui se sont multipliées.
Il s'agit d'une sélection naturelle.

Ce développement de résistance se traduit, en 2001, par un nombre élevé de cas d'infections à pneumocoques (environ 30 cas pour 100 000 habitants) chez les populations de moins de deux ans et de plus de 65 ans (document 3).
Pour 100 000 habitants, on voit que 8 cas sur les 30 cas infectés sont associés à des résistances aux antibiotiques (document 4).

Ainsi, en 2001, la France est bien dans une situation complexe d'augmentation de la résistance aux antibiotiques chez les pneumocoques et nécessite donc la mise en place d'un plan antibiotiques.

La vaccination, une alternative aux antibiotiques

La vaccination a été introduite en 2003 pour les enfants de moins de 2 ans avec le vaccin VPC7 protégeant contre 7 souches, et, en 2010, pour les enfants de moins de 2 ans et les adultes de plus de 65 ans avec le vaccin VPC13 protégeant contre 13 souches (documents 2 et 3).

On constate ainsi qu'à partir de l'introduction du vaccin VPC7, en **2003**, une **baisse des cas d'infection à pneumocoques** apparaît **chez les moins de 2 ans** (32 cas pour 100 000 en 2003 contre 24 cas en 2006).
Ainsi, **à partir de 2006**, on commence à observer une **couverture vaccinale élevée chez les moins de 2 ans** (60 %) qui atteint **presque 100 % en 2010.**
L'introduction du vaccin VPC13 en **2010** se traduit par une **chute des cas d'infections chez les plus de 65 ans** (on passe de 30 cas pour 100 000 en 2010 à 20 en 2014) et **les moins de 2 ans** (on passe de 22 cas pour 100 000 en 2010 à 12 en 2014).
On constate une **très forte efficacité** de la **vaccination** dans la lutte contre le pneumocoque. D'autres catégories de la population sont aussi concernées par cette baisse de l'incidence des infections.

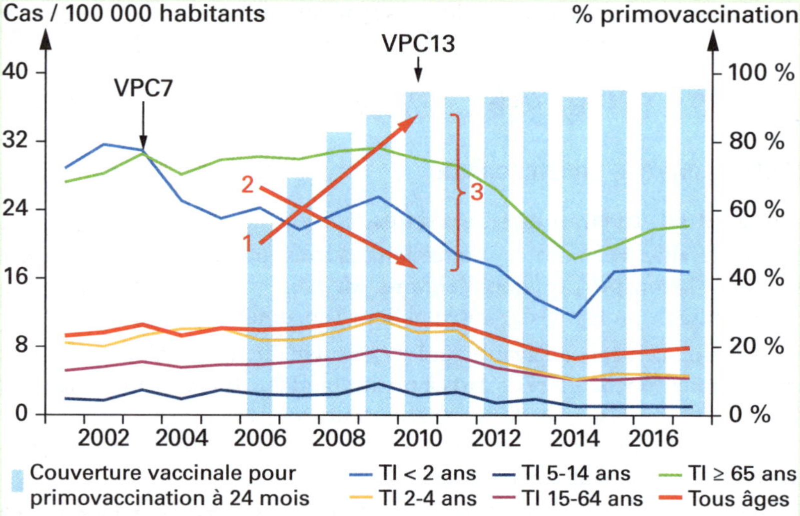

1. Augmentation de la couverture vaccinale
2. Chute du nombre d'infections à pneumocoques
3. Synchronicité des variations = corrélation des évènements

Après l'introduction du vaccin, on constate, sur le document 2, une chute du pourcentage de bactéries résistantes à la pénicilline (de 50 % en 2001 à moins de 30 % en 2017).
Cette observation est confirmée par le document 4 où la **résistance** à tous les **antibiotiques** est **en baisse.**
Ainsi, la **vaccination**, en **réduisant** l'usage des **antibiotiques**, a permis de **limiter la sélection des souches résistantes aux antibiotiques** et ainsi de diminuer le risque d'être infectés par une bactérie résistante, y compris chez les personnes non vaccinées.
Plus le pourcentage de la population vaccinée est important, plus le nombre d'individus potentiellement vecteurs de bactéries diminue, plus la population non vaccinée ou non vaccinable est protégée. On parle de **couverture vaccinale globale.**

À NOTER
On observe une recrudescence des résistances et des infections depuis 2014, car de nouvelles souches résistantes au vaccin sont apparues.

11 L'évolution humaine

Chimpanzé attrapant le bras d'un homme. Île de Concuati, au Congo.
L'Homme et le chimpanzé ont un étroit lien de parenté. De nombreux caractères justifient cette filiation et permettent de situer l'Homme au sein des Primates.

32 Un Homme parmi les Primates

En bref *L'Homme est un Primate. Il partage des caractères communs avec les grands singes : gibbon, orang-outan, gorille et chimpanzé.*

I La construction des arbres phylogénétiques

■ Un arbre phylogénétique représente, de manière schématique, les liens de parenté entre différentes espèces. Il est fondé sur le partage de caractères communs, encore appelés innovations évolutives.

■ Toutes les espèces qui partagent une innovation évolutive l'ont héritée d'un **ancêtre commun,** qui est la première espèce chez qui cette innovation est apparue.

MOT CLÉ
Un **ancêtre commun** est hypothétique ; il est placé aux nœuds de l'arbre tandis que les innovations évolutives se situent entre les nœuds.

Doc 1a Matrice taxons-caractères pour quelques Primates

	Queue	Narines	Appendice nasal	Terminaison des doigts	Pouce
Homme	Absente	Rapprochées	Nez	Ongles	Opposable
Chimpanzé	Absente	Rapprochées	Nez	Ongles	Opposable
Tarsier	Présente	Écartées	Nez	Ongles	Opposable
Gorille	Absente	Rapprochées	Nez	Ongles	Opposable
Macaque	Présente	Rapprochées	Nez	Ongles	Opposable

Les innovations évolutives figurent en bleu (d'après le logiciel Phylogène, INRP).

Doc 1b Arbre phylogénétique correspondant

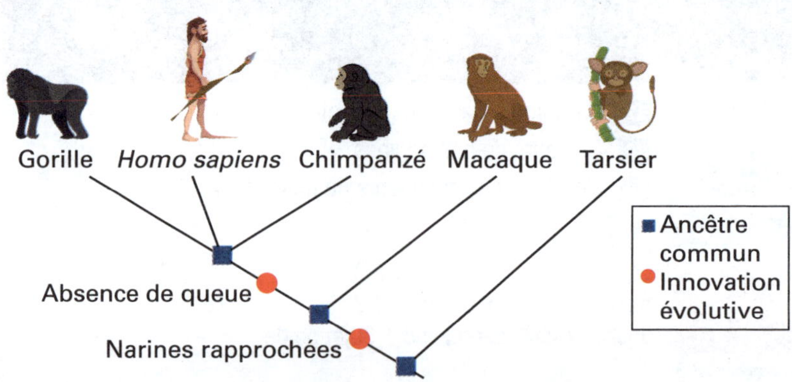

■ Les plus proches parents de l'homme sont le chimpanzé et le gorille. Ils partagent plusieurs innovations évolutives, comme l'absence de queue.

II L'apport des données moléculaires

- La comparaison de molécules (**gènes et protéines**) a permis de préciser une parenté plus étroite entre l'Homme et le chimpanzé qu'avec les autres espèces. Ils partagent un ancêtre commun plus récent.

À NOTER
On peut comparer les gènes partagés par deux espèces différentes mais aussi les séquences d'acides aminés des protéines correspondantes.

- L'**ancêtre commun à l'Homme et au chimpanzé** n'était ni un Homme, ni un chimpanzé, mais il devait posséder des caractéristiques communes aux deux espèces. Son âge est estimé aux alentours de **7 millions d'années (Ma)**.

- Les **génomes** de l'Homme et du chimpanzé sont **semblables** à près de **99 %** et leurs caryotypes ne diffèrent que par la position de certains gènes sur les chromosomes.

- L'Homme possède 23 paires de chromosomes et le chimpanzé 24 paires, le chromosome 2 de l'Homme correspondant à la fusion des chromosomes 2p et 2q du chimpanzé.

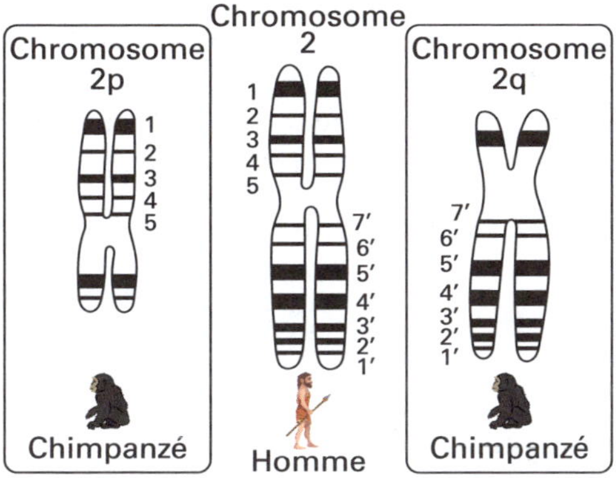

zoOm

Nos plus proches parents menacés

L'extinction définitive des grands singes, nos plus proches parents, dans la nature est prévue dans les 25 à 50 prochaines années si rien n'est fait pour l'enrayer. La destruction de leur habitat, par la déforestation et le braconnage notamment, menacent grandement leur survie.

L'orang-outan de Bornéo (Indonésie), appelé aussi « l'homme de la forêt », est une espèce en péril.

33 L'histoire de nos origines

En bref *Les fossiles ont permis de reconstituer l'histoire de nos origines. Certains de nos ancêtres vivaient il y a 7 millions d'années et possédaient déjà des innovations évolutives propres à la lignée humaine.*

I L'étude d'un fossile d'Australopithèque

1 Les caractéristiques du crâne

■ Les **Australopithèques**, dont fait partie *Australopithecus afarensis*, ont un **faible volume crânien** et une **mandibule en forme de U** proches de ceux du chimpanzé. De plus, leur mâchoire est projetée vers l'avant : on parle de prognathisme, comme c'est le cas pour le chimpanzé (doc. 1).

Doc 1 Comparaison de 3 crânes de Primates

	Chimpanzé	*Australopithecus afarensis*	*Homo sapiens*
Forme du crâne	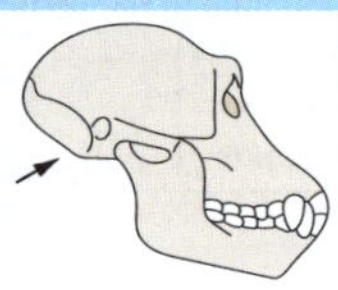	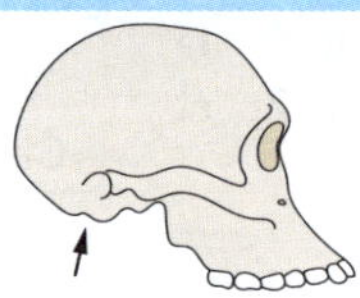	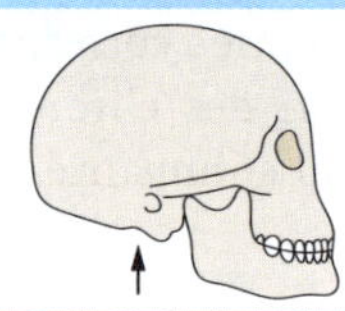
Volume crânien	320 à 480 cm^3	450 à 530 cm^3	1 300 à 1 500 cm^3
Mandibule	en forme de U	en forme de U	parabolique

Sur les trois schémas, la flèche indique la position et l'orientation du trou occipital.

■ Le **trou occipital** des Australopithèques a une position intermédiaire entre celle du chimpanzé, qui se trouve vers l'arrière, et celle d'*Homo sapiens*, centrée.

MOT CLÉ
Le **trou occipital** est l'orifice à la base du crâne où s'insère la colonne vertébrale. Sa position renseigne sur la position générale du corps et donc sur la bipédie.

2 Les caractéristiques du squelette

■ Le **bassin** des **Australopithèques**, **court et large** (doc. 2, page suivante), ressemble beaucoup à celui d'*Homo sapiens*, ce qui a permis d'attester qu'ils étaient **bipèdes**.

Les Australopithèques grimpaient mieux aux arbres que *Homo sapiens*, mais avaient un style de bipédie moins efficace.

■ La bipédie des Australopithèques est une des innovations évolutives caractéristiques de la lignée humaine, mais la morphologie de leur crâne ne permet pas de les classer dans le genre Homo. Ils partagent un ancêtre commun avec le genre *Homo* et ont vécu en Afrique de **–4,2 Ma à –2 Ma** environ.

Doc 2 **Vue frontale et supérieure du bassin de trois primates**

	Vue frontale	Vue supérieure
Chimpanzé (Pan troglodytes)	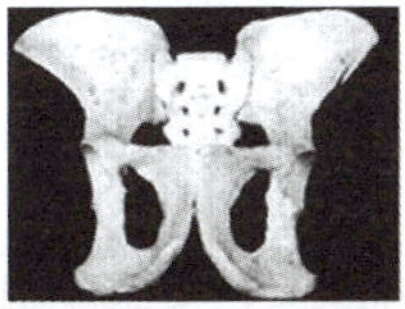	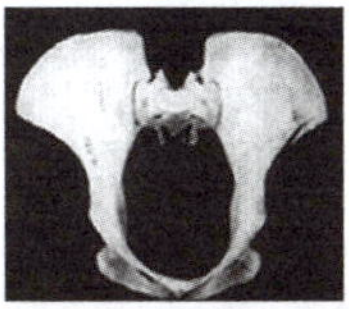
Australopithecus afarensis (Lucy)	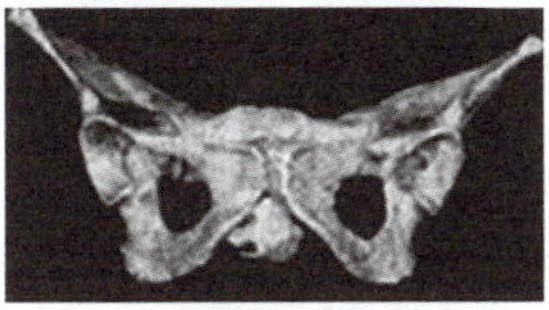	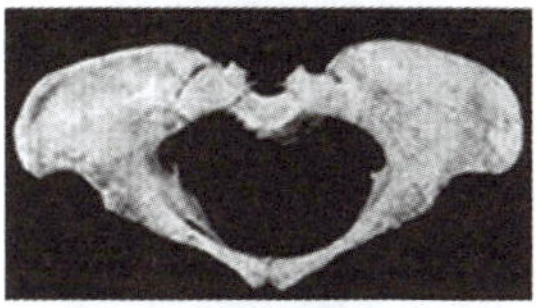
Homme moderne *(Homo sapiens)*	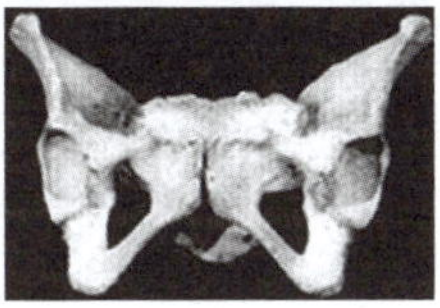	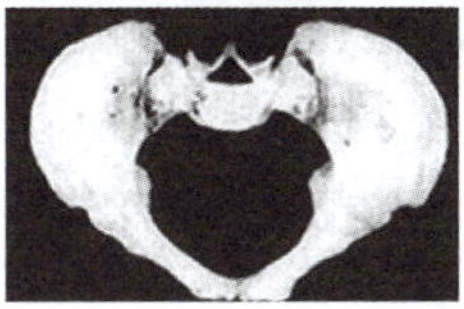

D'après *Journal of Human Evolution*.

II Des liens de parenté souvent remis en cause

Les fossiles plus anciens que les Australopithèques, très incomplets, révèlent aussi l'existence d'individus bipèdes. Ils sont datés de –6 à –7 Ma, comme c'est le cas pour Toumaï (*Sahelanthropus tchadensis*), ou de –6 Ma pour *Orrorin tugenensis*. Ces fossiles, tous découverts en Afrique, font partie de la lignée humaine et ont permis de situer la séparation entre la lignée du chimpanzé et celle du genre *Homo* avant 7 Ma. La découverte de nouveaux fossiles interroge régulièrement les paléontologues et peut remettre en cause des liens de parenté.

zoOm

Crâne d'*Australopithecus sediba* et sa reconstitution virtuelle

En 2008, en Afrique du Sud, le professeur américain Lee Berger découvre deux fossiles datés entre –1,95 Ma et –1,78 Ma, dotés d'une mosaïque de caractères partagés par les Australopithèques et les premiers représentants du genre *Homo*. L'appartenance de ces fossiles (*Australopithecus sediba*) à l'un ou l'autre de ces deux genres est actuellement encore discutée.

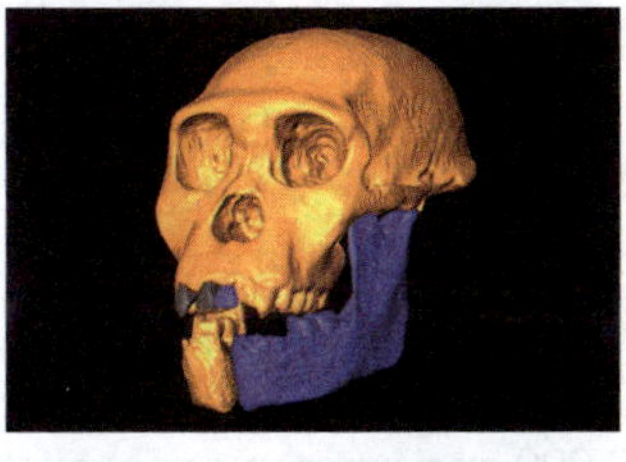

Reconstitution virtuelle de la mâchoire manquante d'*A. Sediba*.

34 L'évolution buissonnante du genre *Homo*

En bref *Le genre* Homo *regroupe l'Homme actuel* (Homo sapiens) *et plusieurs espèces fossiles qui partagent avec lui des innovations évolutives. Certaines de ces espèces ont cohabité les unes avec les autres.*

I Les relations de parenté au sein du genre *Homo*

- Des fossiles ayant de nombreuses caractéristiques en commun avec *Homo sapiens* ont été découverts en Afrique, en Asie, en Europe, au Proche-Orient et au Moyen-Orient. De par leurs caractères, ils ont été classés dans le **genre *Homo***.
- Les squelettes fossiles du genre *Homo* possèdent une **face réduite**, une **capacité crânienne élevée** (entre 800 et 1 500 cm^3), et sont **parfaitement bipèdes**, ce qui a permis à leurs représentants de migrer hors du continent africain.
- Les premiers représentants du genre *Homo* sont âgés de –2,5 Ma (***Homo habilis***, ***Homo rudolfensis***) et ont cohabité avec les espèces ***Homo ergaster*** puis ***Homo erectus*** (vers –2 Ma).
Homo neanderthalensis (–300 000 ans) et ***Homo sapiens*** (–200 000 ans) ont ensuite fait leur apparition (doc. 1).

À NOTER
En 2017, au Maroc, ont été trouvés les plus anciens fossiles d'*Homo sapiens*. Datés de –300 000 ans, ils repousseraient l'origine de notre espèce de 100 000 ans.

- **Plusieurs espèces de la lignée humaine ont donc cohabité** sur notre planète, même si, depuis 30 000 ans, le genre *Homo* ne compte plus qu'une seule espèce : *Homo sapiens*.
- On n'a certainement pas encore retrouvé toutes les espèces qui ont peuplé la Terre, et des découvertes de nouveaux fossiles ont lieu régulièrement comme avec l'**Homme de Denisova** en 2010. Il vivait sur le plateau tibétain il y a 160 000 ans et a cohabité avec l'Homme de Néandertal dans la grotte de Denisova, en Sibérie. Il partage avec lui des caractères morpho-anatomiques.
- Les analyses ADN suggèrent des mélanges entre populations de Denisova, de Néandertal et d'*Homo sapiens*.
- L'Homme de Néandertal a disparu de la surface de la Terre il y a 40 000 ans, après une cohabitation de plus de 10 000 ans avec *Homo sapiens*.

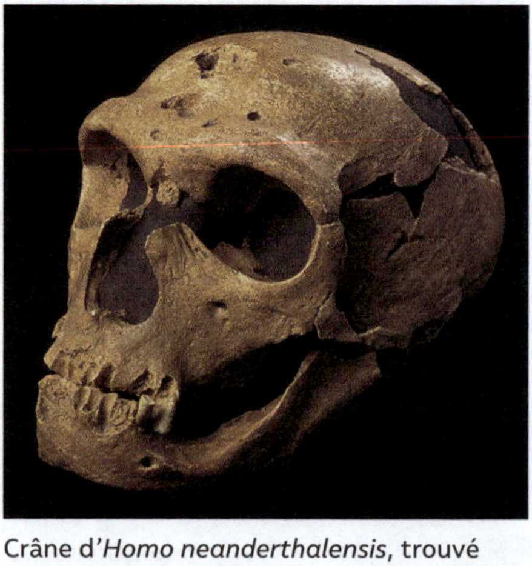

Crâne d'*Homo neanderthalensis*, trouvé à la Chapelle-aux-Saints en Corrèze en 1908.

II Les caractères transmis de manière non génétique

- L'utilisation d'outils variés a souvent été associée au genre *Homo*, mais de nombreux singes en utilisent aussi. Ce comportement est transmis de génération en génération, par l'apprentissage. En revanche, les représentants du genre *Homo* ont rendu les outils plus efficaces, plus perfectionnés.
- Les activités culturelles ne sont pas exclusivement attribuées à *Homo sapiens*. L'homme de Néandertal fabriquait déjà des bijoux et pourrait aussi être à l'origine des peintures pariétales découvertes dans plusieurs grottes en Espagne.
- Les habitudes alimentaires, le langage et le **microbiote** sont aussi transmis de façon non génétique.

> **MOT CLÉ**
> Le **microbiote** est l'ensemble des micro-organismes vivant sur notre peau, dans notre intestin par exemple.

Doc Répartition dans le temps des différentes espèces du genre *Homo*

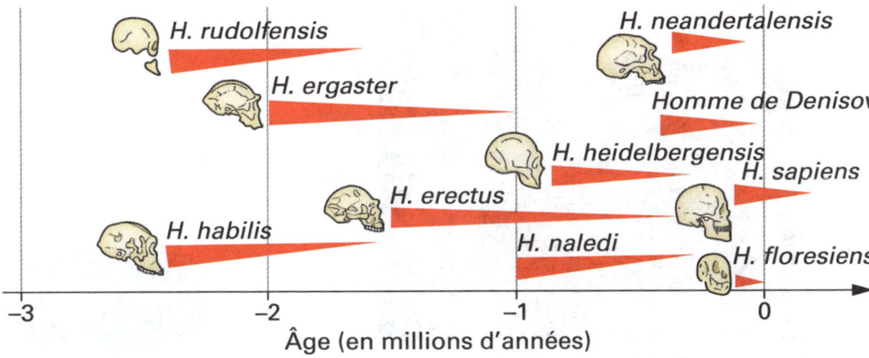

zoOm
Reconstitution d'*Homo neanderthalensis*

- L'Homme de Néandertal n'a pas complètement disparu puisque nous avons hérité de 1 à 3 % de son génome. Il était suffisamment proche d'*Homo sapiens* pour pouvoir se reproduire avec lui et échanger des gènes.
- Les découvertes récentes nous montrent que l'Homme de Néandertal était beaucoup plus intelligent qu'on ne le pensait il y a encore quelques années. Il façonnait des outils complexes et même des bijoux.

MÉMO VISUEL

L'ÉVOLUTION

L'Homme et les grands singes

Caractères partagés

- Similitudes génétiques
- Caractères morpho-anatomiques
- Parenté plus étroite avec le chimpanzé

L'Homme et ses plus proches parents au sein des Primates

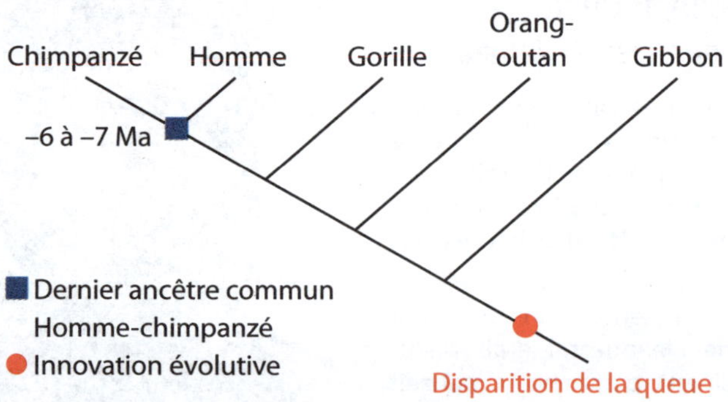

Le genre *Homo*

Innovations évolutives propres au genre *Homo*
- Développement de la capacité crânienne
- Face réduite
- Bipédie stricte et aptitude à la course à pied
- Fabrication et utilisation d'outils variés et perfectionnés

Peintures pariétales attribuées avec certitude à *Homo sapiens*

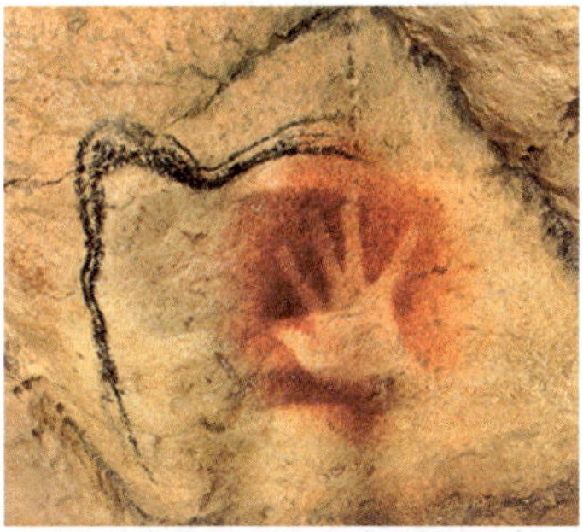

Peinture de la grotte Chauvet (Ardèche, France –30 000 ans)

HUMAINE

Les primates fossiles apparentés au genre *Homo*

Toumaï : –6 à –7 Ma
Orrorin : –6 Ma
Australopithèques : –4,2 à –2 Ma

SE TESTER QUIZ

Vérifiez que vous avez bien compris les points clés des **fiches 32 à 34**.

1 Un Homme parmi les Primates

→ FICHE 32

1. Quelles sont les caractéristiques d'un arbre phylogénétique ?

☐ **a.** Il est fondé sur le partage des innovations évolutives.
☐ **b.** Les innovations évolutives sont placées aux nœuds de l'arbre.
☐ **c.** Les ancêtres communs sont placés aux entre-nœuds de l'arbre.

2. Parmi les affirmations suivantes, lesquelles sont vraies ?

☐ **a.** L'ancêtre commun à l'Homme et au chimpanzé était un chimpanzé.
☐ **b.** Les génomes de l'Homme et du chimpanzé sont semblables à presque 99 %.
☐ **c.** L'Homme possède, tout comme le chimpanzé, 23 paires de chromosomes.
☐ **d.** Le chromosome 2 du chimpanzé correspond à la fusion des chromosomes 2p et 2q de l'Homme.

2 L'histoire de nos origines

→ FICHE 33

1. Quelle caractéristique a permis d'attester la bipédie des Australopithèques ?

☐ **a.** un bassin haut et long
☐ **b.** un bassin court et large
☐ **c.** une capacité crânienne plus élevée que celle des chimpanzés

2. Parmi les fossiles les plus anciens de la lignée humaine, on trouve :

☐ **a.** Toumaï
☐ **b.** Orrolin
☐ **c.** *Australopithecus afarensis*

3 L'évolution buissonnante du genre *Homo*

→ FICHE 34

1. Quelle(s) espèce(s) font partie du genre *Homo* ?

☐ **a.** *Australopithecus afarensis*
☐ **b.** *Sahelanthropus tchadensis*
☐ **c.** *Homo neanderthalensis*

2. Parmi les affirmations suivantes, lesquelles sont vraies ?

☐ **a.** *Homo sapiens* a cohabité avec d'autres espèces du genre *Homo*.
☐ **b.** *Homo sapiens* est la seule espèce vivante du genre *Homo*.
☐ **c.** L'Homme de Néandertal a disparu il y a environ 300 000 ans.
☐ **d.** Nous partageons environ 3 % de notre génome avec l'Homme de Néandertal.

S'ENTRAÎNER

4 Réviser le cours en 8 questions flash

→ FICHES 32 à 34

1. Quels sont les grands singes ?
2. Où sont placées les innovations évolutives dans un arbre phylogénétique ?
3. Quelles données ont permis d'établir une parenté étroite entre l'Homme et le chimpanzé ?
4. Pourquoi la survie des grands singes est-elle actuellement menacée ?
5. Quelle caractéristique du squelette des Australopithèques a permis d'attester de leur bipédie ?
6. Pourquoi les paléontologues remettent-ils parfois en cause les liens de parenté au sein des primates ?
7. Quels sont les premiers représentants du genre *Homo* ?
8. Quels caractères sont transmis de manière non génétique ?

5 Quelques primates fossiles

→ FICHES 33 et 34

Associez chaque représentant des primates fossiles à son époque d'existence.

Homo habilis •	• –6 Ma
Australopithèques •	• –50 000 ans
Toumaï •	• –4 Ma
Orrorin •	• –2,5 Ma
Homme de Néandertal •	• –7 Ma

6 L'Homme et ses cousins

→ FICHE 33

Complétez le texte avec les mots suivants.

Afrique • ancêtre commun • antérieure • bassin • bipédie • chimpanzé • génome • *Homo sapiens* • lignée humaine • innovations évolutives • Toumaï • mâchoire • large • primate

L'Homme est un ...., et son plus proche parent, au sein des grands singes, est le .... Leur .... est semblable à plus de 99 % et ils partagent un .... plus récent qu'avec les autres primates.

Certains primates fossiles, il y a 7 Ma, possèdent déjà des ....propres à la .... Les Australopithèques possèdent une .... projetée en avant, tout comme les chimpanzés, mais leur .... court et .... ressemble beaucoup à celui d'.........................., ce qui a permis d'attester de leur ....

Des fossiles plus anciens, tous découverts en .... comme ...., ont révélé l'existence d'individus bipèdes datés de –6 à –7 Ma. Donc la séparation entre la lignée du chimpanzé et celle du genre *Homo* est .... à –7 Ma.

7 Comprendre un arbre phylogénétique

→ FICHE 32

Doc 1 Matrice taxons/caractères

Innovations évolutives \ Espèces	Gibbon	Homme	Chimpanzé	Gorille	Orang-outan
Absence de queue	+	+	+	+	+
Fusion prénatale des os du poignet	–	+	+	+	–
Présence d'un sinus frontal	–	+	+	+	+
Bipédie permanente	–	+	–	–	–

+ : présence de l'innovation évolutive
– : absence de l'innovation évolutive

Doc 2 Arbre phylogénétique de quelques espèces de primates actuels

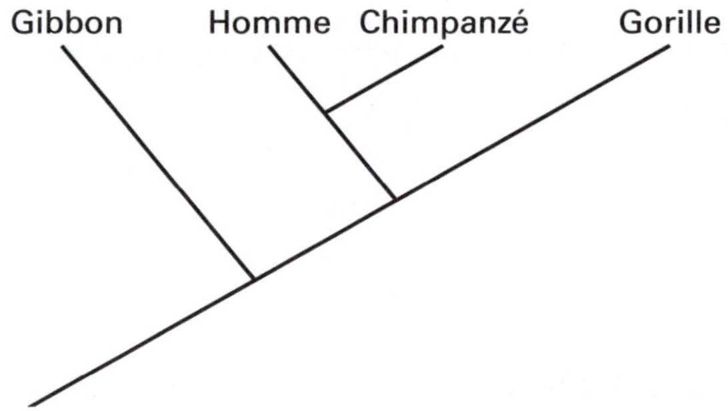

a. Placez toutes les innovations évolutives sur l'arbre phylogénétique.

b. D'après cet arbre, l'Homme est-il plus proche du gibbon ou du gorille ? Justifiez la réponse.

c. Quelles innovations évolutives possédaient le dernier ancêtre commun à l'Homme, au chimpanzé et au gorille ?

d. Placez l'orang-outan sur l'arbre phylogénétique et justifiez la réponse.

OBJECTIF BAC

8 Une nouvelle espèce du genre *Homo* ?

60 min

Vous vous mettez à la place d'un paléontologue et vous expliquez ici comment des fossiles découverts dans une grotte aux Philippines ont pu être attribués au genre *Homo*.

LE SUJET

En avril 2019, dans la revue *Nature*, une équipe internationale de chercheurs, codirigée par le paléoanthropologue Florent Détroit, décrit des fossiles retrouvés dans la grotte de Callao, aux Philippines, sur l'île de Luçon, qui n'a jamais été accessible à pied sec dans toute l'histoire de l'humanité. Il s'agit des plus anciens ossements jamais trouvés aux Philippines et ils ont pu être datés entre –67 000 et –50 000 ans.

Parmi les restes fossiles trouvés, les prémolaires possèdent trois racines comme celles des Australopithèques, tandis que les molaires sont très semblables à celles d'*Homo sapiens*. Les phalanges des pieds sont très incurvées et possèdent des zones d'insertion creusées susceptibles d'accueillir des muscles développés, permettant la flexion du pied, peut-être la préhension avec le pied ou encore la capacité de grimper aux arbres.

Selon Florent Détroit, des espèces anciennes du genre *Homo*, comme *Homo erectus*, ont pu prendre la mer sur des embarcations rudimentaires, arrivant parfois plus loin que prévu. Cela pourrait être le cas de l'Homme de Florès, caractérisé par sa très petite taille (entre 1 mètre et 1 m 10 pour les adultes), qui a formé une population isolée sur l'île de Florès, en Indonésie. Une population, lorsqu'elle est isolée, évolue indépendamment des autres, développant des caractères qui lui sont propres, jusqu'à former une espèce à part entière. C'est ce qu'on appelle l'endémisme insulaire, qui permet parfois même la réapparition de caractères primitifs.

Doc 1 Comparaison des dents (molaires et prémolaires) et des phalanges des orteils de trois espèces

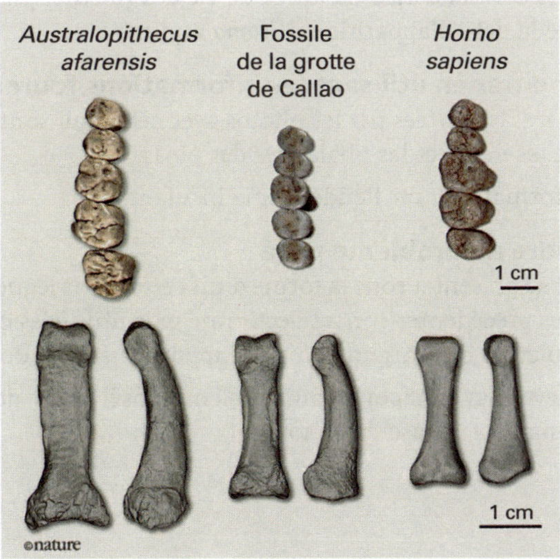

Doc 2 Volume endocrânien probable des fossiles de la grotte de Callao comparé à celui d'autres individus

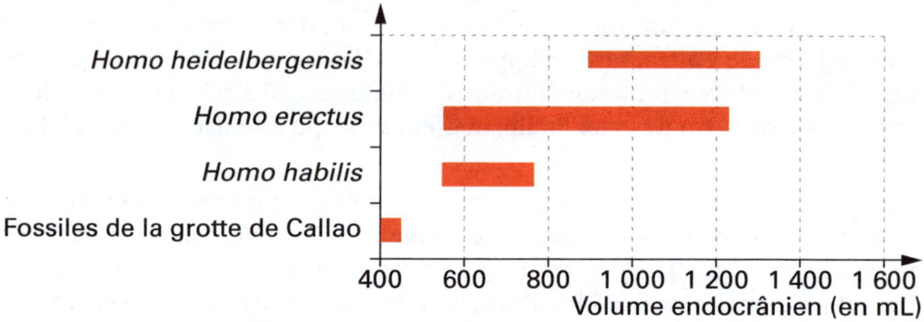

La taille des dents fossiles de la grotte de Callao est relativement proche de celle de l'Homme de Florès. On peut donc penser, sans certitude absolue, que leurs capacités crâniennes étaient assez proches.

À partir de l'analyse des documents et de vos connaissances, discutez de la place des fossiles de la grotte de Callao dans le genre *Homo*.

LA FEUILLE DE ROUTE

Étape 1 Sélectionner les connaissances en rapport avec le sujet

- Faites appel à vos connaissances sur les caractéristiques du genre Homo (face réduite, bipédie permettant la course à pied, mandibule parabolique…) et sur les caractères relatifs aux Australopithèques, que l'on nomme caractères primitifs en opposition aux innovations évolutives du genre Homo.
- L'estimation de l'âge des fossiles est donnée dans le texte. Vous devez donc retrouver dans vos connaissances la durée de vie des Australopithèques sur notre planète, ainsi que la date d'apparition d'*Homo sapiens*.

Étape 2 Argumenter en utilisant les informations fournies

- Reliez les données apportées par les photos avec celles qui sont apportées par le texte concernant les dents et les phalanges des pieds.
- Utilisez les informations sur l'endémisme insulaire.

Étape 3 Répondre au problème posé

- La réponse doit se présenter sous la forme d'un texte, dans lequel on doit retrouver les deux étapes précédentes (on a sélectionné puis utilisé les connaissances en rapport avec le sujet, et on a argumenté en s'appuyant sur les documents).
- Le texte s'achève par la réponse au problème posé. Vous devez rédiger une conclusion reprenant la phrase de l'énoncé.

CORRIGÉS

SE TESTER QUIZ

1 Un Homme parmi les Primates

1. Réponse a.

Les réponses b et c sont fausses car les innovations évolutives sont placées entre les nœuds et les ancêtres communs aux nœuds de l'arbre phylogénétique.

2. Réponse b.

L'affirmation a est fausse, car l'ancêtre commun à l'Homme et au chimpanzé, hypothétique, n'était ni un Homme, ni un chimpanzé.
L'affirmation c est fausse, car l'Homme possède bien 23 paires de chromosomes, mais le chimpanzé en possède 24 paires.
L'affirmation d est fausse, car c'est le chromosome 2 de l'Homme qui correspond à la fusion des chromosomes 2p et 2q du chimpanzé.

2 L'histoire de nos origines

1. Réponse b.

La réponse a est fausse car le bassin des Australopithèques est large et court comme celui du genre *Homo*.
La réponse c est fausse aussi car la capacité crânienne n'est pas une conséquence de la bipédie.

2. Réponses a et c.

La réponse b est fausse, car Orrolin n'existe pas (c'est Orrorin).

3 L'évolution buissonnante du genre Homo

1. Réponse c.

Australopithecus afarensis et *Sahelanthropus tchadensis* (Toumaï) font partie de la lignée humaine, mais pas du genre *Homo*, donc les réponses a et b sont fausses.

2. Réponses a, b et d.

L'affirmation c est fausse car l'Homme de Néandertal a disparu de la surface de la planète il y a 40 000 ans.

S'ENTRAÎNER

4 Réviser le cours en 8 questions flash

1. Les grands singes sont le **gibbon**, l'**orang-outan**, le **gorille** et le **chimpanzé**.

2. Les innovations évolutives sont toujours placées **entre les nœuds** dans un arbre phylogénétique.

3. Ce sont les **données moléculaires** (comparaisons de protéines et de gènes) qui ont permis d'établir une **parenté étroite** entre l'**Homme** et le **chimpanzé**.

4. La survie des grands singes est actuellement menacée à cause de la **destruction de leur habitat** par la **déforestation** et à cause du **braconnage**.

5. Le **bassin court et large** du squelette des Australopithèques, comparable à celui d'*Homo sapiens*, a permis d'attester de leur **bipédie**.

6. La **découverte de nouveaux fossiles** peut parfois remettre en cause les liens de parenté au sein des primates.

7. Les premiers représentants du genre *Homo* sont ***Homo habilis*** et ***Homo rudolfensis***, âgés de **–2,5 Ma**.

8. Les caractères qui sont transmis de manière non génétique sont par exemple l'**utilisation des outils** (caractère transmis par l'apprentissage), les **activités culturelles**, le **langage**, les **habitudes alimentaires** ainsi que le **microbiote**.

5 Quelques primates fossiles

Homo habilis	–2,5 Ma
Australopithèques	–4 Ma
Toumaï	–7 Ma
Orrorin	–6 Ma
Homme de Néandertal	–50 000 ans

6 L'Homme et ses cousins

L'Homme est un **primate**, et son plus proche parent, au sein des grands singes, est le **chimpanzé**. Leur **génome** est semblable à plus de 99 % et ils partagent un **ancêtre commun** plus récent qu'avec les autres primates.
Certains primates fossiles, il y a 7 Ma, possèdent déjà des **innovations évolutives** propres à la **lignée humaine**. Les Australopithèques possèdent une **mâchoire** projetée en avant, tout comme les chimpanzés, mais leur **bassin** court et **large** ressemble beaucoup à celui d'***Homo sapiens***, ce qui a permis d'attester de leur **bipédie**.
Des fossiles plus anciens, tous découverts en **Afrique**, comme **Toumaï**, ont révélé l'existence d'individus bipèdes datés de –6 à –7 Ma. Donc la séparation entre la lignée du chimpanzé et celle du genre *Homo* est **antérieure** à –7 Ma.

7 Comprendre un arbre phylogénétique

a. Les **innovations évolutives** se placent **entre les nœuds**, sur un arbre phylogénétique. Il faut ici regarder la présence ou l'absence des innovations évolutives chez les différentes espèces représentées sur l'arbre. Par exemple, toutes les espèces sont dépourvues de queue. L'innovation **« absence de queue »** est donc présente chez l'ancêtre commun de ces espèces, et se place avant le premier nœud.

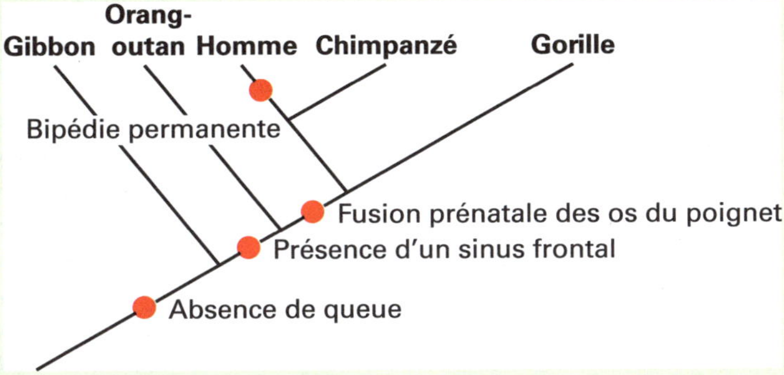

b. L'Homme est plus proche du gorille que du gibbon, car il partage **trois innovations évolutives** avec le **gorille** et une seule avec le gibbon.

c. Le dernier ancêtre commun à l'Homme, au chimpanzé et au gorille possède les innovations évolutives suivantes : **absence de queue**, présence d'un **sinus frontal** et **fusion prénatale des os du poignet**.

> **À NOTER**
> Entre la quatrième et la sixième semaine de son développement, l'embryon humain possède une queue qui représente un sixième de son corps ! À partir de la huitième semaine, celle-ci disparaît et les dernières vertèbres se soudent, formant le coccyx.

d. Voir l'arbre phylogénétique pour l'emplacement de l'orang-outan sur l'arbre phylogénétique.
Justification : l'**orang-outan** possède un **sinus frontal**, comme l'Homme, le chimpanzé et le gorille, mais **pas de fusion prénatale des os du poignet**.

OBJECTIF BAC

8 Une nouvelle espèce du genre *Homo*

On veut montrer que les **ossements** trouvés dans la **grotte de Callao** peuvent être placés dans le **genre *Homo***. Il nous faut donc trouver des arguments en faveur de cette hypothèse.
Si on compare les **dents** de ces individus, on voit qu'elles sont plus **proches de celles des Australopithèques**, car le texte nous indique qu'elles possèdent le même nombre de racines que pour ces derniers.

Les phalanges des pieds sont incurvées, tout comme celles d'*Australopithecus afarensis*, et les zones d'insertion, creusées, peuvent accueillir des muscles développés, permettant la flexion du pied. Les individus trouvés étaient donc capables de grimper aux arbres, comme les Australopithèques.

Leur volume crânien est faible, comparable à celui des Australopithèques (450 à 530 cm^3), alors que celui d'*Homo sapiens* avoisine 1 500 cm^3.

Ces caractères tendent à montrer que ces individus ne peuvent faire partie du genre *Homo*.

Toutefois, la taille des molaires et prémolaires observées sur la photo ressemble davantage à celle d'*Homo sapiens*.

On nous dit dans le texte que certaines espèces du genre *Homo*, comme l'Homme de Florès, peuvent évoluer indépendamment lorsqu'elles se retrouvent isolées sur une île, jusqu'à retrouver des caractères primitifs, comme ici un petit volume crânien. On peut donc penser, puisque l'île de Luçon n'est pas accessible à pied sec, qu'une espèce du genre *Homo* aurait pris la mer sur une embarcation rudimentaire et serait arrivée sur l'île. Elle aurait alors évolué de son côté jusqu'à former une espèce à part entière possédant une mosaïque de caractères, dont certains caractères ancestraux comme ceux des Australopithèques (faible volume crânien, dents avec plusieurs racines, phalanges des pieds incurvées, permettant une vie en partie arboricole).

Les Australopithèques ont vécu en Afrique de –4,2 à –2 millions d'années, donc n'existaient plus depuis longtemps lorsque les fossiles retrouvés dans la grotte de Callao vivaient aux Philippines, entre –67 000 et –50 000 ans.

Ce dernier argument, irréfutable, montre bien que nous avons ici une espèce contemporaine d'*Homo sapiens*, et que les fossiles de la grotte de Callao semblent donc bien faire partie du genre *Homo*. On leur a donné le nom d'*Homo luzonensis*.

À NOTER

Florent Détroit est maître de conférences et paléoanthropologue au département Homme et Environnement du Museum national d'Histoire naturelle de Paris. Il est le principal auteur de l'étude parue dans la revue *Nature*.

12 Les modèles démographiques

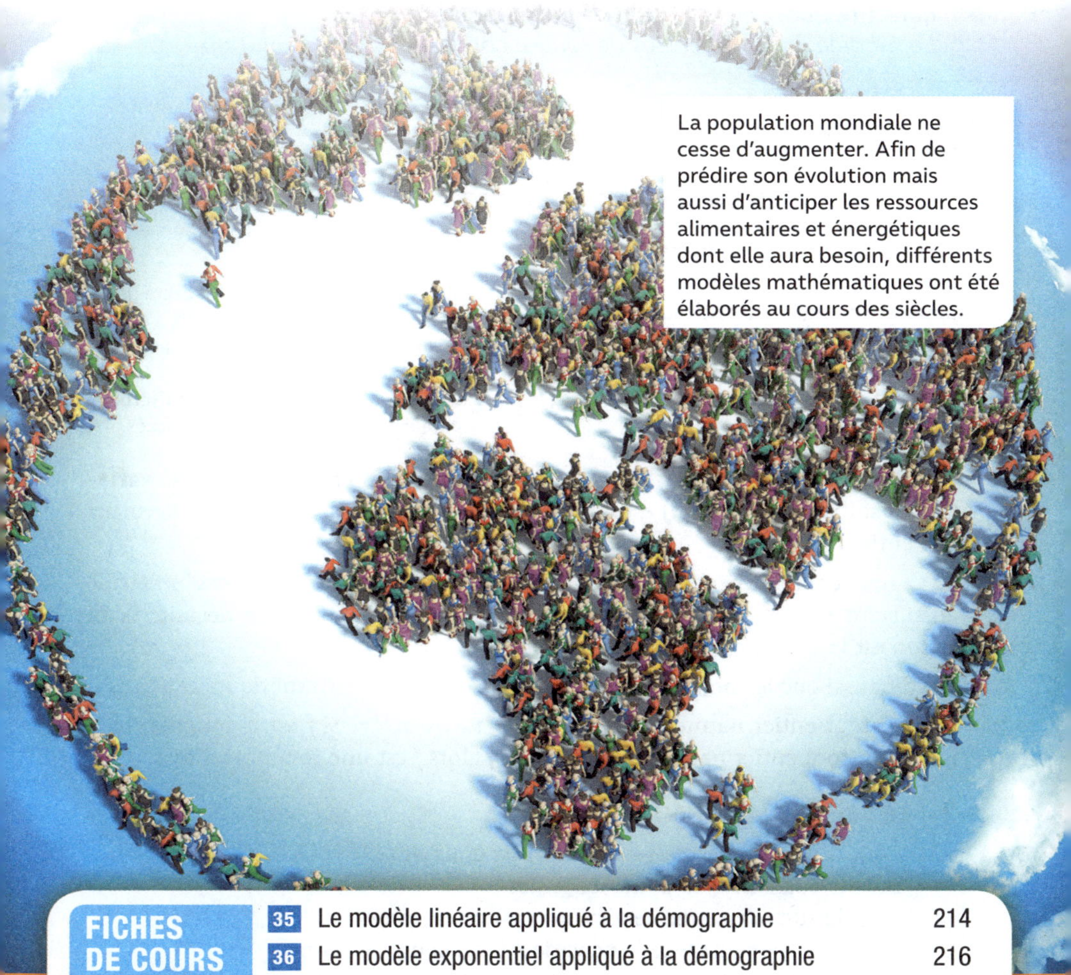

La population mondiale ne cesse d'augmenter. Afin de prédire son évolution mais aussi d'anticiper les ressources alimentaires et énergétiques dont elle aura besoin, différents modèles mathématiques ont été élaborés au cours des siècles.

35 Le modèle linéaire appliqué à la démographie

En bref *Une population évolue de manière linéaire si elle varie d'une quantité quasi-constante d'un palier au suivant.*
Le modèle linéaire permet de rendre compte de cette évolution.

I Le modèle linéaire en définitions

1 Qu'est-ce qu'une évolution linéaire ?

■ On considère une **grandeur discrète**, par exemple le nombre d'individus d'une population. Sa valeur initiale (au début de l'étude) est notée $u(0)$; n étant un entier naturel. On note ensuite $u(n)$ la valeur au palier n, c'est-à-dire après n unités de temps (années, mois, jours, etc.).

MOTS CLÉS
- Une **grandeur discrète** est une grandeur mesurée à des paliers entiers, c'est-à-dire des intervalles de temps réguliers, et non de manière continue.
- La **variation absolue** est la différence des valeurs prises à deux paliers successifs.

■ On dit que la grandeur varie de manière linéaire si et seulement si sa **variation absolue** $u(n+1)-u(n)$ est constante, c'est-à-dire indépendante de la valeur de l'entier n.

■ La suite de terme général $u(n)$ est une suite arithmétique ; on passe d'un terme au suivant en ajoutant un nombre fixe r – la raison – positif ou négatif ; cette raison est la constante $r = u(n+1) - u(n)$.

On dit aussi que les nombres $u(n)$ sont en progression arithmétique.

■ Pour tout entier naturel n, on a : $u(n) = u(0) + n \times r$. Si f est la fonction telle que, pour tout entier naturel n, $u(n) = f(n)$, alors f est une fonction affine.

2 Le sens de variation

- Si $r > 0$, la suite de terme général $u(n)$ est croissante.
La grandeur augmente au cours du temps.
- Si $r = 0$, la suite de terme général $u(n)$ est constante.
La grandeur est constante, elle ne varie pas au cours du temps.
- Si $r < 0$, la suite de terme général $u(n)$ est décroissante.
La grandeur diminue au cours du temps.

3 La représentation graphique

La représentation graphique de la suite, dans un repère $\mathcal{R}$ du plan, est l'ensemble des points de coordonnées $(n ; u(n))$.

Ces points appartiennent à la droite représentant la fonction f, ils sont donc alignés.

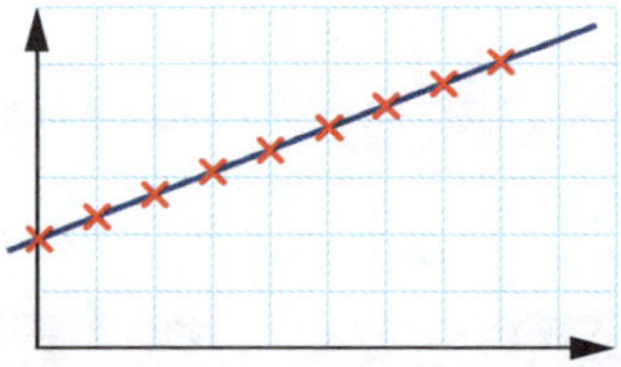

II La modélisation de l'évolution d'une population

1 L'ajustement d'un nuage de points

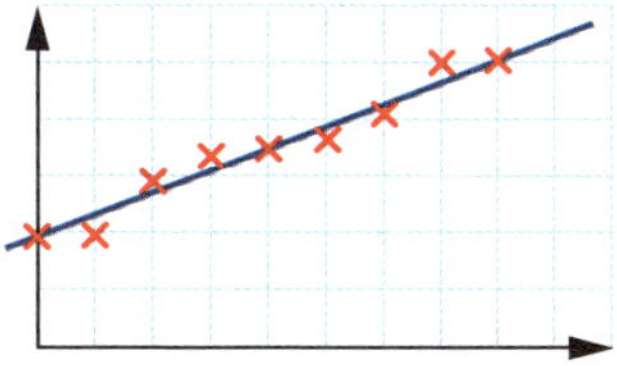

Pour une grandeur dont la variation absolue est presque constante, c'est-à-dire ne connaît pas de différences importantes d'un palier au suivant, les points du nuage qui représente son évolution sont presque alignés. On peut ajuster ce nuage par une droite.

Mais le modèle linéaire est inadapté pour des grandeurs dont la variation absolue change fortement d'un palier au suivant.

À NOTER
On « approxime » le nuage de points par une droite : on parle d'**ajustement affine.**

2 Les méthodes pour établir une droite d'ajustement

- Il existe différentes méthodes pour déterminer une droite d'ajustement (dite aussi parfois « droite de tendance ») passant au plus près des points du nuage.
- Les deux méthodes les plus utilisées sont les suivantes.

• La méthode de Mayer (XVIIIe siècle) : les points du nuage sont partagés, par ordre d'abscisses croissantes, en deux sous-groupes de même effectif ; la droite de Mayer passe par les points moyens des deux sous-nuages ainsi définis.

• La méthode des moindres carrés, élaborée par Legendre et Gauss (XIXe siècle) ; on détermine la droite telle que la somme des carrés des distances de chaque point du nuage au point de la droite de même abscisse soit minimale. On montre que cette droite est unique et qu'elle passe par le point moyen du nuage ; on l'appelle droite de régression de y en x. Son équation peut être obtenue à l'aide d'une calculatrice ou d'un logiciel.

zoOm

La projection orthogonale sur une droite

On peut aussi déterminer la droite telle que la somme des carrés des distances des points du nuage à la droite soit minimale. On montre qu'une telle droite existe et est unique, et qu'elle passe par le point moyen G du nuage. On parle alors de régression orthogonale. En effet, la distance d'un point à une droite est la distance de ce point à son projeté orthogonal sur la droite.

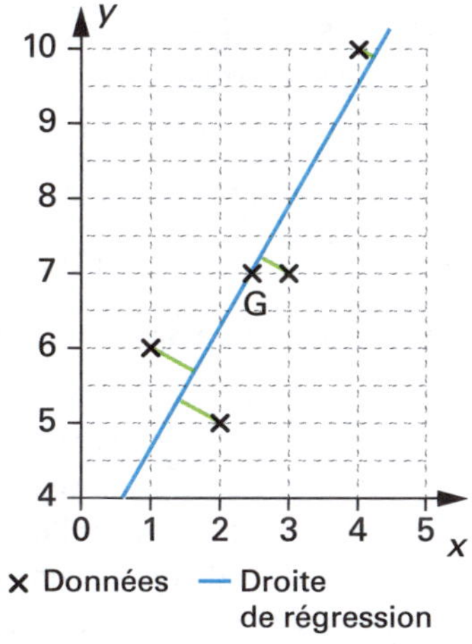

36 Le modèle exponentiel appliqué à la démographie

En bref *Une population évolue de manière exponentielle si son taux de variation entre deux paliers successifs est constant ou presque. Le modèle exponentiel permet de décrire une telle évolution.*

I Le modèle exponentiel en définitions

1 Qu'est-ce qu'une évolution exponentielle ?

On considère, comme précédemment, une grandeur discrète de valeur initiale $u(0)$; n étant un entier naturel, on note également $u(n)$ la valeur au palier n.

- On dit que la grandeur varie de manière exponentielle si et seulement si sa variation absolue $u(n+1) - u(n)$ est proportionnelle à sa valeur courante $u(n)$ (sa valeur au palier n).

- Une grandeur varie de manière exponentielle si et seulement si son **taux de variation** est constant, égal au pourcentage d'évolution (positif ou négatif) entre deux paliers successifs.

> **MOT CLÉ**
> Le **taux de variation** de la grandeur entre les paliers n et $n+1$ est : $\frac{u(n+1)-u(n)}{u(n)} \times 100$.

- Alors le quotient $\frac{u(n+1)}{u(n)}$ des valeurs à deux paliers successifs est lui aussi constant, indépendant du palier n. On le note q. C'est un nombre positif.

La suite de terme général $u(n)$ est une suite géométrique, on passe d'un terme au suivant en multipliant par le nombre q supérieur ou inférieur à 1. q est la **raison** de la suite.

On dit aussi que les nombres $u(n)$ sont en progression géométrique.

> **À NOTER**
> Le nombre qui permet, par multiplication, de passer d'un terme au suivant dans une suite géométrique se nomme **raison**.

- Pour tout entier naturel n, on a : $u(n) = u(0) \times q^n$.

- Si la grandeur augmente de t % par palier, alors $q = 1 + \frac{t}{100}$ et $q > 1$.

Si elle diminue de t % par palier, alors $q = 1 - \frac{t}{100}$ et $q < 1$.

2 Le sens de variation

• Si $q > 1$, la suite de terme général $u(n)$ est croissante.
La grandeur augmente au cours du temps.
• Si $q = 1$, la suite de terme général $u(n)$ est constante.
La grandeur est constante, elle ne varie pas au cours du temps.
• Si $q < 1$, la suite de terme général $u(n)$ est décroissante.
La grandeur diminue au cours du temps.

3 La représentation graphique et la modélisation

Les points du nuage appartiennent à la courbe représentative d'une **fonction exponentielle**.

Dans la réalité, pour une population dont le taux de variation est presque constant d'un palier au suivant, le nuage de points peut être ajusté par une courbe conforme au modèle exponentiel.

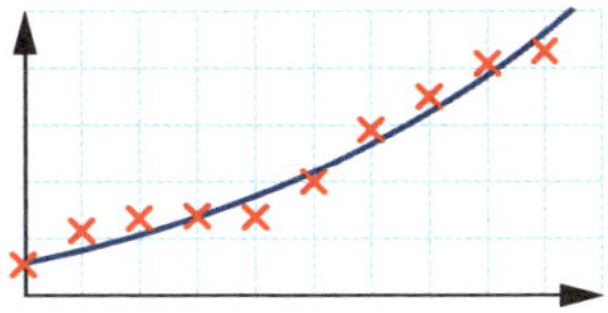

II Le modèle de Malthus

- L'économiste britannique Thomas Malthus (1766-1834) affirme, vers la fin du XVIIIe siècle, qu'une population s'accroît géométriquement, c'est-à-dire en suivant un **modèle exponentiel**, si elle n'est pas freinée.
- Si on note $P(n)$ la population au palier n, sa croissance se traduit par une relation du type $P(n+1) = \lambda P(n)$, où λ, appelé **paramètre malthusien**, dépend du rapport entre le **taux de natalité** (rapport du nombre de naissances à la population totale) et le **taux de mortalité** (rapport du nombre de morts à la population totale), que Malthus suppose **constants**.
- En parallèle, il prédit mathématiquement que l'**accroissement des ressources** indispensables à la survie de la population suit un **modèle linéaire**, c'est-à-dire qu'elles croissent de façon arithmétique. Cette croissance étant bien plus lente que celle de la population, il en déduit le caractère inévitable de catastrophes démographiques, à moins de limiter la croissance de la population.

zoOm

La catastrophe des rennes de l'île Saint-Matthieu

- En 1944, 29 rennes sont introduits sur l'île Saint-Matthieu, située dans la mer de Béring entre Alaska et Russie Orientale, sans prédateur et riche en lichen, dont se nourrissent les rennes.
- En 1957, on y comptait 1 350 rennes, puis 6 000 en 1963. En 1966, il n'en restait que 42.
- On a conclu à une « catastrophe malthusienne » : la population des rennes s'est accrue au-delà de ce que les ressources disponibles pouvaient soutenir, puis s'est brutalement effondrée.

37 L'évolution des modèles

En bref *Le choix d'un modèle passe notamment par la confrontation des résultats « théoriques » aux observations concrètes. Dans le cadre du monde du vivant, extrêmement variable, la tâche est complexe.*

I Les limites du modèle de Malthus

■ Le modèle de Malthus n'est pas adapté à toutes les situations, en particulier quand il s'agit d'étudier les populations humaines. Considérant que la population est isolée, ne tenant pas compte d'éventuels **facteurs extérieurs** (migrations, guerres, épidémies, etc.), ni de la capacité de l'être humain à améliorer sa **productivité**, il n'est généralement **valide** que sur le **court terme**.

■ Par ailleurs, même si le milieu contient les ressources nécessaires, une population ne peut pas augmenter exponentiellement jusqu'à l'infini. Des phénomènes d'**autorégulation** se mettent obligatoirement en place.

Une population dite « normale » a accès à ce dont elle a besoin pour vivre (nourriture notamment). On fait alors l'hypothèse que la diminution du taux de croissance de la population (son affaiblissement) est proportionnelle à la population surabondante (au-delà de la population normale). Cela conduit à l'élaboration du modèle logistique de Verhulst.

II Le modèle logistique de Verhulst

■ Précurseur des études démographiques, **Adolphe Quetelet** considère que la loi d'accroissement d'une population est une loi physique : la somme des obstacles à l'accroissement d'une population est proportionnelle au carré de la vitesse à laquelle cette population tend à croître.

■ Vers 1840, sous l'impulsion de Quetelet, **Pierre-François Verhulst** s'intéresse à son tour à la « théorie de la population » ; il prend comme bases les intuitions de Malthus, et applique des correctifs, prenant en compte la limitation de la population.

À NOTER
Mathématicien belge, **Pierre-François Verhulst** (1804-1849) fut l'élève puis le collaborateur d'**Adolphe Quetelet** (1796-1874), lui-même mathématicien et astronome belge.

■ Verhulst considère que plus une **population augmente**, plus son taux de **natalité diminue** et plus son taux de **mortalité augmente**.

Selon lui, pour chaque population, il existe une **taille limite** (liée à la **capacité d'accueil du milieu**), en deçà de laquelle on doit rester pour une cohabitation « harmonieuse » avec l'écosystème. Il affirme que, quelle que soit sa valeur d'origine, la population tend vers cette « taille limite ».

- Le modèle logistique d'évolution d'une population de Verhulst peut être représenté par une courbe en S, dite aussi courbe sigmoïde.
- Conscient des limites de son modèle, Verhulst pose comme principe que toutes les lois que l'on peut poser doivent admettre un maximum.

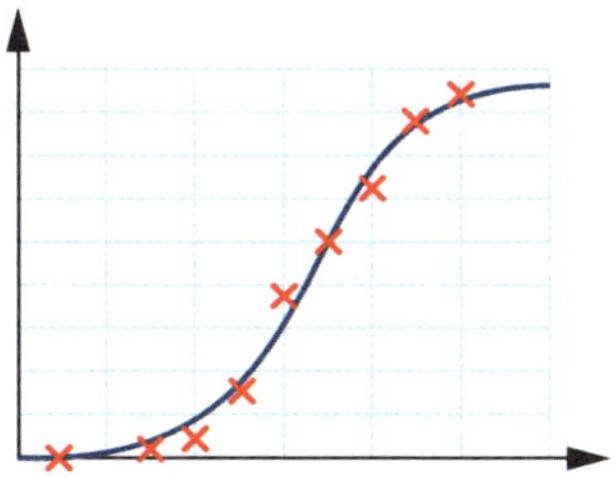

III Les évolutions actuelles des modèles

1 Les modèles « structurés en âges »

Les modèles de Malthus et de Verhulst supposent un taux de reproduction (différence entre le taux de natalité et le taux de mortalité) identique pour tous les individus de la population.

Ce taux dépend en réalité de l'âge des individus. Le modèle de Leslie (1900-1972) tient compte de cette structuration de la population ; il utilise des **matrices**.

MOT CLÉ
Une **matrice** est un tableau de nombres permettant d'effectuer des calculs.

2 Des modèles de plus en plus élaborés

Des modèles encore plus élaborés prennent en compte d'autres paramètres, comme les limites environnementales (épuisement des ressources non renouvelables par exemple). Le développement de l'informatique a favorisé la création de modèles basés sur des calculs complexes. Certains modèles prévoient que la population mondiale atteindra environ 10 milliards d'êtres humains en 2050.

zoOm

Le modèle AquaCrop et la gestion de l'eau

AquaCrop est un modèle de simulation de croissance des cultures développé depuis 2009 par la FAO (Food and Agriculture Organization, agence de l'ONU) à partir de paramètres simples mais par un calcul complexe. Il permet notamment d'optimiser l'irrigation des parcelles cultivées en cas de pénurie d'eau.

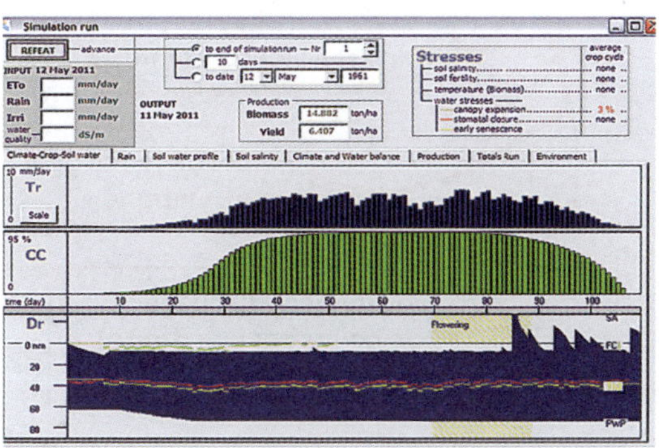

MÉMO VISUEL

LES MODÈLES

Le choix d'un modèle

Le modèle logistique de Verhulst

- **Croissance de la population** qui s'accompagne d'une **baisse de la natalité** et d'une **hausse de la mortalité**.
- **Taille limite** pour chaque population.
- Représentation de l'évolution de la population par une **courbe en S** :

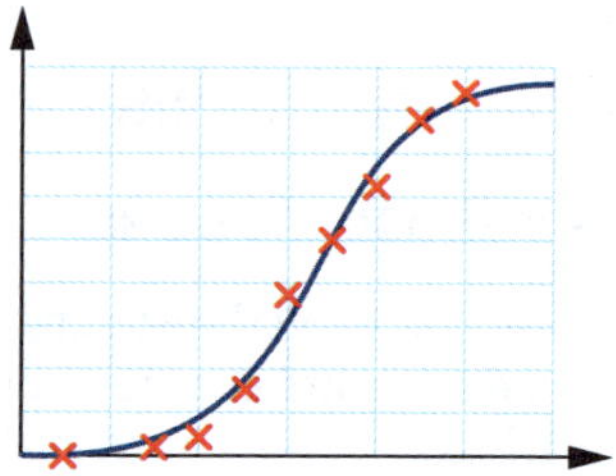

Le modèle de Leslie « structuré en âges »

- **Taux de reproduction** variable avec l'âge des individus.
- Utilisation du **calcul matriciel**.

Des modèles plus élaborés

Utilisation de multiples paramètres et de calculs complexes.

Le modèle linéaire

Variation absolue

$u(n+1) - u(n)$ constante.

Suite de terme général $u(n)$ **arithmétique**.

Ajustement du nuage de points par une **droite** :

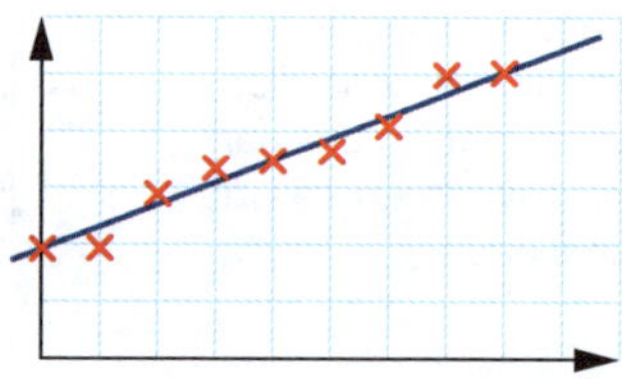

Le modèle exponentiel

Taux de variation $\frac{u(n+1) - u(n)}{u(n)}$ constant.

Suite de terme général $u(n)$ géométrique.

Ajustement du nuage de points par la courbe représentative d'une fonction exponentielle :

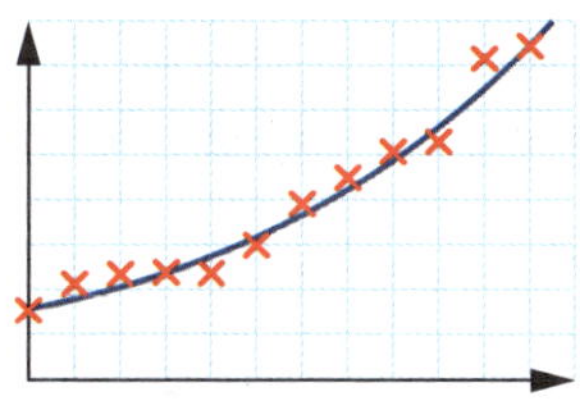

DÉMOGRAPHIQUES

Le modèle de Malthus :

- Croissance exponentielle de la population et croissance linéaire des ressources, d'où des catastrophes démographiques prévisibles.
- Taux de natalité et taux de mortalité constants
- Ne tient pas compte de facteurs extérieurs.
- Peu réaliste sur le long terme.

SE TESTER QUIZ

Vérifiez que vous avez bien compris les points clés des **fiches 35 à 37**.

1 Le modèle linéaire appliqué à la démographie

→ FICHE 35

1. Si une grandeur varie de manière linéaire, alors :

☐ **a.** sa variation absolue est constante
☐ **b.** sa variation absolue augmente de palier en palier
☐ **c.** sa variation absolue diminue de palier en palier

2. Si la variation absolue d'une grandeur d'un palier au suivant est constante, alors :

☐ **a.** les points représentant cette grandeur appartiennent à une parabole
☐ **b.** ses valeurs sont des termes d'une suite arithmétique
☐ **c.** ses valeurs sont des termes d'une suite géométrique

2 Le modèle exponentiel appliqué à la démographie

→ FICHE 36

1. Si une grandeur varie de manière exponentielle, alors :

☐ **a.** sa variation absolue est constante
☐ **b.** sa variation absolue est proportionnelle à sa « valeur courante »
☐ **c.** sa variation absolue est proportionnelle au carré de sa « valeur courante »

2. Si le taux de variation d'une grandeur d'un palier au suivant est constant, alors :

☐ **a.** les points représentant cette grandeur appartiennent à une droite
☐ **b.** ses valeurs sont des termes d'une suite arithmétique
☐ **c.** ses valeurs sont des termes d'une suite géométrique

3 L'évolution des modèles

→ FICHE 37

Parmi ces affirmations, laquelle est exacte ?

☐ **a.** Le modèle de Malthus prévoit une croissance exponentielle des ressources.
☐ **b.** Le modèle de Malthus prévoit un taux de natalité et un taux de mortalité qui dépendent de l'effectif de la population.
☐ **c.** Le modèle de Verhulst prévoit que le taux de natalité augmente avec l'effectif de la population.
☐ **d.** Le modèle de Verhulst prévoit que toute population tend vers une population maximale autour de laquelle elle se stabilise.

S'ENTRAÎNER

4 Réviser le cours en 8 questions flash

→ FICHES 35 à 37

1. Dans quel cas peut-on considérer qu'une grandeur suit le modèle linéaire ?
2. Quelle est la nature de la suite dont les termes sont les valeurs d'une grandeur qui varie conformément au modèle linéaire ?
3. Que peut-on dire du nuage de points représentant une grandeur qui évolue de manière linéaire ?
4. Dans quel cas peut-on considérer qu'une grandeur suit le modèle exponentiel ?
5. Quelle est la nature de la suite dont les termes sont les valeurs d'une grandeur qui varie conformément au modèle exponentiel ?
6. Que peut-on dire du nuage de points représentant une grandeur qui évolue de manière exponentielle ?
7. Qui est l'auteur d'un modèle prévoyant une croissance exponentielle de la population et une croissance linéaire des ressources ?
8. Selon le modèle de Verhulst, quel taux augmente et quel taux diminue lorsque la population augmente ?

5 Les modèles démographiques (1)

→ FICHES 35 à 37

Associer chaque modèle à l'une de ses représentations ou caractéristiques.

modèle linéaire •	• catastrophe démographique
modèle exponentiel •	• fonction affine
modèle de Malthus •	• taille limite
modèle de Verhulst •	• suite géométrique

6 Les modèles démographiques (2)

→ FICHES 35 à 37

Compléter le texte ci-dessous avec les termes suivants.

géométrique • linéaire • exponentiel • population • variation absolue • Verhulst • droite

Une grandeur peut être modélisée par une suite arithmétique si sa .... entre deux paliers successifs est constante. Les points du nuage correspondant appartiennent à une .... Le modèle .... convient pour une grandeur qui a une variation absolue proportionnelle à sa valeur courante. Les valeurs forment une suite .... Le modèle de Malthus prévoit une croissance exponentielle de la .... et une croissance .... des ressources. Celui de .... prévoit que toute population tend vers une taille limite.

7 L'évolution de la population française depuis le XIXe siècle

→ FICHE 35

À partir de campagnes de recensements, on a établi le tableau suivant, qui donne l'évolution de la population française entre 1851 et 1911.

Année	1851	1861	1881	1891	1901	1911
Rang décennie n	0	1	3	4	5	6
Population $p(n)$ (en millions d'habitants)	35	37,4	37,7	39,9	39	39,6

1. Représenter graphiquement le nuage de points associé à cette série.

2. On décide de procéder à un ajustement linéaire par la droite (d) d'équation $y = 0{,}7x + 35{,}9$.

a. Tracer cette droite sur le même graphique.

b. Calculer les populations théoriques obtenues à partir de cet ajustement pour les années figurant dans le tableau.

c. À l'aide de ce modèle, estimer la population en 1871.

3. Le modèle reste-t-il valable :
- en 1921, sachant qu'il y avait 39,2 millions d'habitants en France ?
- en 2011, sachant qu'il y avait 65,2 millions d'habitants en France ?

8 Les prévisions de Malthus

→ FICHES 35 et 36

En 1800, l'Angleterre comptait 8 millions d'habitants et l'agriculture pouvait nourrir 10 millions d'habitants.
Le modèle de Malthus admet que :
- la population augmente de 2,8 % chaque année ;
- les progrès de l'agriculture permettent de nourrir 400 000 personnes de plus chaque année.

1. Calculer la population de l'Angleterre et le nombre de personnes que l'agriculture anglaise devrait pouvoir nourrir en 1900 selon Malthus.

2. a. On donne l'algorithme ci-contre.
Donner une interprétation de la valeur 46 contenue dans la variable n à la fin de l'exécution de l'algorithme si on donne initialement aux variables U et V les valeurs respectives 10 et 8.

```
n ← 0
Tant que U > V
   U ← U + 0,4
   V ← V × 1,028
   n ← n + 1
Fin Tant que
```

b. À partir de quelle année la population de l'Angleterre serait-elle devenue trop grande pour ne plus être suffisamment nourrie par son agriculture ?

OBJECTIF BAC

9 Évolution du nombre d'internautes en France

60 min

Cet exercice montre qu'il peut exister, pour décrire une évolution donnée, plusieurs modélisations pertinentes. Il permet d'exploiter les résultats fournis par un tableur, en particulier des graphiques.

LE PROBLÈME

On souhaite étudier l'évolution annuelle du nombre d'utilisateurs d'Internet en France donné par le tableau ci-dessous entre 2004 et 2011.

Année	2004	2005	2006	2007	2008	2009	2010	2011
Rang année	0	1	2	3	4	5	6	7
Nombre d'utilisateurs (en millions)	22	24	27	28	31	33	35	38

On utilise un tableur pour analyser les données.

1. Représenter le nuage de points correspondant à la série de données précédente.

2. Au vu du graphique, quel modèle peut-on proposer ?

3. On considère la feuille de calcul ci-après.

	A	B	C	D
1	Année	Rang	Nombre d'utilisateurs	Rapport
2	2004	0	22	
3	2005	1	24	1,0909
4	2006	2	27	1,1250
5	2007	3	28	1,0370
6	2008	4	31	1,1071
7	2009	5	33	1,0645
8	2010	6	35	1,0606
9	2011	7	38	1,0857

a. Quelle formule a-t-on saisie dans la cellule D3 avant de la recopier vers le bas ?

b. En observant la colonne D, justifier le choix de modéliser l'évolution du nombre d'internautes par la suite arithmétique de premier terme 22 et de raison 2,3.

c. Représenter sur le même graphique que précédemment le nuage de points obtenu à l'aide de cette suite.

4. On considère maintenant la feuille de calcul ci-après.

	A	B	C	D
1	Année	Rang	Nombre d'utilisateurs	Écart
2	2004	0	22	
3	2005	1	24	2
4	2006	2	27	3
5	2007	3	28	1
6	2008	4	31	3
7	2009	5	33	2
8	2010	6	35	2
9	2011	7	38	3

a. Quelle formule a-t-on saisie dans la cellule D3 avant de la recopier vers le bas ?

b. Quel autre modèle peut-on proposer pour cette évolution ?

c. On choisit d'introduire la suite géométrique de premier terme 22 et de raison 1,08. Représenter sur un même graphique le nuage de points de la série de données et celui obtenu à l'aide de cette suite.

5. Pour chaque modèle, donner le nombre d'internautes prévu pour 2015, puis pour 2021.

▶▶▶ LA FEUILLE DE ROUTE

1. Représenter graphiquement des données statistiques
Faites figurer en abscisse le rang de l'année, en ordonnée le nombre de millions d'individus.

2. Choisir un modèle adapté
Regardez la forme du nuage obtenu. → FICHES 35 et 36

3. a. Donner une formule à saisir dans une feuille de calcul
Traduisez par une formule le calcul de la différence de deux valeurs consécutives.

b. Justifier le choix d'un modèle.
Observez la variation absolue d'une année à l'autre. → FICHE 35

4. c. Compléter un graphique
Adoptez les mêmes conventions d'unité qu'à la question 1.

a. Donner une formule à saisir dans une feuille de calcul
Traduisez par une formule le calcul du quotient de deux valeurs consécutives.

b. Justifier le choix d'un modèle
Observez le taux de variation d'une année à l'autre. → FICHE 36

c. Faire un graphique
Suivez les consignes de la question 1.

5. Prévoir une valeur à l'aide d'un modèle
Utilisez les formules permettant de calculer un terme d'une suite arithmétique ou d'une suite géométrique.

CORRIGÉS

SE TESTER QUIZ

1 Le modèle linéaire appliqué à la démographie

1. Réponse a

La variation absolue d'une grandeur qui varie de manière linéaire est constante, elle n'augmente pas, elle ne diminue pas. L'écart des valeurs entre deux paliers successifs est toujours le même quels que soient ces paliers. Les réponses b et c sont donc fausses.

2. Réponse b

La réponse a est fausse, les points appartiennent à une droite et non à une parabole. La réponse c est fausse, car on ne passe pas d'une valeur à la suivante en multipliant par un nombre fixe, mais en ajoutant un nombre fixe.

2 Le modèle exponentiel appliqué à la démographie

1. Réponse b

Les réponses a et c sont fausses : $u(n+1) - u(n)$ est proportionnel à $u(n)$, donc ni constant, ni proportionnel à $u(n)^2$.

2. Réponse c

La réponse a est fausse, les points appartiennent à la courbe représentative d'une fonction exponentielle et non à une droite. La réponse b est fausse, car on ne passe pas d'une valeur à la suivante en ajoutant un nombre fixe, mais en multipliant par un nombre fixe.

3 L'évolution des modèles

Réponse d

La réponse a est fausse, le modèle de Malthus prévoit une croissance exponentielle de la population et une croissance linéaire des ressources.
La réponse b est fausse, le modèle de Malthus prévoit un taux de natalité et un taux de mortalité constants, et donc indépendants de l'effectif de la population.
La réponse c est fausse, le modèle de Verhulst prévoit que le taux de natalité diminue lorsque la population augmente.

S'ENTRAÎNER

4 Réviser le cours en 8 questions flash

1. On peut considérer qu'une grandeur suit le modèle linéaire lorsque sa **variation absolue** est **constante ou presque constante**.

2. Si les termes d'une suite sont les valeurs d'une grandeur qui varie conformément au modèle linéaire, alors cette **suite** est **arithmétique** ; la différence de deux termes successifs est constante.

3. Si une grandeur évolue de manière linéaire, le nuage de points qui la représente est allongé, ses points sont presque **alignés**.

4. On peut considérer qu'une grandeur suit le modèle exponentiel lorsque sa variation absolue est proportionnelle, ou presque, à sa valeur courante, c'est-à-dire lorsque son **taux de variation est constant** ou presque constant.

5. Si les termes d'une suite sont les valeurs d'une grandeur qui varie conformément au modèle exponentiel, alors cette **suite** est **géométrique** ; le quotient de deux termes successifs est constant.

6. Les points du nuage représentant une grandeur qui évolue de manière exponentielle appartiennent à la **courbe représentative d'une fonction exponentielle**, ou sont proches d'une telle courbe.

7. C'est Thomas **Malthus**, auteur du modèle éponyme, qui prévoit une croissance exponentielle de la population et une croissance linéaire des ressources.

8. Selon le modèle de **Verhulst**, lorsque la population augmente, le taux de natalité diminue et le taux de mortalité augmente.

5 Les modèles démographiques (1)

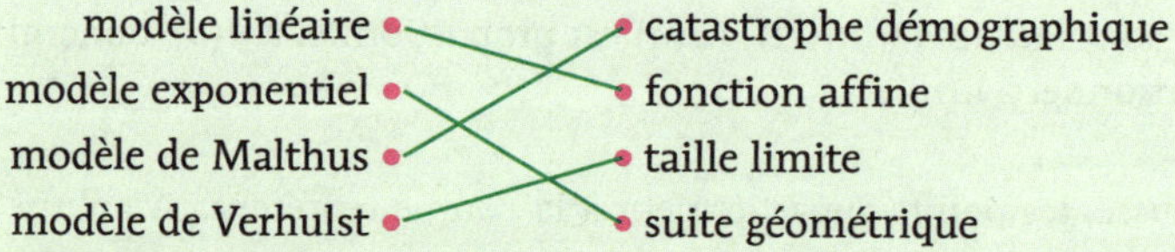

6 Les modèles démographiques (2)

Une grandeur peut être modélisée par une suite arithmétique si sa **variation absolue** entre deux paliers successifs est constante. Les points du nuage correspondant appartiennent à une **droite**. Le modèle **exponentiel** convient pour une grandeur qui a une variation absolue proportionnelle à sa valeur courante. Les valeurs forment une suite **géométrique**. Le modèle de Malthus prévoit une croissance exponentielle de la **population** et une croissance **linéaire** des ressources. Celui de **Verhulst** prévoit que toute population tend vers une taille limite.

7 L'évolution de la population française depuis le XIXe siècle

1. et 2. a. Pour tracer la droite (d), on peut calculer les coordonnées de deux de ses points : (d) passe par les points de coordonnées $(0 ; 35{,}9)$ et $(3 ; 38)$.

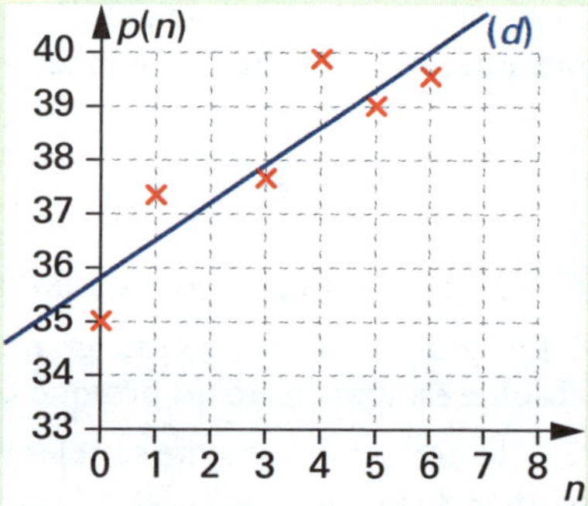

b. et c. Populations théoriques et estimation pour 1871 à partir de l'ajustement :

Année	1851	1861	1871	1881	1891	1901	1911
Rang décennie n	0	1	2	3	4	5	6
Population théorique (en millions d'hab.)	**35,9**	**36,6**	**37,3**	**38**	**38,7**	**39,4**	**40,1**

Pour la décennie n, on calcule $0{,}7n + 35{,}9$.

3. Pour 1921 : $n = 7$ et la population théorique est $0{,}7 \times 7 + 35{,}9 = 40{,}8$.
D'après le modèle, la population estimée en 1921 est de 40,8 millions d'habitants, une valeur qui n'est pas très éloignée de la valeur réelle de 39,2 millions. On peut donc considérer que **le modèle est encore valable pour 1921**.
Pour 2011 : $n = 16$ et la population théorique est $0{,}7 \times 16 + 35{,}9 = 47{,}1$.
Le modèle prévoit 47,1 millions d'habitants en 2011. Or il y avait en réalité 65,2 millions d'habitants cette année-là. Les deux valeurs sont éloignées, **le modèle n'est donc plus valable pour 2011**.

8 Les prévisions de Malthus

1. Selon le modèle de Malthus, la population est multipliée chaque année par 1,028 et le nombre de personnes que l'agriculture peut nourrir augmente chaque année de 0,4 millions de personnes.
De 1800 à 1900, il s'écoule 100 ans, donc en 1900 :
- la population prévue de l'Angleterre devrait atteindre $8 \times 1{,}028^{100}$, **soit environ 126,6 millions d'habitants** ;
- le nombre de personnes que l'agriculture devrait pouvoir nourrir serait $10 + 0{,}4 \times 100$, soit **50 millions de personnes**.

À NOTER
On en déduit que, suivant ce modèle, l'agriculture ne serait plus en mesure de nourrir toute la population en 1900.

2. a. La valeur 46 contenue dans la variable n à la fin de l'exécution de l'algorithme représente le **nombre d'années au bout duquel l'agriculture ne permettrait plus, pour la première fois, de nourrir toute la population**.
En effet, la variable U contient le nombre de personnes, en millions, que l'agriculture peut nourrir d'année en année, et la variable V contient la population, en millions d'habitants, d'année en année. La boucle « Tant que » est exécutée, et le compteur d'années n augmente de 1 tant que le nombre de personnes pouvant être nourries reste supérieur au nombre d'habitants ; elle s'arrête lorsque la population dépasse le nombre de personnes que l'agriculture peut nourrir.
b. D'après la question précédente, c'est 46 ans après 1800, c'est-à-dire **à partir de 1846**, que la population de l'Angleterre serait devenue trop grande pour ne plus être suffisamment nourrie par son agriculture.

OBJECTIF BAC

9 Évolution du nombre d'internautes en France

1. En noir, les points du nuage représentant la série donnée :

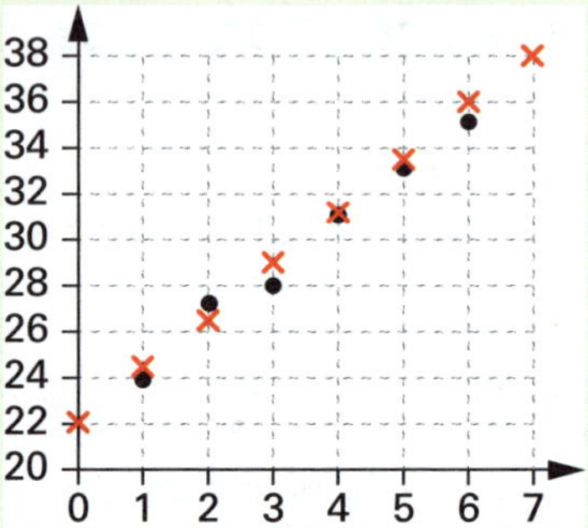

2. Sur le graphique, les points du nuage sont presque alignés.
On peut donc proposer un modèle linéaire.

3. a. Dans la cellule D3, on a saisi la formule = C3 – C2, puis on l'a recopiée vers le bas.
b. La moyenne des écarts figurant dans la colonne D est environ 2,3, ce qui justifie la modélisation par la suite arithmétique de premier terme 22 et de raison 2,3.
c. Les points du nuage obtenu à l'aide de la suite arithmétique, c'est-à-dire les points de coordonnées $(n\,;22+2{,}3n)$ sont représentés par des croix rouges sur le graphique de la question 1.

4. a. En D3, on a saisi la formule = $\dfrac{\text{C3}}{\text{C2}}$, puis on l'a recopiée vers le bas.
b. Les rapports de deux valeurs consécutives figurant dans la colonne D ont des valeurs proches, on peut donc proposer un modèle exponentiel.
Puisque la moyenne de tous les rapports est environ 1,08, on peut modéliser les valeurs à l'aide d'une suite géométrique de raison 1,08.
c. Sur le graphique ci-contre, les points du nuage associé à la série donnée sont représentés par des points noirs et les points du nuage obtenu à l'aide de la suite géométrique, c'est-à-dire les points de coordonnées $(n\,;22\times 1{,}08^n)$, sont représentés par des croix bleues.

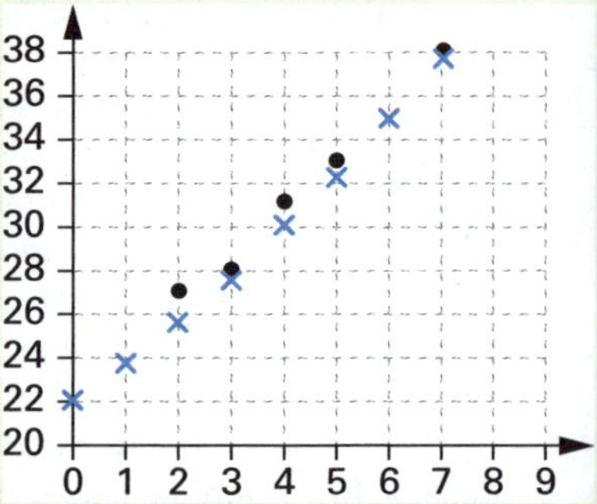

5. Le nombre d'internautes prévu, en millions, pour l'année $2004+n$ est $22+2{,}3n$ avec le modèle linéaire (suite arithmétique) et $22\times 1{,}08^n$ avec le modèle exponentiel (suite géométrique), soit :

- pour 2015 ($n=11$) : 47,3 millions d'internautes avec le modèle linéaire et 51,3 millions d'internautes avec le modèle exponentiel ;
- pour 2021 ($n=17$) : 61,1 millions d'internautes avec le modèle linéaire et 81,4 millions d'internautes avec le modèle exponentiel.

13 L'intelligence artificielle

Cette chercheuse du CERN teste ici une puce d'intelligence artificielle qui devrait intégrer un vaisseau spatial. L'objectif est de savoir si celle-ci résistera aux rayonnements de haute énergie rencontrés dans l'espace.

38 L'histoire de l'informatique et des ordinateurs

En bref *L'histoire des ordinateurs ne remonte qu'au milieu du XXe siècle. Ils sont toutefois les héritiers de machines bien plus anciennes, comme les premiers calculateurs ou les métiers à tisser.*

I La naissance de l'ordinateur

1 Les premières machines traitant de l'information

- Le **premier calculateur mécanique**, appelé Pascaline, est réalisé par le mathématicien français Blaise Pascal (1623-1662), en 1642. Cette machine peut effectuer les **quatre opérations arithmétiques** : additions, soustractions, multiplications et divisions.

- Les **premiers systèmes de programmation** sont mis au point par Jacques Vaucanson et Joseph Marie Jacquard, entre 1725 et 1728, pour commander des **métiers à tisser** grâce à des cylindres métalliques perforés. Ils sont adoptés dans le monde entier.

Doc 1 Machine arithmétique de Pascal, 1645

- En 1833, Charles Babbage (1791-1871) conceptualise la « **machine analytique** » destinée à résoudre des équations et des opérations complexes. Mais finalement sa construction n'aboutit pas.

- La mathématicienne Ada Lovelace (1815-1852) conçoit quant à elle une **suite d'instructions** (cartes perforées) pour la machine de Charles Babbage, ce qui fait d'elle la première programmeuse au monde.

2 La machine de Turing

- Bien que son nom laisse penser le contraire, la machine de Turing est avant tout un concept abstrait. Imaginée en 1936 par Alan Turing, elle **modélise le fonctionnement d'appareils mécaniques de calcul**, comme les futurs ordinateurs.

- Elle possède une mémoire qui contient un nombre fini d'états, les instructions (programme) et l'alphabet des symboles utilisés.

Doc 2 Schéma d'une machine de Turing

Machine composée d'un ruban à cases infini, d'une tête de lecture écriture et d'une mémoire infinie.

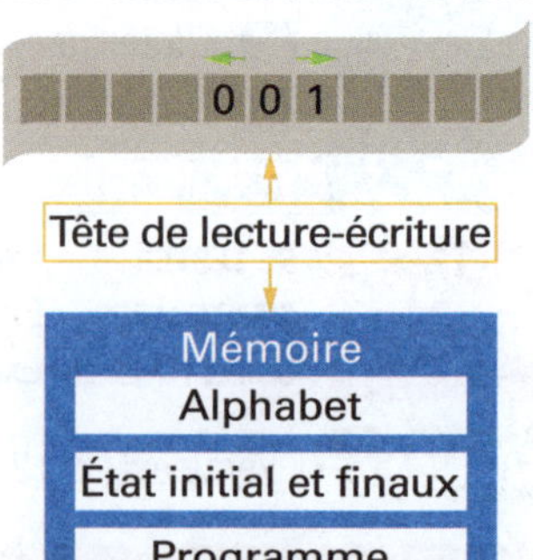

II Les premiers vrais ordinateurs

1 Les principes de base d'un ordinateur

- On considère que les premiers vrais ordinateurs sont créés entre 1937 et 1946. Ces machines gigantesques occupent alors des bâtiments entiers et sont programmées pour réaliser des calculs complexes dans des domaines précis (recherche aéronautique, décryptage de codes militaires, balistique).
- Par la suite, l'utilisation des transistors puis des circuits intégrés va permettre de développer des machines plus petites, plus performantes et moins coûteuses.

Doc 3 Schéma d'un système de traitement des informations

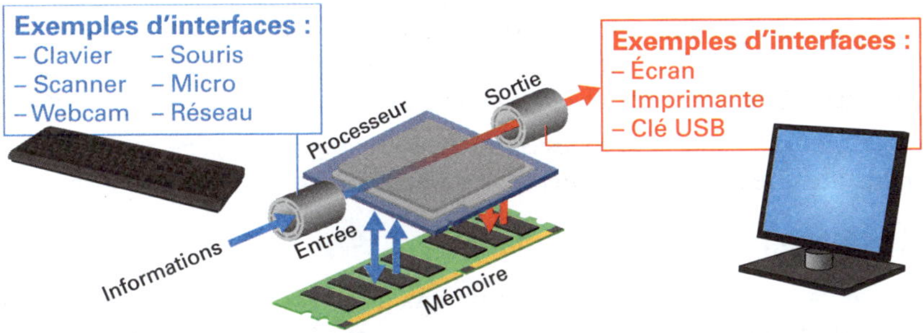

Un ordinateur exécute ses calculs grâce à son processeur qui comprend un nombre limité d'instructions (ex. : lire une donnée, écrire une donnée), représentées par des suites de bits.

2 Les fonctions des ordinateurs

- Les **ordinateurs** permettent la généralisation du traitement de texte ou des bases de données dans les domaines industriels, administratifs ou financiers.

> **À NOTER**
> Le mot « **ordinateur** » est inventé en 1955 par IBM. La société cherche alors un terme commercial qui puisse se démarquer du « calculateur », traduction littérale du mot anglais « computer » réservé aux usages scientifiques.

- À partir des années 1970, les ordinateurs se démocratisent, offrant leurs performances au grand public : activités financières, administration, GPS, etc.

zoom

Une machine de Turing dans Minecraft

Au fil des années, des machines de Turing de toutes sortes ont été fabriquées : en papier, en Lego et même en blocs Minecraft.

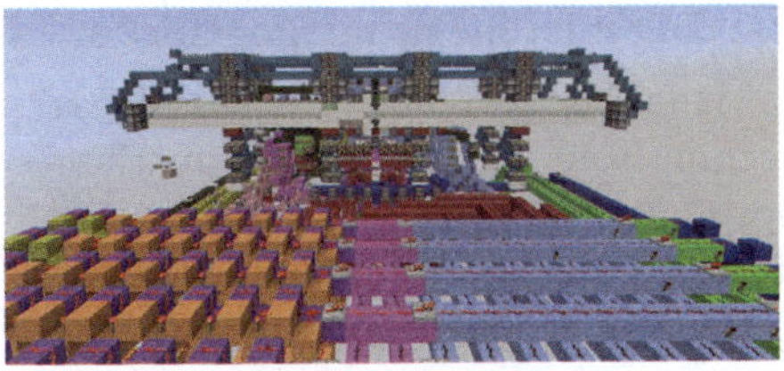

Vue d'ensemble des mécanismes d'une machine de Turing à l'intérieur du jeu Minecraft

39 Des programmes et des bugs

En bref *Un logiciel informatique est composé de plusieurs « programmes », des séquences d'instructions interprétables par une machine. Ces programmes sont parfois sujets à des bugs.*

I Les programmes et les instructions

1 Différents types de programmes

■ On distingue deux types de programmes :

– les **programmes binaires** : suite de **bits** indiquant au processeur les instructions à exécuter. Ils sont généralement écrits en langage machine.

> **MOT CLÉ**
> Un **bit** est une unité élémentaire d'information ne pouvant prendre que deux valeurs, notées 0 ou 1.

– les **programmes sources** : codes écrits dans un **langage de programmation**, qui sont ensuite directement interprétés ou compilés sous une forme binaire.

2 Les langages de programmation

■ Un **langage machine** est une suite de bits interprétée par le processeur d'un ordinateur, composé d'instructions et de données à traiter, codées en binaire. C'est le seul langage que le processeur peut traiter directement, il est dit **natif**. Les humains n'utilisent que très rarement le langage machine car ce serait laborieux et les programmes ne pourraient pas être utilisés sur des processeurs différents. En effet, les processeurs de marques différentes ne comprennent pas toujours exactement les mêmes instructions.

■ Un **langage de programmation** est une notation permettant de coder des instructions complexes, qui seront traduites en langage machine.

Il est composé d'un vocabulaire, d'une syntaxe et de règles propres. Il est mis en œuvre par un compilateur ou interpréteur, qui est lui-même un programme.

Les langages les plus proches de la machine sont dits de bas niveau (langage C par exemple) alors que les langages plus proches de l'humain sont dits de haut niveau (Python, Javascript, Java).

Doc 1 Schéma d'exécution d'un programme

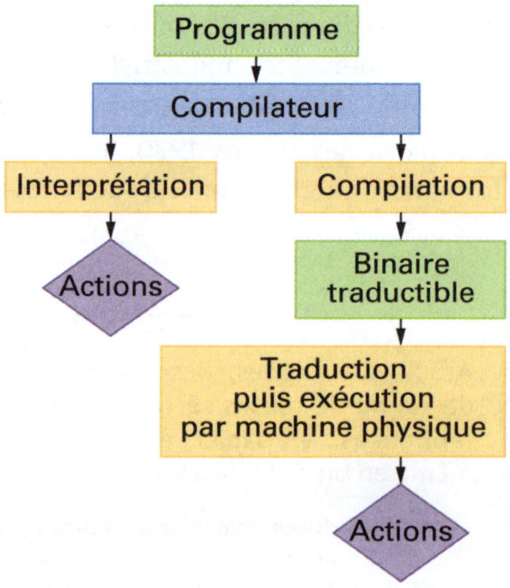

II Les bugs et leurs conséquences

1 Qu'est-ce qu'un bug ?

■ Avec le développement de l'informatique, les programmes peuvent atteindre des millions de lignes de code. Cette complexification croissante génère, fatalement, des erreurs.

■ En informatique, un **bug** est un défaut de conception d'un programme qui génère un dysfonctionnement. La machine va alors essayer de réaliser une opération impossible ou indésirable.

■ Contrairement à d'autres sources de dysfonctionnement, le bug n'est généralement pas d'origine malveillante. Il résulte d'erreurs humaines dans le codage qui peuvent être très diverses : erreur de syntaxe, mauvaise gestion de la mémoire, erreur de variables, etc.

À NOTER
Le mot « **bug** » (insecte en anglais) vient du jargon des ingénieurs et remonte à 1870. En français, ce mot a été traduit par « bogue ».

2 Quelles conséquences peut-il avoir ?

Les conséquences d'un bug sont variables : il peut s'agir de simples problèmes d'affichage, d'opérations non voulues, d'arrêts de logiciels ou d'arrêts du système entier.

Doc 2 Écran d'erreur 500 de Google

zoOm

Destruction d'Ariane 5

Le 4 juin 1996, lors du vol inaugural de la fusée Ariane 5, un bug informatique provoque le crash d'un des appareils fournissant des données de navigation au pilote automatique. Il en résulte le déclenchement de l'autodestruction de la fusée peu après le décollage. Ce bug est un des plus coûteux de l'histoire.

40 L'Intelligence Artificielle

En bref *Ensemble de théories et de technologies diverses, l'intelligence artificielle permet la résolution de problèmes complexes. Si elle obtient des résultats impressionnants, il faut distinguer la réalité de la fiction.*

I Naissance de l'Intelligence Artificielle

1 Définition et origines de l'IA

■ L'Intelligence artificielle ou IA est définie par l'un de ses créateurs, **Marvin Lee Minsky**, comme « la construction de **programmes informatiques** s'adonnant à des tâches qui sont, pour l'instant, accomplies de façon plus satisfaisante par des êtres humains, car elles demandent des **processus mentaux de haut niveau** ».

■ Bien que l'idée d'une machine reproduisant les comportements humains remonte aux légendes antiques, ce que l'on nomme aujourd'hui IA est théorisé par **Alan Turing** en 1950.

■ À partir de là, des systèmes de plus en plus performants verront le jour, capables de surpasser l'humain pour des tâches bien précises ou de l'assister au quotidien.

À NOTER
Développé par IBM au début des années 1990, l'ordinateur Deep Blue, spécialisé dans le jeu d'échecs, bat Garry Kasparov, le champion de l'époque, en 1997.

2 Les techniques d'IA

■ Il n'existe pas une seule mais **plusieurs techniques d'IA**, dont la classification est toujours sujette à débat. On peut cependant discerner trois grandes techniques.

• Les **systèmes experts** reproduisent des opérations précises trop laborieuses ou trop longues à réaliser pour un être humain. Ils permettent ainsi gain de temps et aide à la décision, notamment dans la finance et le secteur médical.

• La **résolution de problèmes** détermine la bonne solution ou le meilleur chemin à emprunter en fonction de contraintes de départ, comme par exemple pour le GPS.

• Le **machine learning** ou apprentissage automatique utilise des méthodes statistiques et d'énormes quantités de données combinées à des algorithmes **« auto-apprenants »**.

MOT CLÉ
Un algorithme est dit « **auto-apprenant** » lorsque son comportement évolue dans le temps, en fonction des données qui lui sont fournies.

Par extension, les **réseaux neuronaux** tentent de simuler le fonctionnement synaptique du cerveau humain dans les échanges d'informations et permettent une forme évoluée de machine learning, appelée **deep learning**. Celui-ci est très utilisé pour la reconnaissance d'images, bien que les cerveaux humains soient encore largement plus efficaces dans ce domaine.

II Applications de l'IA : entre réalité et SF

1 Les applications des IA faibles et fortes

■ Les IA actuelles dites faibles trouvent des applications dans une grande variété de domaines : traitement des images et des vidéos, traitement du langage, analyses prédictives, jeux vidéo, automatisation intelligente, conception de robots, santé, simulations complexes ou même art.

Pour ces IA faibles, le système se contente de reproduire un comportement spécifique mais ne le comprend pas, il imite l'intelligence humaine dans un domaine précis pour résoudre des problèmes et apprendre. La machine donne donc l'impression d'être intelligente mais ce n'est qu'une simulation.

■ Une IA dite forte est capable de comprendre ses propres raisonnements, de réfléchir à ses actions voire d'avoir une conscience de soi et de ses émotions. Elle pourrait ainsi égaler l'humain, voire le dépasser, ce qui pose des questions éthiques.

À NOTER
Ce type d'IA n'appartient, pour l'instant, qu'au domaine de la **science-fiction** et l'estimation de sa faisabilité fait toujours débat parmi les spécialistes du domaine.

2 Algorithmes et biais

Un des problèmes récurrents avec les différentes IA actuelles, et notamment celles utilisant le machine learning, vient du fait qu'on ne se doute pas forcément de comment, et selon quels critères, celle-ci va choisir et faire évoluer son algorithme. Il est donc difficile de voir quels vont être ses biais et quelles sont les erreurs ou discriminations non voulues qu'elle va effectuer.

zoOm

Recrutement chez Amazon : une IA sexiste

En 2018, Amazon met fin à un ambitieux projet visant à construire une IA capable de traiter les candidatures et de repérer les meilleurs talents. Et pour cause, cette IA, constatant que la majorité des employés actuels étaient des hommes, en avait déduit que le critère féminin était disqualifiant et refusait donc systématiquement les candidatures comportant le mot « femme » dans leur CV.

41 L'apprentissage automatique

En bref *L'apprentissage automatique, inventé par Arthur Samuel en 1959, est aujourd'hui exploité par une vaste majorité d'IA. L'arrivée du big data a permis de développer encore plus son potentiel.*

I Les modes d'apprentissage automatique

1 Principales méthodes d'apprentissage

- Il existe trois grandes méthodes d'apprentissage, toutes basées sur des principes de statistiques et de probabilités, et nécessitant un grand nombre de données (**big data**).

MOT CLÉ
Le **big data** désigne un ensemble de données si volumineux qu'il dépasse les capacités humaines d'analyse ainsi que celles des outils classiques de gestion de données.

- L'apprentissage supervisé : apprentissage à partir d'un grand nombre d'exemples où on donne à la machine les données d'entrée ET le résultat attendu. Par exemple, en fournissant des milliers de photos de chats à la machine, elle finira par reconnaître des chats dans un jeu d'images.
- L'apprentissage non supervisé, encore balbutiant : apprentissage prédictif dans lequel la machine va « découvrir » les données d'entrée, émettre des « hypothèses » et les vérifier au fur et à mesure.
- L'apprentissage par renforcement : le programme va progresser par essais et erreurs successifs, en posant une entrée et en testant les sorties possibles.

2 Le deep learning et les réseaux de neurones

- Le deep learning est un système d'apprentissage qui s'appuie sur des réseaux de neurones artificiels pour en démultiplier l'efficacité.
- Un réseau de neurones artificiels est un ensemble d'algorithmes qui vont fonctionner comme des neurones formels, c'est-à-dire des représentations mathématiques du fonctionnement d'un neurone biologique. Un tel neurone possède plusieurs entrées et une sortie.

Doc 1 **Schéma simplifié d'un réseau de neurones**

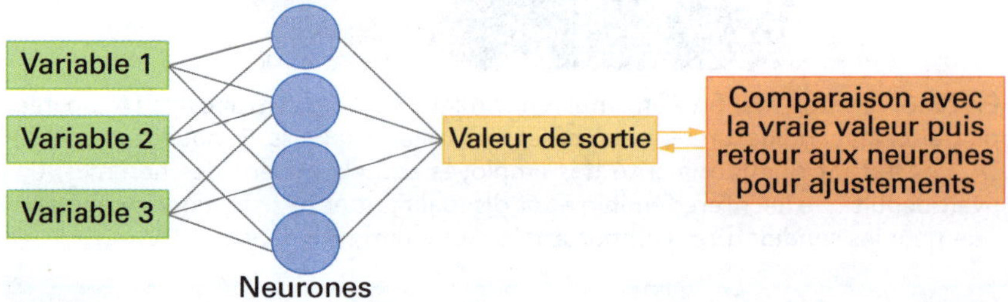

II Les inférences bayésiennes et la mémorisation

■ La méthode d'inférence bayésienne permet de calculer les probabilités de causes à partir de l'observation d'évènements connus. La probabilité correspond au degré de confiance à accorder à une cause hypothétique. Dans le cas d'un réseau de neurones, ceux-ci vont alors renforcer le poids des causes les plus probables dans leurs calculs et délaisser celles qui paraissent improbables, un peu comme le ferait un neurone biologique en renforçant les connexions les plus efficaces et utiles.

■ Cette méthode se base sur le théorème de Bayes ; si A et B sont deux événements relatifs à la même expérience, alors :

$$P_B(A) = \frac{P_A(B) \times P(A)}{P(B)}$$

où $P_B(A)$ est la probabilité conditionnelle de A sachant B, c'est-à-dire la probabilité que A soit réalisé sachant que B est réalisé.

■ Cette technique va trouver un intérêt particulier pour effectuer des diagnostics (médicaux ou industriels), modéliser les risques, détecter les spams ou même faire du **data mining**.

MOT CLÉ

Le **data mining**, aussi appelé « exploration », consiste à utiliser des techniques automatiques ou semi-automatiques pour extraire des connaissances à partir de quantités massives de données.

zoOm

AlphaStar contre Starcraft 2

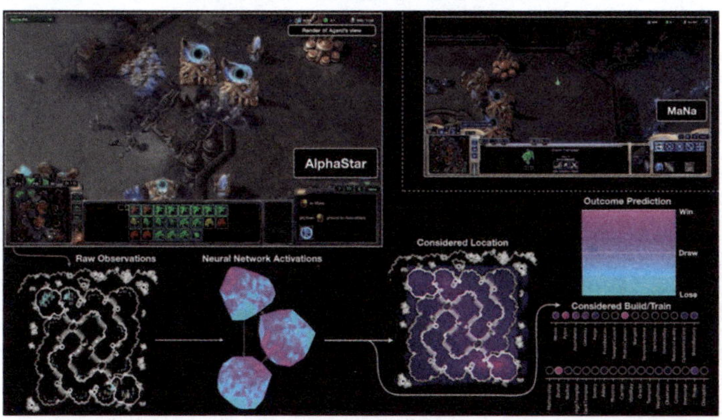

En 2019, le programme AlphaStar de Google DeepMind se hisse parmi les meilleurs joueurs mondiaux du célèbre jeu vidéo de stratégie en temps réel : Starcraft 2. Utilisant le deep-learning, grâce à un réseau de neurones, et combinant des méthodes d'apprentissage supervisé et de renforcement, le programme s'entraîne directement à partir de données brutes de parties antérieures.

MÉMO VISUEL

LE TRAITEMENT DE L'INFORMATION

Histoire de l'informatique

Dates clés de l'informatique
- 1642 : premier calculateur mécanique, la Pascaline
- 1725-1728 : métiers à tisser programmés
- 1833 : machine analytique (théorie)
- 1936 : machine de Turing
- 1937-1946 : premiers ordinateurs

Système de traitement de l'information basique

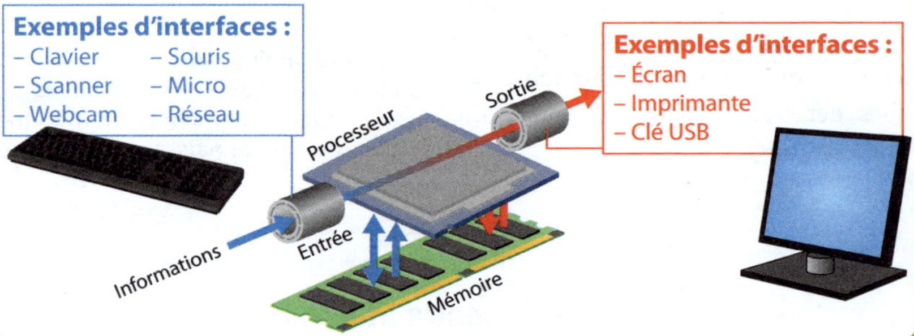

Machine learning et inférence bayésienne

Trois méthodes d'apprentissage
- Supervisé (la plus utilisée) : données d'entraînement fournies à l'IA
- Non supervisé (balbutiant) : apprentissage prédictif, émission d'hypothèses et vérification
- Par renforcement : essais et erreurs successifs, tests de toutes les sorties possibles pour une entrée

L'intelligence artificielle

Les techniques d'IA

- Systèmes experts. Par extension, résolution de problèmes (expertise distribuée).
- Le machine Learning ou apprentissage automatique. Par extension, le Deep Learning utilisant les réseaux de neurones.

Programmes et bugs

Programmes

- Programmes binaires écrits en langage machine
- Programme sources écrits dans un langage de programmation qui devra être compilé pour exécution.

Un bug est un défaut de conception dans un programme résultant d'une erreur humaine.

Exécution d'un programme

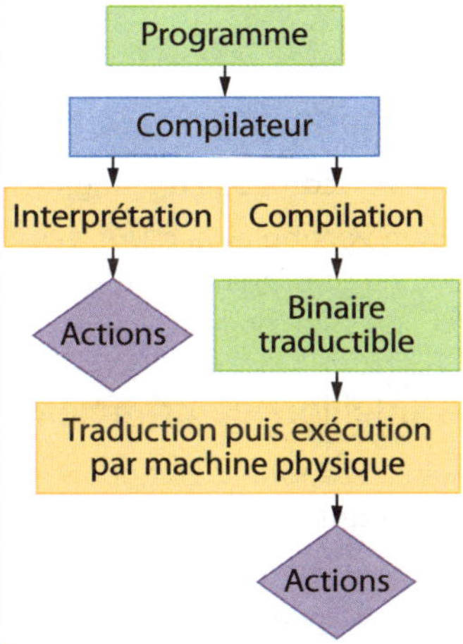

ET L'IA

Réseau de neurones

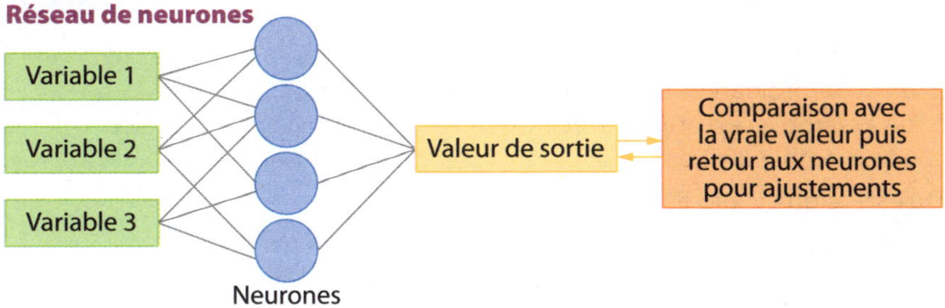

Formule de Bayes

$$P_B(A) = \frac{P_A(B) \times P(A)}{P(B)}$$

SE TESTER QUIZ

Vérifiez que vous avez bien compris les points clés des **fiches 38 à 41**.

1 L'histoire de l'informatique et des ordinateurs

→ FICHE 38

1. Quelle est la fonction d'une machine de Turing ?

☐ **a.** le traitement de texte
☐ **b.** la gestion de base de données
☐ **c.** aucune en soi, c'est un concept mathématique modélisant le fonctionnement d'une machine à calculer

2. Le premier calculateur mécanique est réalisé par :

☐ **a.** Blaise Pascal
☐ **b.** Jacques Vaucanson
☐ **c.** Charles Babbage

2 Des programmes et des bugs

→ FICHE 39

De quoi est composé un langage de programmation ?

☐ **a.** d'un vocabulaire, d'une syntaxe et de règles
☐ **b.** d'une grammaire et d'une conjugaison
☐ **c.** d'une série de bits

3 L'Intelligence Artificielle

→ FICHE 40

À quelle catégorie d'IA appartiennent les IA que l'on connaît actuellement ?

☐ **a.** à la catégorie des IA faibles
☐ **b.** à la catégorie des IA fortes
☐ **c.** à des systèmes experts

4 L'apprentissage automatique

→ FICHE 41

1. En IA, qu'appelle-t-on un réseau de neurones ?

☐ **a.** un superordinateur doté de plusieurs processeurs
☐ **b.** un assemblage d'ordinateurs mutualisant leurs capacités de calcul
☐ **c.** un ensemble d'algorithmes

2. Qu'est-ce que le big data ?

☐ **a.** une grande quantité de données utilisée en machine learning
☐ **b.** une technique d'IA inventée par Google pour surveiller le réseau
☐ **c.** un jeu de données désigné par l'algorithme comme étant plus représentatif que les autres

S'ENTRAÎNER

5 Réviser le cours en 8 questions flash

→ FICHES 38 à 41

1. Quels systèmes sont considérés comme les premiers systèmes programmables ?
2. Pour quelle invention Ada Lovelace est-elle connue ?
3. Qu'est-ce qu'un programme binaire ?
4. Quelle est la différence entre un langage machine et un langage de programmation ?
5. Quelles sont les différentes techniques d'IA ?
6. Quelle est la différence entre IA faible et IA forte ?
7. Décrivez ce qu'est un réseau de neurones artificiels.
8. Quelle est la formule de probabilités modélisant le théorème de Bayes ?

6 Schéma d'un Système de traitement de l'Information

→ FICHE 38

Compléter le schéma suivant :

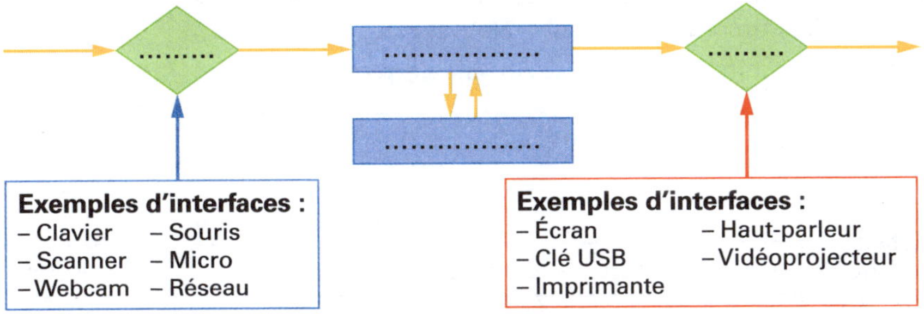

7 Fonctionnement d'un réseau de neurones

→ FICHE 41

Compléter le texte avec les mots suivants.

probabilités • réseau • poids • connexions • neurones • inférence • cause

La méthode d'.................. bayésienne permet de calculer les .... des causes menant à des évènements connus et observés. La probabilité associée à chaque .... éventuelle de cet évènement correspond au degré de confiance que l'on peut avoir sur le fait qu'elle est bien à l'origine de l'évènement ou non.

Dans le cas d'un .... de ...., ceux-ci renforcent le .... des causes les plus probables dans leurs calculs et délaissent celles qui paraissent négligeables, un peu comme le ferait un neurone biologique en renforçant les .... les plus efficaces et utiles.

8 Schéma d'un réseau de neurones

→ FICHE 41

Compléter le schéma suivant :

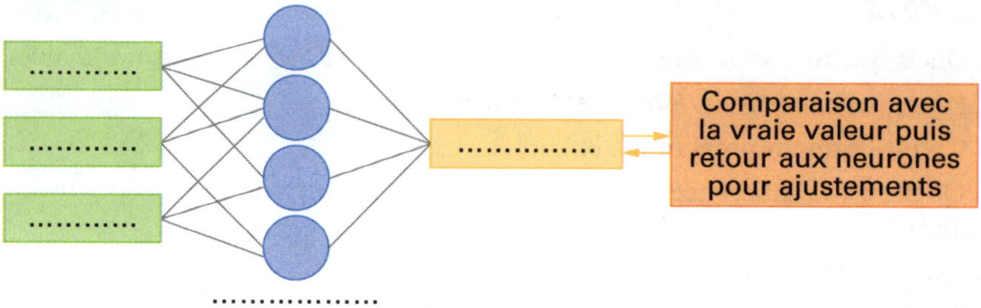

9 La machine de Turing

→ FICHE 38

Ci-après, se trouve la représentation simplifiée d'une machine de Turing, ainsi qu'une table des transitions décrivant les états et les actions que réalise la machine.

La machine commence à l'état 1 et la tête de lecture commence à l'endroit indiqué.

La machine suit les actions de la table dans l'ordre suivant :
Lecture > Écriture > Déplacement > Nouvel état.

Lorsque la machine arrive à l'état Fin, elle s'arrête.

	0	0	1	0	0	1	0	1	

Table des transitions				
État	**Lecture**	**Écriture**	**Déplacement**	**Nouvel état**
1			Droite	
	0			2
	1			2
2				Fin
	0	1	Droite	
	1		Droite	

Dessiner la portion de ruban, une fois que la machine a réalisé son programme et est arrivée à l'état de fin.

10 Exécution d'un programme

→ FICHE 39

Compléter le schéma suivant.

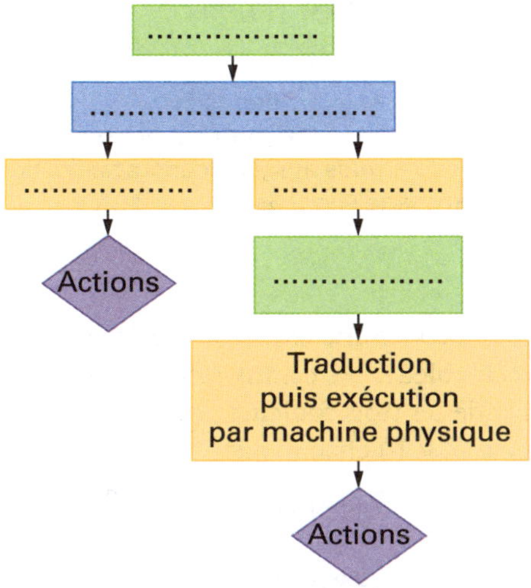

11 Débogage

→ FICHE 39

Étant donné un nombre n la factorielle $n!$ signifie le produit suivant :

$$n \times (n\text{-}1) \times (n\text{-}2) \times (n\text{-}3)\ldots \times 1$$

Par exemple :
$3! = 3 \times 2 \times 1 = 6$

1) Calculer la factorielle de 5.

2) Exécuter le script en Python ci-dessous, contenant la fonction récursive factorielle() et devant afficher la factorielle de 5.
Que constate-t-on ?

3) Trouver le bug et le corriger.

```
def factorielle(x):
    if x < 2:
        return 1
    else:
        result = factorielle(x-1)
        return result
print(factorielle(5))
```

OBJECTIF BAC

12 Apprentissage de la couleur rouge

60 min

Le but de cet exercice est de découvrir, de façon vulgarisée, comment fonctionne un neurone artificiel simple, appelé perceptron, et comment on peut l'entraîner à reconnaître la couleur rouge, mais aussi de constater les limites et les biais que peut présenter un apprentissage supervisé.

LE SUJET

La façon la plus simple de coder une couleur en informatique est d'utiliser le système RVB (rouge – vert – bleu). Les écrans reconstituent une couleur en combinant différents niveaux de ces trois couleurs primaires. Chaque couleur peut donc être codée par trois réels (r, v, b) chacun allant de 0 à 1. Voici quelques exemples :

Couleur	Nom	Niveau de rouge (variable r)	Niveau de vert (variable v)	Niveau de bleu (variable b)
	rouge	1	0	0
	vert	0	1	0
	bleu	0	0	1
	blanc	1	1	1
	orange	1	0,5	0
	noir	0	0	0
	nuance de rouge	0,7	0,1	0,1

Un neurone simple, appelé perceptron, peut être entraîné, par apprentissage supervisé, à reconnaître une couleur et ses nuances.
Dans ce cas précis, nous l'entraînerons à reconnaître le rouge.

Doc Fonctionnement de la prise de décision d'un perceptron

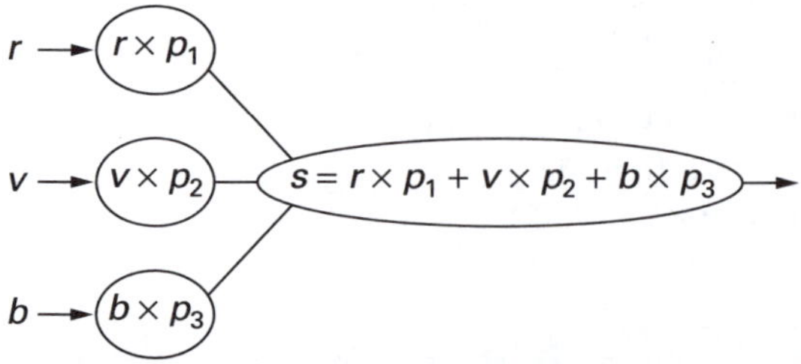

Si $s >$ ou $= 1$, alors réponse = oui
Si $s < 1$, alors réponse = non

Les variables p_1, p_2 et p_3 représentent le « poids » que le neurone va accorder respectivement aux variables r, v et b pour décider si le code soumis est bien du rouge. Si le résultat s du calcul est > ou = 1 alors, il répondra « Oui », sinon « Non ». Au départ, ces trois variables sont paramétrées à 1. On a donc l'état $[p_1, p_2, p_3] = [1, 1, 1]$.

1. a. Pourquoi faire commencer toutes les valeurs p à 1 ?

b. Que peut-on prévoir comme résultat pour le premier essai avec la couleur verte et la couleur bleue ?

c. Dresser un tableau de résultats reprenant les exemples de couleurs données plus haut et donnant la réponse du neurone pour chacune d'entre elles.

Que constate-t-on ?

Pour la suite de l'exercice, on modifie le neurone pour qu'il « apprenne » : on va utiliser des données « d'entraînement », c'est-à-dire qu'on va lui faire tester différentes couleurs et nuances de rouges, plusieurs fois, en comparant sa réponse avec la réalité. À chaque fois qu'il se trompe, on lui fait légèrement modifier les valeurs p. En revanche, s'il donne la bonne réponse, les valeurs p ne changent pas.

Après un certain nombre de tests, l'état du neurone est désormais :
$[p_1, p_2, p_3] = [1{,}70, -0{,}80, -0{,}71]$.

2. a. Que peut-on déduire de cette évolution ?

b. Dresser un nouveau tableau de résultats avec les mêmes couleurs.

Commenter ces résultats.

▶▶▶ LA FEUILLE DE ROUTE

1. a. Analyser le schéma du neurone
Demandez-vous quel biais entraînerait une valeur différente pour chacune de ces variables.

b. Calculer et déduire
Calculez les résultats obtenus par le neurone pour le rouge, le vert et le bleu en utilisant la formule donnée dans le document.

c. Compléter et analyser les données
Reprenez le tableau de l'énoncé en ajoutant le résultat du calcul effectué par le neurone ainsi que sa réponse dans deux nouvelles colonnes. Interrogez-vous sur l'efficacité du neurone avec l'état de départ. Comparer avec vos prévisions précédentes.

2. a. Analyser le sens des évolutions
La façon dont les valeurs ont augmenté ou diminué ne sont pas anodines par rapport à l'objectif du neurone. Expliquez en quoi cela influence son comportement et la façon dont il effectue ses calculs.

b. Comparer et conclure
Les résultats du neurone dans sa prise de décision ont changé. Est-il plus efficace ? Commet-il encore des erreurs ? Expliquez comment le jeu de données fournies a pu conduire à un biais concernant la couleur orange, et ce qu'il faudrait faire pour encore améliorer les résultats.

CORRIGÉS

SE TESTER QUIZ

1 L'histoire de l'informatique et des ordinateurs

1. Réponse c.

La machine de Turing étant un concept mathématique modélisant les machines à calculer, elle n'a pour fonction principale ni de faire du traitement de texte ni de gérer des bases de données. Les réponses a et b sont donc fausses.

2. Réponse a.

Le premier calculateur mécanique, la Pascaline, est réalisé par Blaise Pascal. Jacques Vaucanson créera des systèmes de métiers à tisser automatisés et Charles Babbage conceptualisera une machine analytique sans pouvoir la réaliser. Les réponses b et c sont donc fausses.

2 Des programmes et des bugs

Réponse a.

Un langage de programmation est composé d'un vocabulaire, d'une syntaxe et de règles, qui permettent de traduire les instructions à exécuter par le processeur sous la forme d'une série de bits. Les réponses b et c sont donc fausses.

3 L'Intelligence Artificielle

Réponse a.

Les IA fortes font encore débat quant à leur faisabilité et les systèmes experts sont une des techniques utilisées en IA. Les réponses b et c sont donc fausses.

4 L'apprentissage automatique

1. Réponse c.

Même si des superordinateurs peuvent être utilisés pour les mettre en œuvre, les réseaux de neurones désignent des ensembles d'algorithmes organisés et fonctionnant de façon mutualisée. Les réponses a et b sont donc fausses.

2. Réponse a.

Le big data désigne un ensemble de données si volumineux qu'il dépasse les capacités humaines d'analyse ainsi que celle des outils classiques de gestion de données. Les réponses b et c sont donc fausses.

S'ENTRAÎNER

5 Réviser le cours en 8 questions flash

1. Les **premiers systèmes de programmation** sont mis au point par Jacques Vaucanson et Joseph Marie Jacquard, entre 1725 et 1728, pour commander des **métiers à tisser**.

2. Ada Lovelace est la première programmeuse de l'histoire : elle crée des suites d'instructions pour la machine de Babbage.

3. Un programme binaire est une suite d'instructions que le microprocesseur doit exécuter, sous forme numérique.

4. Un langage machine est le seul que le processeur peut exécuter et il est constitué de bits. Un langage de programmation, composé d'une syntaxe et de règles, devra être compilé pour être utilisable par la machine.

5. Les différentes techniques d'IA sont les systèmes experts, la résolution de problèmes et l'apprentissage automatique (et par extension le deep learning grâce aux réseaux de neurones).

6. L'IA faible utilisée actuellement ne fait que simuler l'intelligence humaine dans un domaine précis, alors que l'IA forte serait capable d'analyse et de prise de conscience. Cette dernière ne fait pas consensus concernant sa faisabilité.

7. Un réseau de neurones artificiels est un ensemble d'algorithmes qui fonctionnent comme des neurones formels, c'est-à-dire des représentations mathématiques du fonctionnement d'un neurone biologique.

8. $P_B(A) = \dfrac{P_A(B) \times P(A)}{P(B)}$

Où $P_A(B)$ est la probabilité conditionnelle de A sachant que B est survenu.

6 Schéma d'un Système de traitement de l'Information

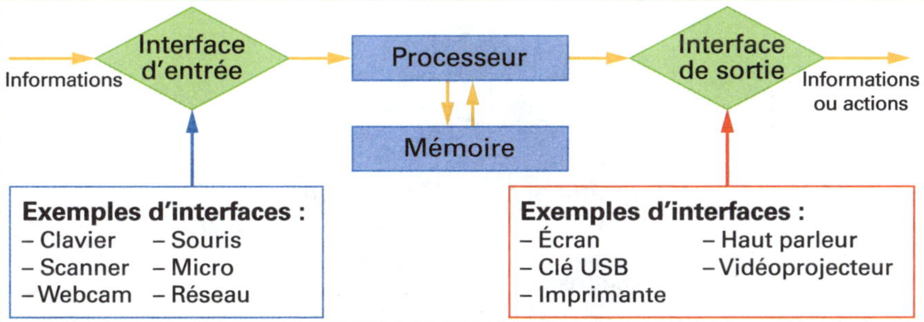

7 Fonctionnement d'un réseau de neurones

La méthode d'inférence bayésienne permet de calculer les probabilités des causes menant à des événements connus et observés. La probabilité associée à chaque cause éventuelle de cet évènement correspond au degré de confiance que l'on peut avoir sur le fait qu'elle est bien à l'origine de l'évènement ou non.
Dans le cas d'un réseau de neurones, ceux-ci renforcent le poids des causes les plus probables dans leurs calculs et délaissent celles qui paraissent négligeables, un peu comme le ferait un neurone biologique en renforçant les connexions les plus efficaces et utiles.

8 Schéma d'un réseau de neurones

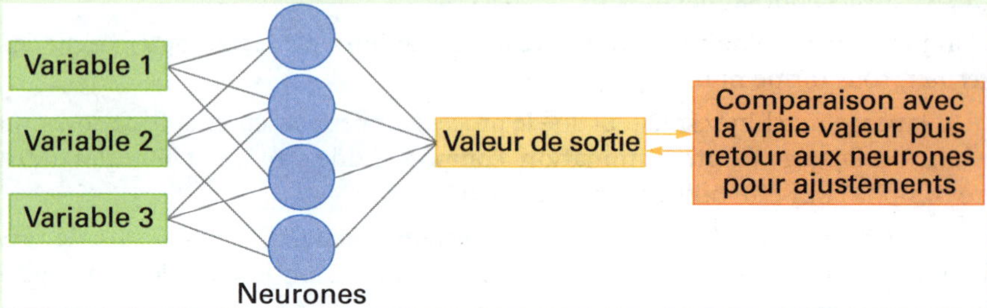

9 La machine de Turing

La machine est dans l'état 1 > elle lit la case vide et suit donc les instructions de la première ligne de l'état 1 > elle se déplace d'une case vers la droite, puis lit cette nouvelle case > elle lit le 0 et suit donc les instructions de la deuxième ligne de l'état 1 et bascule dans l'état 2 > elle suit les instructions de l'état 2 qui lui indique d'écrire un 1 dans la case en cours puis se déplacer vers la droite > le cycle se répète ainsi jusqu'à donner le résultat suivant :

	1	1	1	1	1	1	1	1	

10 Exécution d'un programme

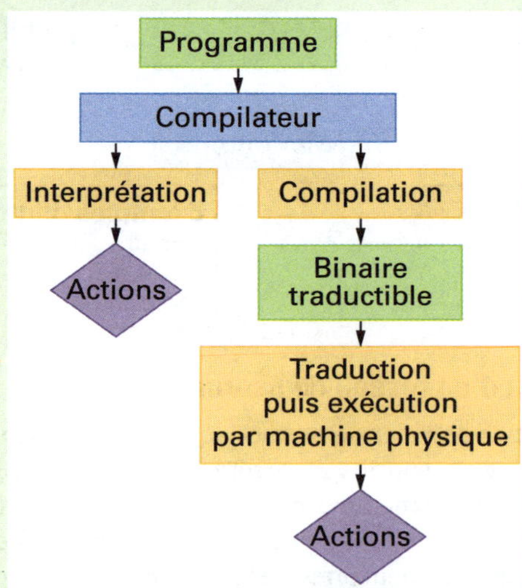

11 Débogage

1) 5! = 5 × 4 × 3 × 2 × 1 = **120**

2) **Le programme renvoie « 1 » au lieu de « 120 »**. Il y a donc un bug dans l'algorithme.

3)

```
def factorielle(x):
    if x < 2:
        return 1
    else:
        result = x*factorielle(x-1)
        return result
print(factorielle(5))
```

OBJECTIF BAC

12 Apprentissage de la couleur rouge

1. a. Les variables p_1, p_2 et p_3 représentant le poids donné à chaque variable dans le calcul permettant la reconnaissance du rouge. Le neurone n'est pas censé pouvoir faire la différence au départ, il vaut mieux **commencer avec un poids « neutre » et égal** pour chacune d'entre elles, sinon cela signifierait que l'on biaise l'algorithme dès le début avant même de lui apprendre quoi que ce soit.

b. On a :
- **pour le vert** : $s = 0 \times 1 + 1 \times 1 + 0 \times 1 = \mathbf{1}$
- **pour le bleu** : $s = 0 \times 1 + 0 \times 1 + 1 \times 1 = \mathbf{1}$

Les résultats obtenus pour le vert et le bleu sont 1 dans les deux cas, ce qui correspond au résultat minimum pour définir si la couleur est rouge. Le **vert** et le **bleu** vont donc certainement être **identifiés comme du rouge**.

c.

Couleur	Nom	Niveau de rouge (variable r)	Niveau de vert (variable v)	Niveau de bleu (variable b)	Résultats	Réponse
	rouge	1	0	0	1	oui
	vert	0	1	0	1	oui
	bleu	0	0	1	1	oui
	blanc	1	1	1	3	oui
	orange	1	0,5	0	1,5	oui
	noir	0	0	0	0	non
	nuance de rouge	0,7	0,1	0,1	0,9	non

On constate que notre **algorithme** n'est, de prime abord, **pas très efficace pour détecter la couleur rouge** : il identifie toutes les couleurs comme du rouge, sauf le noir et la nuance de rouge justement.

2. a. La valeur *p* attachée à la variable *r* (représentant la part de rouge dans la couleur observée) a augmenté, tandis que les valeurs *p* attachées au bleu et au vert ont sérieusement diminué, devenant même négatives. On comprend donc que **le neurone** renforce le poids de cette variable dans sa prise de décision concernant la détection de la couleur rouge, et **réduit le poids des valeurs moins pertinentes**.

b.

Couleur	Nom	Niveau de rouge (variable *r*)	Niveau de vert (variable *v*)	Niveau de bleu (variable *b*)	Résultats	Réponse
	rouge	1	0	0	1,7	oui
	vert	0	1	0	–0,8	non
	bleu	0	0	1	–0,71	non
	blanc	1	1	1	0,19	non
	orange	1	0,5	0	1,3	oui
	noir	0	0	0	0	non
	nuance de rouge	0,7	0,1	0,1	1,039	oui

On constate que, **après apprentissage**, notre **algorithme** est **beaucoup plus performant**. Il reconnaît correctement le rouge et même la nuance de rouge. Il commet encore une seule erreur en reconnaissant l'orange comme du rouge. Il faudra certainement lui fournir un plus grand nombre de **données d'entraînement** et lui laisser faire quelques tests supplémentaires pour lui permettre d'**affiner encore son analyse**.

À NOTER

L'IA, bien que capable de tâches impressionnantes, est encore très loin d'une réelle intelligence. Il s'agit, au mieux, d'efficacité statistique.
Nous voyons, avec cet exercice, qu'un enfant en bas-âge est certainement plus capable et plus autonome que notre neurone et, surtout, qu'il n'a pas besoin d'autant de données et d'essais pour atteindre une efficacité égale, voire supérieure.
Les débats à mener concernant ce domaine portent donc avant tout sur l'usage qui en est fait par les humains, et surtout sur les données qui sont utilisées pour les alimenter, plutôt que sur des considérations relevant de la science-fiction.

Annexe

Mémento sur l'énergie et la puissance

- L'**énergie** désigne tout ce qui permet d'effectuer un travail, de générer de la chaleur, de la lumière, de produire un mouvement.
- Les différentes **formes d'énergies** et les **conversions** :

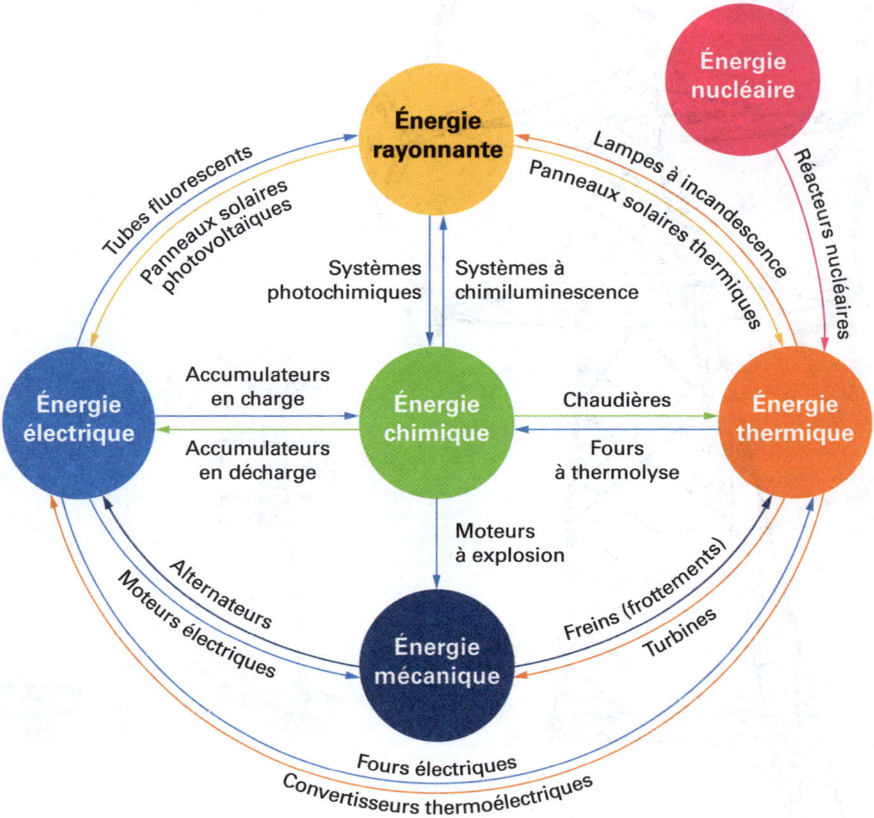

- Dans le Système International, l'unité d'énergie est le joule (symbole J).

Le joule (J)	1 J
Le wattheure (Wh)	1,0 Wh = 3,6 kJ
La tonne d'équivalent pétrole (tep)	1,0 tep = 42 GJ
L'électron-volt (eV)	1,0 eV = $1,6 \times 10^{-19}$ J

■ La puissance d'un convertisseur d'énergie correspond au rapport de la quantité d'énergie qu'il produit (ou consomme) sur un temps donné :

$P = \frac{E}{t}$, avec P en watt (W), E en joule (J) et t en seconde (s).

■ Les coefficients multiplicateurs utiles pour exprimer des valeurs d'énergie ou de puissance :

Nom	kilo	méga	giga	téra	péta
Symbole	k	M	G	T	P
Valeur	10^3	10^6	10^9	10^{12}	10^{15}

■ Quelques ordres de grandeurs de puissance (en watt) :

Puissance électrique en entrée (W)				Puissance électrique en sortie (W)	
Smartphone	**Lampe à LED**	**Ordinateur**	**Radiateur**	**Éolienne**	**Centrale nucléaire**
10^0	10^1	10^2	10^3	$10^5 - 10^6$	10^9

■ Au cours d'une conversion, l'énergie se conserve :

$$E_{\text{entrante}} = E_{\text{sortante}} + E_{\text{perdue}}$$

■ Le rendement est le rapport de l'énergie sortante sur l'énergie entrante :

$$\eta = \frac{E_{\text{sortante}}}{E_{\text{entrante}}}$$

Énergies dans la même unité.
Rendement (sans unité) $\leqslant 1$.

■ Le rendement global η d'une chaîne énergétique se calcule en multipliant le rendement de chaque convertisseur.

$\eta = \eta_1 \times \eta_2 = 0{,}15 \times 0{,}75 \approx 0{,}11$.

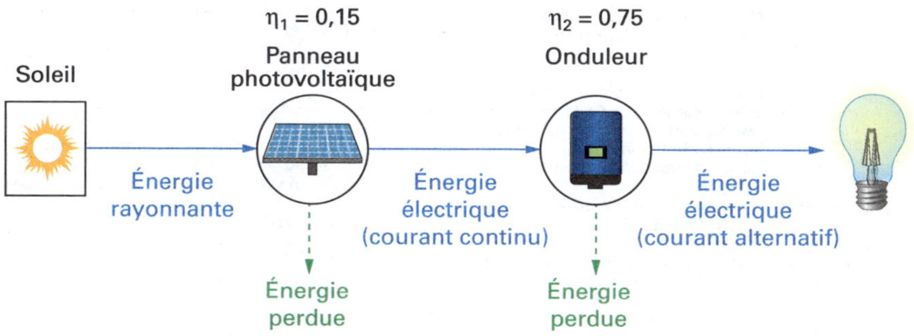

CRÉDITS PHOTOGRAPHIQUES

Rabat II	hg	ph ©	Christian Gautier/Biosphoto
	hm	ph ©	Phil Degginger/Science Photo Library
	hd	ph ©	Walter Myers/SPL/Cosmos
	bg	ph ©	Heritage Images/Oxford Science Archive/Science Photo Library
	bd	ph ©	Photo Researchers/NASA Ozone Watch/Biosphoto
Rabat III	hg	ph ©	CCI/Leemage/Bridgeman
	hm	©	Cloudfront
	hd	ph ©	David Ademas/PHOTOPQR/Ouest-France/MAXPPP
	m	©	Cdn Britannica
	bg	ph ©	Wha/Bridgeman images
Rabat IV	hg	ph ©	Paul Souders/Biosphoto
	bg	©	Torresol Energy/Masdar/Sener
	bd	ph ©	Getty Images
4	- h	ph ©	Renee Capozzola/Biosphoto
4	- m	©	Nasa Goddard Space Flight Center
4	- b	ph ©	Yann Arthus Bertrand/hemis.fr
5	- h	ph ©	Ng Han Guan/AP/Sipa Press
5	- b	ph ©	Peter Cade/Getty-Image
6	- h	©	Hall de Swiss Tech Convention Center de l'EPFL
6	- m	ph ©	Aydinmutlu/Getty-Images
6	- b	©	Port Liner
7	- h	ph ©	Roger Le Guen/Biosphoto
7	- m	ph ©	Alberto Ghizzi Panizza/Biosphoto
7	- b	ph ©	J.-M. Labat & F. Rouquette/Biosphoto
8	- h	ph ©	Nikita Kuzmenkov - stock-adobe.com
8	- m	ph ©	Maximilien Brice/CERN/Science Photo Library
8	- b	ph ©	Yangna/Getty-Images
9		ph ©	Renee Capozzola/Biosphoto
11		ph ©	Photoshot/Paal Hermansen/Biosphoto
12	- h	ph ©	imageBroker/Olaf Krüger/Biosphoto
12	- b	ph ©	John Cancalosi/Biosphoto
13	- g	ph ©	Mint Images/Frans Lanting/Biosphoto
13	- d	ph ©	Alfred Pasieka/Science Photo Library
14		ph ©	George Clerk/Getty-Images
17		ph ©	Gustavo Basso/NurPhoto/AFP Photo
24		ph ©	Minden Pictures/Fred Bavendam/Biosphoto
27		ph ©	Carte de la qualité de l'air en Chine avant et pendant le Covid/NASA
25		ph ©	Dirk Wiersma/Science Photo Library/Biosphoto
31		©	Nasa Goddard Space Flight Center
33	- h	©	Robert A. Rohde/Wikimedia Commons
33	- b	ph ©	CNES
35		©	Luc Vanrell Immadras/Lampea
39		ph ©	Shawn Harrison, USGS Pacific Coastal and Marine Science Center/Science Photo Library
40		©	Robert A. Rohde/Wikimedia commons
53		ph ©	Yann Arthus-Bertrand/hemis.fr
54	- h	©	Météo-France
54	- b	©	IPCC
55	- g, d	ph ©	Joël Faure/Parc National des Ecrins
57	- g, d	ph ©	Nasa's Scientific Visualization/Science Photo Library/Cosmos
59		©	Mamor Hakim/Météo-France
60	- h	©	Météo-France
60	- b	ph ©	ImageBroker/Andia
61		ph ©	Yann Arthus-Bertrand/hemis.fr
64		Doc.	GIEC
71		ph ©	Ng Han Guan/AP/Sipa Press
73		ph ©	Jeroen Putmans/ANP Sport/Presse Sports
75		©	Charpente-lucas.com
77		©	Ville de Loos-en-Gohelle
89		ph ©	Peter Cade/Getty-Images
90		ph ©	Wha/Leemage/Bridgeman images
91		©	Françoise Latour
93		©	Sophitec
95		ph ©	Image China
98		©	Laurent Le Floch
99		ph ©	Rue des Archives/Wha/Bridgeman images
107		©	Hall de Swiss Tech Convention Center de l'EPFL
110		©	D.R.
111		ph ©	Bokstaz - stock-adobe.com
115		ph ©	Getty-Images
117		ph ©	Dabarti CGI/Shutterstock/Photocenter EDF
119		ph ©	Cédric Gerbehaye/MAP
125		ph ©	Aydinmutlu/Getty-Images
129		©	EDF
130		©	FRET
131		©	Enedis/Rouge Cactus
136		ph ©	Yangna/Getty-Images
143		©	Port Liner
145	- h	ph ©	Lia Fassbender/AFP Photo
145	- b	ph ©	Annette Soumillard/hemis.fr
147	- h	©	Tood Dillon
147	- b	ph ©	Gaetan Bally/Keystone
148		©	Alexis Morin/EDF Médiathèque
149	- h	©	ITER
149	- b	ph ©	Vladimir Sindeyeve/NurPhoto/AFP Photo
151		ph ©	Lia Fassbender/AFP Photo
161		ph ©	Roger Le Guen/Biosphoto
162		ph ©	Photoshot/Stephen Dalton/Biosphoto
163		ph ©	Christoph Gerigk/Biosphoto
165		ph ©	Minden Pictures/Pete Oxford/Biosphoto
167		©	Antoine Le Pajolec et Adrien Maitrepierre
169		©	Briano/WWF Australie
172		©	Adrien Maitrepierre
179		ph ©	Alberto Ghizzi Panizza/Biosphoto
181		ph ©	Science Photo Library
183		ph ©	David Tipling/Biosphoto
184	- g	ph ©	Science Photo Library/Heiti Paves/Biosphoto
184	- d	ph ©	Minden Pictures/Arno ten Hoeve/Buiten-beeld/Biosphoto
185		ph ©	David Tipling/Biosphoto
195		ph ©	J.-M. Labat & F. Rouquette/Biosphoto
197		ph ©	Minden Pictures/Thomas Marent/Biosphoto
199	- h	ph ©	Human Evolution/Getty-Images
199	- b	©	D.R.
200		ph ©	Pascal Goetgheluck/Biosphoto
201		ph ©	S. Entressangle/E. Daynes/Look at Sciences
202		ph ©	J.-M. Labat & F. Rouquette/Biosphoto
203		ph ©	Stephane Compoint/Onlyfrance
207		©	Spincer Nature Limited
213		ph ©	Nikita Kuzmenkov - stock-adobe.com
217		ph ©	Eric Baccega/Age Fotostock
219		©	AquaCrop
221		ph ©	Eric Baccega/Age Fotostock
231		ph ©	Maximilien Brice/CERN/Science Photo Library
232		ph ©	Sylvain Pelly/Musée des Arts et Métiers - Cnam
233		©	Minecraft
235		ph ©	Patrick Herzog/AFP Photo
237		©	D.R.
239		©	Alphastar-DeepMind
253		ph ©	Yangna/Getty-Images

Iconographie : Pierre Philippon/Hatier Illustration